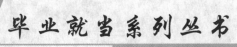

毕业就当系列丛书

·施工员系列·

理论实际相联·快速适应职场的葵花宝典

理论+经验 → 基础+实务

以专家的高度·给您面对面的指导和帮助

毕业就当施工员

公路工程

主编 巩玉发

哈尔滨工业大学出版社
HARBIN INSTITUTE OF TECHNOLOGY PRESS

内 容 简 介

本书依据最新公路施工与质量验收规范编写,首先介绍了施工员应该掌握的基础知识,然后根据实际工作需要进行详细的讲解,介绍了施工方法与技巧。本书主要介绍了路基工程、路面工程、桥涵与隧道工程、公路附属设施工程和公路工程施工管理等方面的内容。

本书可供初涉施工员岗位的人员,以及初涉公路施工领域的大学毕业生使用。

图书在版编目(CIP)数据

毕业就当施工员:公路工程/巩玉发主编. —哈尔滨:哈尔滨工业大学出版社,2011.5

(毕业就当系列丛书·施工员系列)

ISBN 978-7-5603-3263-5

Ⅰ.①毕… Ⅱ.①巩… Ⅲ.①道路工程-工程施工- Ⅳ.①U415

中国版本图书馆 CIP 数据核字(2011)第 064714 号

责任编辑　郝庆多
封面设计　刘长友
出版发行　哈尔滨工业大学出版社
社　　址　哈尔滨市南岗区复华四道街 10 号　邮编 150006
传　　真　0451-86414749
网　　址　http://hitpress.hit.edu.cn
印　　刷　哈尔滨市石桥印务有限公司
开　　本　787mm×1092mm　1/16　印张 16.75　字数 400 千字
版　　次　2011 年 5 月第 1 版　2011 年 5 月第 1 次印刷
书　　号　ISBN 978-7-5603-3263-5
定　　价　32.00 元

(如因印装质量问题影响阅读,我社负责调换)

编 委 会

主　编　巩玉发

编　委　王先伟　白雅君　丛佳梅　刘立华
　　　　刘艳君　齐丽娜　陈宗博　陶红梅
　　　　沈　阳　吴铁强　郑宝堂　胡　风
　　　　赵永生　袁秀君　葛长顺

前　　言

近年来,随着国民经济的快速发展,国家及社会各方面加大对交通基础设施建设的投资力度,公路建设迈入了迅猛发展的时期。在加快发展的同时,公路工程质量越来越受到有关部门和社会的广泛关注与重视。为适应公路工程建设的发展,迫切要求提高从业人员的素质。基层施工人员素质的高低将直接影响到整个工程的质量,虽然高等教育机构每年向社会输送大量的毕业生,但大学毕业生就业后都不能够很好地胜任工作。究其原因,大学生对实际公路工程施工缺乏经验,对实际工作没有深入的了解。因此,为了提高初涉施工员岗位人员的专业知识和业务能力,我们依据最新公路施工与质量验收规范,组织编写了本书,旨在帮助广大初涉公路施工领域的人员掌握公路工程施工知识,提高工程质量管理水平。

本书共分为六章,包括概述、路基工程、路面工程、桥涵与隧道工程、公路附属设施工程和公路工程施工管理等方面的内容。

本书可供初涉公路工程施工员岗位的人员,以及初涉公路施工领域的大学毕业生使用。

由于作者水平有限,虽然在编写过程中反复推敲核实,但仍不免有疏漏之处,恳请广大读者热心指点,以便作进一步修改和完善。

编　者

2011.3

目　录

第1章　概　述 ································· 1
1.1　公路的分级与组成 ··························· 1
1.2　施工员的地位 ······························· 4
1.3　施工员应具备的条件 ························· 4
1.4　施工员的主要任务 ··························· 6
1.5　施工员的职责、权利与义务 ··················· 7

第2章　路基工程 ······························· 10
2.1　施工测量放样 ······························· 10
2.2　路基工程施工准备 ··························· 14
2.3　路基施工机械和设备 ························· 17
2.4　路堤施工 ··································· 27
2.5　挖方路基施工 ······························· 39
2.6　石质路基爆破施工 ··························· 44
2.7　特殊路基施工 ······························· 64
2.8　路基排水施工 ······························· 79
2.9　路基的防护与支挡 ··························· 84
2.10　路基病害防治 ······························ 99

第3章　路面工程 ······························ 108
3.1　路面工程施工准备 ·························· 108
3.2　路面基层(底基层)施工 ······················ 114
3.3　水泥混凝土路面施工 ························ 131
3.4　沥青路面施工 ······························ 152
3.5　路面病害处治 ······························ 162

第4章　桥涵与隧道工程 ························ 168
4.1　桥梁墩台施工 ······························ 168
4.2　混凝土梁桥施工 ···························· 171
4.3　拱桥施工 ·································· 179
4.4　桥面及附属工程施工 ························ 189
4.5　涵洞工程施工 ······························ 197
4.6　隧道工程施工 ······························ 205

第 5 章 公路附属设施工程 … 217
5.1 公路安全设施施工 … 217
5.2 公路绿化工程施工 … 229

第 6 章 公路工程施工管理 … 235
6.1 公路工程质量管理 … 235
6.2 安全控制管理 … 237
6.3 公路工程施工环境保护 … 242
6.4 公路工程竣工收尾管理 … 252

参考文献 … 258

第1章 概 述

1.1 公路的分级与组成

1. 公路的分级与分类

(1)公路分级。交通部2004年1月颁布的《公路工程技术标准》(JTG B01—2003),将公路根据功能和适应的交通量分为五个等级,即高速公路、一级公路、二级公路、三级公路、四级公路。

1)高速公路。专供汽车分向、分车道行驶,并应全部控制出入的多车道公路。

四车道高速公路应能适应将各种汽车折合成小客车的年平均日交通量25 000~55 000辆。

六车道高速公路应能适应将各种汽车折合成小客车的年平均日交通量45 000~80 000辆。

八车道高速公路应能适应将各种汽车折合成小客车的年平均日交通量60 000~100 000辆。

2)一级公路。供汽车分向、分车道行驶,并可根据需要控制出入的多车道公路。

四车道一级公路应能适应将各种汽车折合成小客车的年平均日交通量15 000~30 000辆。

六车道一级公路应能适应将各种汽车折合成小客车的年平均日交通量25 000~55 000辆。

3)二级公路。供汽车行驶的双车道公路。

二级公路应能适应将各种汽车折合成小客车的年平均日交通量5 000~15 000辆。

4)三级公路。主要供汽车行驶的双车道公路。

三级公路应能适应将各种车辆折合成小客车的年平均日交通量2 000~6 000辆。

5)四级公路。主要供汽车行驶的双车道或单车道公路。

双车道四级公路应能适应将各种车辆折合成小客车的年平均日交通量2 000辆以下。

单车道四级公路应能适应将各种车辆折合成小客车的年平均日交通量400辆以下。

(2)公路分类。公路按其在公路网的地位与作用分为以下五类。

1)国道。在国家公路网中,具有全国性政治、经济、国防意义,并经确定为国家干线的公路。

2)省道。在省公路网中,具有全省性政治、经济、国防意义,并经确定为省级干线的公路。

3) 县道。具有全县性政治、经济意义,并经确定为县级的公路。

4) 乡道。主要为乡村生产、生活服务,并经确定为乡级的公路。

5) 专用公路。专为企业或其他单位提供运输服务的道路,如专门或主要为工矿、林区、油田、农场、军事要地等与外部连接的公路。

2. 公路的组成

(1) 路基工程。路基是路面的基础,又是公路的重要组成部分。路基是按照道路的平面位置、纵面线形和一定的技术要求修筑的作为路面基础的岩土构造物。按路基横断面形状的不同,通常可分为三种形式,即路堤、路堑和半填半挖路基,如图 1.1 所示。

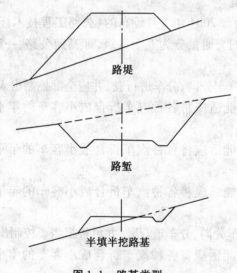

图 1.1 路基类型

(2) 路面工程。路面是用各种筑路材料铺筑在路基之上的供汽车行驶的层状构造物,其作用是保证汽车能全天候地在道路上迅速、安全、舒适、经济的运行。

路面结构一般由面层、基层、底基层与垫层组成。

面层是路面结构层最上面一层,它直接承受车轮荷载反复作用和自然因素长期影响。按面层所用材料的不同,可划分为三种,即柔性路面、刚性路面和半刚性路面。作为柔性路面的典型代表,沥青路面可由一至三层组成。三层式沥青路面的表面层应根据使用要求设置耐磨、抗滑、密实稳定的沥青层;中面层、下面层应根据沥青层厚度、公路等级、气候条件等选择适当的沥青结构层。

基层是设置在面层之下,并与面层一起将车轮荷载的反复作用传递到底基层、垫层、土基,起主要承重作用的层次。基层可分为柔性基层(沥青贯入式、沥青稳定碎石、级配碎石、级配砾石等)、刚性基层(贫混凝土、碾压式水泥混凝土等)、半刚性基层(水泥稳定土或粒料、石灰或粉煤灰稳定土或粒料等)、混合式基层(上部使用柔性基层、下部使用半刚性基层)等。对于高速公路、一级公路,应采用水泥稳定粒料、石灰粉煤灰(二灰)稳定粒料、沥青碎石以及级配碎(砾)石等材料铺筑。高速公路、一级公路的底基层和二级及二级以下公路基层和底基层,除上述类型材料外,也可采用水泥稳定土、石灰稳定土、石灰粉煤灰稳定土、石灰工业废渣、填隙碎石等或其他适宜的当地材料铺筑。

垫层是设置在底基层与土基之间的结构层,起隔水、排水、防污、防冻等作用。各级公路当需要设置垫层时,一般可采用水稳性好的粗粒料或各种稳定性材料铺筑。

(3)桥涵工程。桥梁是为道路跨越天然或人工障碍物而修建的建筑物;涵洞是为宣泄地面水流而设置的横穿公路的小型排水建筑物。

1)按桥梁总长和跨径的不同分类。分为特大桥、大桥、中桥、小桥和涵洞,交通部颁布的《公路桥涵设计通用规范》(JTG D60—2004)给出了桥涵的分类,具体见表1.1。

表1.1 桥梁涵洞分类

桥涵分类	多孔跨径总长 L/m	单孔跨径 L_k/m
特大桥	$L > 1\,000$	$L_k > 150$
大桥	$100 \leq L \leq 1\,000$	$40 \leq L_k \leq 150$
中桥	$30 < L < 100$	$20 \leq L_k < 40$
小桥	$8 \leq L \leq 30$	$5 \leq L_k < 20$
涵洞	—	$L_k < 5$

注:1. 单孔跨径系指标准跨径。
   2. 梁式桥、板式桥的多孔跨径总长为多孔标准跨径的总长;拱式桥为两岸桥台内起拱线间的距离;其他形式桥梁为桥面系行车道长度。
   3. 管涵及箱涵不论管径或跨径大小、孔数多少,均称为涵洞。
   4. 标准跨径:梁式桥、板式桥以两桥墩中线之间桥中心线长度或桥墩中线与桥台台背前缘线之间桥中心线长度为准;拱式桥和涵洞以净跨径为准。

2)按桥梁受力体系分类。可分为梁式桥、拱式桥、吊桥、刚架桥四种基本体系,其中梁式桥以受弯为主,拱式桥以受压为主,吊桥以受拉为主。另外,由上述四大基本体系的相互组合,又派生出在受力上具有组合特征的组合体系桥型,如目前在我国广为流行的斜拉桥等。

(4)隧道。隧道是为公路从地层内部或水下通过而修建的结构物,当公路需要穿过深水层或翻越高山时,为了改善平纵线形和缩短路线长度,经过技术、经济比选,可选用隧道方式。

(5)排水及防护工程。排水工程是为了排除地面水及地下水而设置的排水构造物,除桥涵外,还有边沟、盲沟、截水沟、渗井、渡槽和急流槽等路基排水构造物和路面排水构造物组成的道路排水系统;防护工程是为了加固路基边坡、确保路基稳定的结构物,如在路基边坡修建的砌石边坡、填石边坡、挡土墙、护脚和护面墙等构造物。

(6)交通工程设施。交通工程设施是针对高等级公路行车速度快、通过能力大、交通事故少、服务水平高的特点设置的,它包括安全设施、服务设施、管理设施、环保设施、供电设施、收费设施等。

1)安全设施。安全设施是整个交通工程系统的最基本的部分,主要有标志、标线、视线诱导标、护栏、隔离栅、照明设施和防眩设施等。

2)服务设施。主要包括服务区、加油站、公共汽车停靠站等。

3) 管理设施。主要包括监视、控制、通信、数据采集与处理设施。

4) 环保设施。主要指为减少公路交通环境污染而设计的声屏障、减噪路面、绿化工程及公路景观。（自然景观及人文景观）

5) 供电设施。这是为了使整个交通工程系统正常运行而设置的配套设施。

6) 收费设施。主要是指收费站等。

1.2 施工员的地位

(1) 施工员是完成公路施工任务的最基层的技术和组织管理人员，是施工企业各项组织管理工作在基层的具体实践者。

施工员是施工现场生产一线的组织者和管理者，在施工过程中具有极其重要的地位，具体表现在下列几个方面。

1) 施工员是协调施工现场基层专业管理人员、劳务人员等各方面关系的纽带，需要指挥和协调好预算员、安全员、材料员、质量检查员等基层专业管理人员相互之间的关系。

2) 施工员是单位工程施工现场的管理中心，是施工现场动态管理的体现者，是单位工程生产要素合理投入和优化组合的组织者，对单位工程项目的施工负有直接责任。

3) 施工员对分管工程施工生产和进度等进行控制，是单位施工现场的信息集散中心。

4) 施工员是其分管工程施工现场对外联系的枢纽。

(2) 施工员的独特地位决定了他与相关部门之间存在着密切的关系，主要表现在下列几个方面。

1) 施工员与设计单位。施工单位与设计单位之间存在着工作关系，设计单位应积极配合施工，负责交代设计意图，解释设计文件，及时解决设计文件在施工中出现的问题，负责设计变更和修改预算，并参加工程竣工验收。同时，施工员在施工过程中发现了尚未预料到的新情况，使工程或其中的任何部位在质量、数量和形式上发生了变化，应及时向上级反映，由设计单位、建设单位和施工单位三方协商解决，办理设计变更与洽商。

2) 施工员与工程建设监理。监理单位与施工单位存在着监理与被监理的关系，因此施工员应积极配合现场监理人员在施工进度控制、施工质量控制、工程投资控制等三方面所做的各种工作和检查，全面履行工程承包合同。

3) 施工员与劳务关系。施工员是施工现场劳动力动态管理的直接责任者，负责按计划要求向劳务管理部门或项目经理申请派遣劳务人员，并签订劳务合同；按计划分配劳务人员，并下达承包任务书或施工任务单；在施工中不断进行劳动力平衡、调整，并按合同支付劳务报酬。

1.3 施工员应具备的条件

1. 施工员应具备的工作能力

在实际工作中，施工员应具备的工作能力如下。

(1)能有效地组织、指挥人力、物力和财力进行科学施工,取得最佳的经济效益。

(2)能够鉴别施工中的稳定性问题,初步分析安全质量事故。

(3)能比较熟练地承担施工现场的测量、图样会审和向工人交底的工作。

(4)能在不同地质条件下正确确定土方开挖、回填夯实、降水、排水等措施。

(5)能正确地按照国家施工规范进行施工,掌握施工计划的关键线路,保证施工进度。

(6)能根据施工要求,合理选用和管理建筑机具,具有一定的电工知识,科学管理施工用电。

(7)能根据工程的需要,协调各工种、人员、上下级之间的关系,正确处理施工现场的各种社会关系,保证施工能按计划高效、有序地进行。

(8)能运用质量管理方法指导施工,控制施工质量。

(9)能编制施工预算,进行工程统计、劳务管理、现场经济活动分析,有效管理施工现场。

2. 施工员应具备的职业道德

加强行业职工道德建设,对于提高行业的质量和效益,树立行业新风,培养"有理想、有道德、有文化、有纪律"的队伍,建设社会主义精神文明具有重要意义。施工员作为施工现场管理人员,应具备的职业道德可归纳为以下几点。

(1)施工员应以高度的责任感,根据技术人员的交底对工程建设的各个环节作出细致、周密的安排,并合理组织好劳动力,精心实施作业程序,使施工有条不紊地进行,防止盲目施工和窝工。

(2)以对国家财产和人民生命安全极端负责的态度,时刻不忘安全和质量,严格监督和检查,把好关口。

(3)不违章指挥,不玩忽职守,施工做到安全、优质、低耗,对已竣工的工程要主动回访保修,坚持良好的施工后服务,信守合同,维护企业的信誉。

(4)施工员应严格按图施工,规范作业。不使用没有合格证的产品和未经抽样检验的产品,不偷工减料,不在钢材用量、结构尺寸、混凝土配合比等方面做手脚,牟取非法利益。

(5)在施工过程中,时时处处要精打细算,降低原材料和能源的消耗,合理调度材料和劳动力,准确申报建筑材料的使用时间、型号、规格、数量,既保证及时供料,又不浪费材料。

(6)施工员应以实事求是、认真负责的态度准确签证,不多签或少签工程量和材料数量,不虚报冒领,不拖拖拉拉,完工即签证,并做好资料的收集和整理归档工作。

(7)做到施工不扰民,严格控制粉尘、噪声和施工垃圾对环境的污染,做到文明施工。

3. 施工员应具备的专业知识

施工员应具备的专业知识具体应包括下列几个方面。

(1)掌握公路制图原理、识图方法以及常用的工程测量方法。

(2)掌握常用施工材料(包括钢材、木材、水泥、砂石等)的性能和质量标准。

(3)掌握一般建筑结构的基本构造、建筑力学和简单的施工计算方法。

(4)掌握地基处理、基础施工的一般原理和方法。

(5)掌握公路工程施工的规范、标准和施工技术。

(6)掌握一定的经济与经营管理知识,能编制施工预算,能进行工程统计和现场经济活动分析。

(7)掌握一定的质量管理知识。

(8)掌握一定的施工组织和科学的施工现场管理方法。

(9)了解一定的电工知识和施工机械知识。

4. 施工员应具备的身体素质

施工员长期工作在施工现场第一线,工作强度相当繁重,而且工作条件与生活条件也很艰苦,因此,施工员必须具有强健的体格与充沛的精力,才能胜任其工作。

1.4 施工员的主要任务

在施工全过程中,施工员的主要任务是:结合多变的现场施工条件,将参与施工的劳动力、机具、构配件、材料和采用的施工方法等,科学、有序地协调组织起来,在时间和空间上取得最佳组合,取得最好的经济效果,保质、保量、保工期地完成任务。

1. 做好施工准备工作

施工员在施工现场应做好的施工准备工作主要包括以下一些方面。

(1)现场准备。

1)现场"四通一平"的检验和试用。

2)进行现场抄平、测量放线工作并进行检验。

3)根据进度要求组织现场临时设施的搭建施工;安排好职工的食、住、行等后勤保障工作。

4)根据进场计划和施工平面图,合理组织材料、构件、机具、半成品陆续进场,进行检验和试运转。

5)安排做好施工现场的安全、防火、防汛措施。

(2)技术准备。

1)熟悉审查施工图样、有关技术规范和操作规程,了解设计要求及细部、节点做法,并放必要的大样,做配料单,弄清有关技术资料对工程质量的要求。

2)调查收集必要的原始资料。

3)熟悉或制定施工组织设计及有关技术经济文件对施工顺序、施工方法、施工进度、技术措施及现场施工总平面布置的要求,并清楚完成施工时的关键工序和薄弱环节。

4)熟悉有关合同、招标资料及有关现行消耗定额,计算工程量,弄清人、财、物在施工中的需求消耗情况,了解和制定现场工资分配和奖励制度,签发工程任务单、限额领料单等。

(3)组织准备。

1)根据施工进度计划和劳动力需要量计划安排,分期分批组织劳动力的进场教育和各工种技术工人的配备等。

2)确定各工种工序在各施工段的搭接,流水、交叉作业的开工、完工时间。

3)全面安排好施工现场的一、二线,前、后台,施工生产和辅助作业,现场施工和场外协作之间的协调配合。

2. 进行工程施工技术交底

(1)施工任务交底。向工人班组重点交代清楚工期要求、任务大小、关键工序、交叉配合关系等。

(2)施工技术措施和操作要领交底。交代清楚与工程有关的技术规范,操作规程和重点施工部位、节点、细部的做法以及质量要求和技术措施。

(3)施工消耗定额和经济分配方式的交底。交代清楚各施工项目劳动工日、机械台班数量、材料消耗、经济分配和奖罚制度等。

(4)安全和文明施工交底。提出有关的防护措施和要求,明确责任。

(5)监督施工中的自检、互检、交接检制度和工程隐检、预检的执行情况,督促做好分部分项工程的质量评定工作。

3. 实行有目标的组织协调控制

在施工过程中,依照施工组织设计和有关技术、经济文件以及当地的实际情况,围绕着工期、质量、成本等既定施工目标,在每一阶段、每一工序实施综合平衡、协调控制,使施工中的各项资源和各种关系能够配合最佳,以确保工程的顺利进行。为此,要抓好下面几个环节。

(1)检查班组作业前的各项准备工作。

(2)检查外部供应、专业施工等协作条件是否满足需要,检查进场材料和构件质量。

(3)检查工人班组的施工方法、施工质量、施工操作、施工进度以及节约、安全情况,发现问题应立即纠正或采取补救措施解决。

(4)做好现场施工调度,解决现场劳动力、原材料、半成品、周转材料、工具、机械设备、运输车辆、施工水电、安全设施、季节施工、施工工艺技术及现场生活设施等出现的供需矛盾。

4. 技术资料的记录和积累

在工程施工过程中,施工员应做好每项技术的记录和积累,主要包括的内容如下。

(1)做好施工日志,隐蔽工程记录,填报工程完成量,办理预算外工料的签订。

(2)做好质量事故处理记录。

(3)做好混凝土砂浆试块试验结果,质量"三检"情况记录的积累工作,以便工程交工验收、决算和质量评定的进行。

1.5 施工员的职责、权利与义务

1. 施工员的职责

在工程施工阶段,施工员代表施工单位与业主、分包单位联系、协商问题,协调施工现场的施工、设计、工程预算、材料供应等各方面的工作,施工员对项目经理负责,负责对工程项目的全面管理,保证工程的顺利完成,施工员的主要职责如下。

(1)在项目经理领导下,深入施工现场,协助搞好施工监理,与施工班组一起复核工程量,提高工程量正确性。

(2)负责本工程项目的施工质量、工程技术质量以及安全工作。

(3)熟悉施工图样,了解工程概况,绘制现场平面布置图,搞好现场布局。对质量要求、设计要求、具体做法要清楚地了解,组织班组认真按图施工。

(4)全面负责本工程施工项目的施工现场勘察、测量、施工组织和现场交通安全防护设置等具体工作,组织班组努力完成开路口、路面破复、临时公路修筑等工程任务,及时解决施工中的有关问题,向上报告并保证施工进度。

(5)参加图样会审,审理和解决图样中的疑难问题,碰到大的技术问题应与业主和设计部门联系,妥善解决。坚持按图施工,分项工程施工前,应写出书面技术交底。

(6)参与班组技术交底、工程质量、安全生产交底、操作方法交底,严守施工操作规程,严抓质量,确保安全,负责对新工人上岗前培训,教育监督工人不违章作业。

(7)编制单位工程生产计划。填写施工日志和隐蔽工程的验收记录,配合质检员整理技术资料和施工质量管理。

(8)按照安全操作规程规定和质量验收标准要求,组织班组开展质量、安全自检与互检,努力提高工人技术素质和自我保护能力。对施工现场设置的交通安全设施和机械设备等安全防护装置经组织验收合格后方可进行工程项目的施工。

(9)对原材料、设备、成品或半成品、安全防护用品等质量低劣或不符合施工规范规定和设计要求的,有权禁止使用。

(10)认真做好隐蔽工程分部、分项及单位工程竣工验收签证工作,收集、整理、保存技术的原始资料,办理工程变更手续,负责工程竣工后的决算上报。

(11)协助项目经理做好工程资料的收集、保管和归档工作。

2. 施工员的权利

施工员的权利如下。

(1)在分部分项、单位工程施工中,在行政管理上(如对人员调动、劳动人员组合、规章制度等)有权处理和决定,如果发现问题,应及时请示和报告有关部门。

(2)根据施工要求,对劳动力、材料和施工机具等,有权合理使用和调配。

(3)对上级已批准的施工组织设计、施工方案和技术安全措施等文件,要求施工班组认真贯彻执行,未经有关人员同意,不得随意变动。

(4)发现不按施工程序施工,不能保证工程质量和安全生产的现象,有权加以制止,并提出改进意见和措施。

(5)对不服从领导和指挥、违反劳动纪律和违反操作规程的人员,经多次说服教育不改者,有权停止其工作,并做出严肃处理。

(6)督促检查施工班组做好考勤日报,检查验收施工班组的施工任务书,及时发现问题并进行处理。

3. 施工员的义务

施工员的义务如下。

(1)努力学习和认真贯彻建筑施工方针政策和有关部门规定,学习好有关部门的施工规范、技术标准、操作规程和先进单位的施工经验,不断提高施工技术和施工管理水平。

(2)牢固树立"百年大计,质量第一"的思想,以为用户服务和对国家、对人民负责的态度,坚持工程回访和质量回访制度,虚心听取用户的建议和意见。

(3)对上级下达的各项经济技术指标,应积极、主动地组织施工人员完成任务。

(4)正确树立经济效益和社会效益、环境效益统一的思想。

(5)信守合同、协议,做到文明施工,保证工期,信誉第一,不留尾巴,工完场清。

(6)主动、积极做好施工班组的思想政治工作,关心职工生活。

第 2 章 路基工程

2.1 施工测量放样

【基 础】

◆ **施工放样的内容**

路基施工前,将公路中线桩号的位置、路基填挖高度、横断面的各主要点、边坡坡率、路基路面的设计高程、路面各结构层的边桩位置等,根据路基横断面设计图进行实地放样,称为施工放样。施工放样主要内容有以下几个方面。

1. 熟悉图纸和施工现场

设计图纸主要有路线平面图、横面图、纵面图和附属构造图等。核对图纸主要位置、尺寸、高程是否有错误,在明了设计意图及在测量精度要求的范围内,应对施工现场进行勘察,找出各交点桩、转点桩、里程桩和水准点的位置,必要时应实测校核,为施工放样做好充分准备。

2. 公路中线施工放样

公路中线定测以后,一般情况不会立即施工,在这段时间内,部分标桩可能被移动或者丢失。因此,施工前必须进行复测工作,以恢复公路中线的位置,并按设计图表对水准点、导线点进行复测,把决定路线位置的各测点加以恢复。由于施工现场需要,有时个别水准点或导线点需要进行移动和固定处理,增设水准点或导线点,最后对横断面进行检查与补测。

3. 路基横断面放样

路基施工前,应根据设计图表和中线桩在实地定出路基的几何形状,作为施工依据。路基放样主要是测设路基宽度、路基填挖高度和路基边坡桩。(即路堑坡顶桩和路堤坡脚桩)

4. 路面的放样

路基施工后,为了便于铺筑路面,要进行路槽的放样。在已恢复的路线中线的十米桩、百米桩上,用水准测量的方法测量各桩的路基设计高程,然后放样出铺筑路面的高程以及路面各结构层的边桩位置。路面铺筑还应根据设计的路拱线形数据,由施工人员制成路拱样板控制施工操作。

◆ 放样工具

对于低等级公路,在路基放样时,需要准备好如下工具:花杆、皮尺、方向架、红油漆、毛笔、铁锤、小竹桩、小竹竿、小麻绳等。

对于高等级公路,在路基放样时,需要准备好如下工具及仪器:全站仪(或测距仪)、棱镜及棱镜杆、钢尺、毛笔、木桩、红油漆等。

◆ 放样方法

1. 低等级公路的放样方法

(1)图解法。在有路基横断面设计时,可根据设计图中所示的尺寸,直接在地面上沿横断面方向量出路肩、坡脚、排水沟等各特征点距中桩的距离,定出路肩桩、坡脚桩或坡顶桩。

(2)计算法。在现场没有横断面设计图,只有中心桩填挖高度时,就必须用计算法算出路肩、坡脚或坡顶的位置,然后再用皮尺量出。

以上两种方法,在丈量距离时尺子一定要保持水平。每个横断面都必须放出路基宽度(路堑加边沟宽度)的边桩后,再分别放出两侧的路堤坡脚桩和路堑坡顶桩,然后再将各个桩号的坡脚和坡顶用石灰线连接起来就是路基填挖边界线。(或在填方坡脚桩外挖宽度为 1 m 的水沟作田、路分界线)

2. 高等级公路的放样方法

高等级公路,尤其对于高填深挖路段,在进行坡脚桩和坡顶桩放样,在边坡的放样时应使用全站仪,采用坐标法或极坐标法放样,以保证放样的准确性。

【实 务】

◆ 路基施工测量

1. 控制测量

(1)各级公路的平面控制测量等级应符合表2.1的规定。

表2.1 平面控制测量等级

公路等级	平面控制网等级
高速公路、一级公路	一级小三角、一级导线、四级GPS控制网
二级公路	二级小三角、二级导线
三级公路及以下公路	三级导线

(2)三角测量技术要求应符合表2.2的规定。

表 2.2　三角测量技术要求

等级	平均边长/m	测角中误差/″	起始边边长相对中误差	最弱边边长相对中误差	三角形闭合差/″	测回数 DJ$_2$	测回数 DJ$_6$
一级小三角	500	±5.0	1/40 000	1/20 000	±15.0	3	4
二级小三角	300	±10.0	1/20 000	1/10 000	±30.0	1	3

（3）导线测量技术要求应符合表 2.3 的规定。

表 2.3　导线测量技术要求

等级	附和导线长度/km	平均边长/m	每边测距中误差/mm	测角中误差/″	导线全长相对闭合差	方位角闭合差/″	测回数 DJ$_2$	测回数 DJ$_6$
一级	10	500	17	5.0	1/15 000	$±10\sqrt{n}$	2	4
二级	6	300	30	8.0	1/10 000	$±16\sqrt{n}$	1	3
三级	—	—		20.0	1/2 000	$±30\sqrt{n}$	1	2

（4）四级 GPS 控制网的主要技术参数应符合表 2.4 的规定。

表 2.4　四级 GPS 控制网的主要技术参数要求

级别	每对相邻点平均距离 d/mm	固定误差 a/mm	比例误差系数 b/ppm	最弱相邻点点位中误差 m/mm
四级	500	≤10	≤20	50

注：每对相邻点间最小距离应不小于平均距离的 1/2，最大距离不宜大于平均距离的 2 倍。

（5）各级公路的水准测量等级应符合表 2.5 的规定。

表 2.5　各级公路的水准测量等级

公路等级	水准测量等级	水准路线最大长度/km
高速公路、一级公路	四等	16
二级及以下公路	五等	10

（6）公路高程测量应采用水准测量。在水准测量确有困难的地段，四、五等水准测量可以采用三角高程测量，采用三角高程测量时，起讫点应为高一个等级的控制点。

（7）水准测量精度应符合表 2.6 的规定。

表 2.6　水准测量精度要求

等级	每公里高差中数中误差/mm 偶然中误差 M_Δ	每公里高差中数中误差/mm 全中误差 M_W	往返较差、附和或环线闭合差/mm 平原微丘区	往返较差、附和或环线闭合差/mm 山岭重丘区	检测已测测段高低之差/mm
三等	±3	±6	$±12\sqrt{L}$	$±3.5\sqrt{n}$ 或 $±15\sqrt{L}$	$±20\sqrt{L_i}$
四等	±5	±10	$±20\sqrt{L}$	$±6.0\sqrt{n}$ 或 $±25\sqrt{L}$	$±30\sqrt{L_i}$
五等	±8	±16	$±30\sqrt{L}$	$±45\sqrt{L}$	$±40\sqrt{L_i}$

注：1. 计算往返较差时，L 为水准点间的路线长度/km。
　　2. 计算附和或环线闭合差时，L 为附和或环线的路线长度/km。
　　3. n 为测站数，L_i 为检测测段长度/km。

(8)路基施工与隧道、桥梁施工共用的控制点,应分别满足《公路隧道施工技术细则》(JTG/T F60—2009)、《公路桥涵施工技术规范》(JTJ 041—2000)的规定。

(9)路基施工期间应根据情况对控制桩点进行复测。季节性冻土地区,在冻融以后应进行复测。

(10)其他方面应符合《公路勘测规范》(JTG C10—2007)的规定。

2. 导线复测

(1)导线测量精度应符合表2.3的规定。

(2)原有导线点不能满足施工需要时,可增设满足相应精度要求的附和导线点。

(3)同一建设项目内相邻施工段的导线应闭合,并满足同等级精度要求。

(4)对可能受施工影响的导线点,施工前应加以固定或改移,从开工至竣工验收的时间段内应保证其精度。

3. 水准点复测与加密

(1)水准点精度应符合表2.6的规定。

(2)沿路线每500 m宜有一个水准点。在结构物附近、高填深挖路段、工程量集中及地形复杂路段,宜增设水准点。临时水准点应符合相应等级的精度要求,并与相邻水准点闭合。

(3)当水准点有可能受到施工影响时,应进行处理。

◆路基施工放样

1. 中线放样

(1)路基开工前,应进行全段中线放样并固定路线主要控制桩,高速公路、一级公路宜采用坐标法进行测量放样。

(2)中线放样时,应注意路线中线与结构物中心、相邻施工段的中线闭合,发现问题应及时查明原因,进行处理。

(3)设计图纸和实际放样不符时,应查明原因后进行处理。

2. 路基放样

(1)路基施工前,应对原地面进行复测,核对或补充横断面,发现问题时,应进行处理。

(2)路基施工前,应设置标识桩,对路基用地界、路堤坡脚、路堑坡顶、取土坑、护坡道、弃土堆等的具体位置标识清楚。

(3)对深挖高填路段,每挖填3~5 m或者一个边坡平台(碎落台)应复测中线和横断面。

(4)高速公路和一级公路施工中,标高控制桩间距不宜大于200 m。

(5)施工过程中,应保护好所有控制桩点,并及时恢复被破坏的桩点。

2.2 路基工程施工准备

【基　础】

◆ **路基施工的重要性**

路基施工的重要性是路基强度和稳定性的保证，不少公路病害的重要原因就是路基施工质量不良，引起交通阻塞，并花费大量的维修和养护费用。

在公路建设中，路基土石方工程数量很大，个别公路路基工程要占全部公路的65%以上，某些重点路段往往是公路施工进度的关键。

◆ **路基施工的特点**

路基是支承路面的土构筑物。在挖方地段，则是开挖天然地层形成的路堑；在填方地段，路基是用压实的土石填筑而成的路堤。由于路基在使用过程中要承受由路面传递而来的行车荷载作用并抵御各种环境因素的影响，因此要求路基必须具有足够的强度、良好的水温稳定性和耐久性。所谓路基施工，就是以设计文件和施工技术规范为依据，以工程质量为中心，有计划、有组织地将设计图纸转化为工程实体的建筑活动。

路基施工的特点，突出表现为对工程质量的高标准要求。强度高、稳定性和耐久性良好的路基将成为路面结构的良好支承体系，有利于提高路基整体强度和使用性能，延长路基的使用寿命，同时，还可以降低路面工程造价和公路养护维修费用。反之，如果路基工程质量低劣，将给路面和路基自身留下许多隐患，会因此而降低路面的使用品质和使用寿命，严重的路基或路面破坏甚至会中断交通，造成重大经济损失。尤其严重的是，如果路基自身存在问题将后患无穷，难以根治，这会大大增加公路建成后的养护维修费用。由此可见，必须重视路基施工，切实保证路基工程质量，为提高公路建设的经济效益和社会效益提供切实的保障。

路基施工还在于工程质量受到多种因素的不利影响。虽然路基施工主要是开挖、运输、填筑、压实等比较简单的工序，但由于路基施工存在着工程数量大、条件变化大、施工难度大、施工方法多样等特点，对于保证路基工程质量有相当的难度。尤其是隐蔽工程较多的路基及地质不良的特殊路段，在施工时常会遇到复杂的技术问题和各种突发性事故需要处理，可以说路基施工技术是简单中蕴含着复杂。在与人工构造物的关系方面，路基自身的施工既与排水、防护及加固等工程的施工相互制约，有时又与桥梁、隧道、路面等分项工程的施工相互交叉、相互影响；在其他如气候、交通条件等方面，由于公路施工为野外作业，工程质量受气候条件影响很大，雨季时土质路基往往无法施工；交通运输不便，会使设备、物资和施工队伍调遣困难。所有这些因素的影响都必须加以克服，才能保证路基工程的质量。

◆路基施工的一般程序与内容

1. 施工前的准备工作

施工准备工作是公路工程顺利实施的基础和保证。施工准备工作的好坏直接影响工程的进度、质量、安全和经济效益等目标的实现,因此必须高度重视,认真对待。施工准备工作主要包括四个方面,即组织准备、物资准备、技术准备和现场准备。

2. 修建小型人工构造物

小型人工构造物包括小桥、涵洞、通道、挡土墙,这项工程通常与路基施工同时进行,但要求其先完工,以利于路基工程不受干扰地全线展开。

3. 路基土石方工程

路基土石方工程包括开挖路堑、填筑路基、路基压实与整平、修建排水沟渠及加固工程等,往往是公路施工进度的关键。

4. 路基工程的检查与验收

路基工程的竣工检查与验收应按《公路工程质量检验评定标准》(JTG F80/1—2004)进行。

【实 务】

◆路基的施工准备

路基施工需要消耗大量的时间、人工、物资和机械等资源,是一项历时时间长、技术要求高的工作。路基施工前,必须根据工程的实际情况做好组织准备、物资准备和技术准备工作,使各项施工活动能正常进行。在施工过程中,所有的施工活动都必须严格按有关施工规范进行,以确保工程质量,最后得到质量优良的路基实体。

1. 组织准备

开工前的组织准备工作主要是建立健全工程管理机构和施工队伍,制定施工过程中必要的规章制度,明确各自的施工任务,确定工程应达到的目标等,组织准备是其他准备工作的开始。

2. 物资准备

路基施工要消耗大量的人工、材料和机具,因此开工前应进行所需材料的购进、采集、加工、调运和储备等工作,同时还要检修或购置施工机械,做好施工人员的生活、后勤保障准备,正所谓"兵马未动,粮草先行"。劳动力、材料和机械设备的准备工作是路基施工组织计划的重要组成部分。

3. 技术准备

路基施工前的技术准备包括制定施工组织计划、施工测量、试验及清理施工现场等工作,对于高速公路和一级公路或采用新材料、新技术、新工艺的其他等级公路,除做好上述准备工作外,还应在大规模施工前铺筑试验路段,为正式施工提供技术指导。

(1)制定施工组织计划。制定路基施工的实施性施工组织计划,是路基施工前非常重要的技术准备工作,施工单位应根据设计文件、工程实际条件、工程量、施工难易程度以及人员、材料、设备供应情况和工期要求等认真编制。所编制的施工组织计划应针对工程实际,科学合理、易于操作,有利于保证工程质量和工程进度,做到"运筹",使路基施工能均衡、连续地进行。在编制工程中,施工单位应对设计文件和设计交底全面熟悉、认真研究,组织有关人员进行现场核对和施工调查;如果有必要,应按有关程序提出修改设计意见并报请变更设计。

(2)施工测量。路基开工前应做好施工测量工作,其内容包括导线、中线、水准点复测,横断面检查与补测,增加水准点等。

开工前应全面恢复路中线并固定路线的交点、平曲线主点等主要控制桩,高速公路和一级公路应采用坐标法恢复主要控制桩。如果设计文件中公路路线主要由导线控制,施工测量时必须做好导线的复测工作以准确控制路线的平面位置。为满足施工要求,复测路中线时应对指标桩进行必要的加固和加密。如果发现路中线与相邻施工段或结构物中轴线不闭合,应及时查明原因并报告有关部门。如果原设计路线长度丈量有错误或局部改线时,应做断链处理并相应调整纵坡。

路基施工时,如果使用设计单位设置的水准点,应进行校核并与国家水准点闭合。产生的闭合差应按有关规定处理,闭合差超出允许误差应查明原因并报告有关部门。为方便施工可增设水准点,但应固定可靠。

施工前应检查核对路基纵横断面,并适当补测。根据已经恢复的路中线,按设计文件、技术要求和施工规定等标出路基用地界桩、路堤坡脚、路堑坡顶、边沟及路基附属设施的具体位置。为方便施工,还应在距路中线一定安全距离处设置控制桩,间距不宜大于 50 m,桩上标明桩号及路中心填挖高度。在路基施工过程中应采取有效措施保护所有测量标志,以免增加测量工作量,减少出现错误的可能。

(3)试验。

1)路基施工前,应按照有关规定和要求,建立试验室。

2)路基施工前,应对路基基底土进行相关试验。每公里至少取两个点;土质变化大时,视具体情况增加取样点数。

3)应及时对来源不同、性质不同的拟作为路堤填料的材料进行复查和取样试验。土的试验项目包括天然含水量、液限、塑限、标准击实试验、CBR 试验等,必要时应做颗粒分析、比重、有机质含量、易溶盐含量、冻胀和膨胀量等试验。

4)使用特殊材料作为填料时,应按相关标准作相应试验,必要时还应进行环境影响评估,经批准后方可使用。

(4)场地清理。公路用地范围内原有构造物,应根据设计要求进行处理。

(5)铺筑试验路段。

1)下列情况下,应进行试验路段施工。

①二级及二级以上公路路堤。

②填石路堤、土石路堤。

③特殊地段路堤。
④特殊填料路堤。
⑤拟采用新技术、新工艺、新材料的路基。
2)路堤试验路段施工应包括以下内容。
①填料试验、检测报告等。
②压实工艺主要参数:机械组合;压实机械规格、松铺厚度、碾压遍数、碾压速度;最佳含水量及碾压时含水量允许偏差等。
③过程质量控制方法、指标。
④质量评价指标、标准。
⑤优化后的施工组织方案及工艺。
⑥原始记录、过程记录。
⑦对施工设计图的修改建议等。

◆**施工注意事项**

(1)严格按照设计文件和施工规范进行路基施工,以试验及测试结果作为检查、评定路基施工质量是否符合要求的主要依据。

(2)加强排水,保证路基施工质量。施工排水有利于控制土的含水率,便于施工作业。路基施工前应先修筑排水沟、截水沟等排水设施,雨季施工时要加强工地临时排水,各施工作业面应及时整平、压实、封闭,挖方工作面应根据路堑纵横断面情况,采取有效措施排除积水;填方地段路基应根据土质情况和气候条件做成2%～4%的排水横坡。当地下水位较高或有地下水渗流时,应根据地下水的位置和流量设置渗沟等适宜的地下排水设施。

(3)合理取土、弃土。施工时取土与弃土应从方便路基施工、节约用地、保护耕地和农田水利设施等角度考虑,并注意取土、弃土后的排水畅通,防止对路基造成不利影响。

(4)应因地制宜,合理利用当地材料和工业废料修筑路基,有效降低工程造价。

(5)注意保护生态环境。建成后的公路应有美好的路容和景观。路基施工时应尽可能减少对地形地貌及自然植被的破坏,以免导致水土流失,不能避免时应适当进行绿地恢复。施工时清除的杂物应区别情况,予以妥善处理,不得倾弃于河流及水域中。

(6)安全施工。必须贯彻安全生产的方针,制定施工安全措施,加强安全教育和检查,严格执行安全操作规程,以免造成人员伤亡和财产损失。

2.3　路基施工机械和设备

【基　础】

◆**常用施工机械的作业范围**

常用施工机械的作业范围见表2.7、表2.8。

表2.7 常用施工机械的作业范围

机械名称	适用的作业范围		
	准备工作	基本作业	辅助作业
推土机	修筑临时道路 推倒树木、拔除树根 铲草皮、除积雪及建筑碎屑 推缓陡坡地形,整平场地 翻挖回填井、坑、陷穴	高度3 m以内的路堤和路堑土方运距100 m以内土石方在挖填与压实 傍山坡挖填结合路基土方	路基缺口土方的回填 路基初平,取弃土的整平 填土压实,斜坡上挖台阶 配合铲运机与挖掘机松土、运土
铲运机	铲草皮 移运孤石	运距在60~70 m以内的挖土、运土、铺平与压实(高度不限)	路基初平 取土坑与弃土堆的整平
平地机	除草、除雪及松土	修筑0.75 m以内的路堤与0.6 m以内的路堑,以及填挖结合路基的挖土、运土、填土	开挖排水沟,平整路基,整修边坡
挖掘机	—	半径7 m以内的挖土与卸土 装土供汽车远运	挖沟槽与基坑 水下捞土(反向铲土)
装载机	—	具有推土机和挖掘机两者的工作能力	进行铲掘、推运、整平、装卸和牵引等多种作业
松土机	翻松旧路面、清除树根及废土层、翻松硬土		Ⅲ~Ⅳ类土的翻松 破碎0.5 m以上的冻土层

表2.8 根据施工条件选用施工机械

路基形式及土方工程	填挖高度/m	土方移运水平距离/m	主要施工机械	辅助机械	运距/m	最小工作地段长度/m
1)路堤 路侧取土	<0.75	<15	平地机		—	300~500
	<3.00	<40	58 kW推土机		10~40	—
	<3.00	<60	73.5~102.9 kW推土机	58.8 kW推土机	10~60	—
	<6.00	20~100	6 m³拖式铲运机		80~250	50~80
	>6.00	50~200	6 m³拖式铲运机		250~500	80~100
远运取土	不限	<500	6 m³拖式铲运机		<700	>50~80
	不限	500~700	9~12 m³拖式铲运机		<1 000	>50~80
	不限	>500	9 m³以上自动铲运机		>500	>50~80
	不限	>500	自卸汽车运土		>500	(5 000 m³)
2)路堑 路侧弃土	<0.60	<15	平地机		—	300~500
	<3.00	<40	58.8 kW推土机		10~40	—
路侧下坡弃土 路侧弃土	<4.00	<70	73.5~102.9 kW推土机		10~70	—
	<6.00	30~100	6 m³拖式铲运机		100~300	50~80
	<15.0	50~200	6 m³拖式铲运机		300~600	>100
	>15.0	>100	9~12 m³拖式铲运机	58.8 kW推土机	<1 000	>200
纵向利用	不限	20~70	58.8 kW推土机		20~70	—
	不限	<100	73.5~102.9 kW推土机		<100	—
	不限	40~600	6 m³以上拖式铲运机		80~700	>100
	不限	<800	9~12 m³拖式产运机		<1 000	>100
	不限	>500	9 m³以上自动铲运机		>500	>100
	不限	>500	自卸汽车运土		>500	(5 000 m³)
3)半填半挖横向利用	不限	<60	58.8~102.9 kW斜角推土机		10~0	—

◆机械设备的选择与配套

（1）机械设备应考虑工程特点、工程规模、场地大小、填料种类、土石种类及数量、地形、填挖高度、压实要求、运距、工期、施工条件、现场条件、机械使用性能等因素，经济合理地选择，填方压实应配备专用碾压机具。

（2）所有进入现场的路基施工机械设备，不仅关系到开工后的施工质量和进度，而且对由于工期延误产生的索赔费用计算有直接的影响。因此，要详细填写施工机械进场检验单，并依照进场检验单对机械设备的数量、规格、型号、生产能力、完好率等进行认真的检查和记录。

（3）进场的机械设备和投标书附表所填应一致，尤其对直接用于网络计划中关键线路工程上的机械的生产能力、性能、效率、配套使用及周转情况，更应保持一致，并以满足施工需要为准。

（4）所有路基施工机械设备选择与配套需监理工程师审批。

【实　务】

◆挖运机械

常用的土方挖运机械主要有挖掘机、铲运机、推土机、装载机、平地机、工程运输车辆等。

1. 挖掘机

挖掘机在公路工程中是用于挖掘和装载土、石、砂砾和散粒材料的重要施工机械，根据挖掘机的结构和工作原理不同可分为两大类，即单斗挖掘机和多斗挖掘机。公路工程施工中以单斗挖掘机最为常见，因此这里只介绍单斗挖掘机。

（1）单斗挖掘机的分类。单斗挖掘机按行走方式分为履带式、步履式、轮胎式和轨行式；按采用的动力不同分为电动式和内燃式等；按传动方式不同分为机械传动和液压传动，近年来，液压式逐步取代机械式。

（2）挖掘机的使用范围。挖掘机是土石方工程施工的主要机械，它的特点是效率高、产量大，但机动性较差。因此，选用大型挖掘机施工时要考虑地形条件、运输条件以及工程量的大小等。在公路工程施工中，遇到开挖量较大的路堑和填筑高路堤等大工程量时，选用挖掘机配合运输车辆组织施工是比较合理的。

为了使挖掘机发挥最大效能，在使用挖掘机时应考虑最低工作面高度和最小工程量。在使用正铲挖掘机械时，工作面的最小高度见表2.9。使用正铲和拉铲挖掘机时最小工程量见表2.10，否则很不经济。

表2.9 正铲挖掘机工作面最小高度

半容量/m³ \ 工作面高度/m \ 土级别	1.5	2.0	2.5	3.0	3.5	4.0	5.0
Ⅰ、Ⅱ	0.5	1.0	1.5	2.0	2.5	3.0	—
Ⅲ	—	0.5	1.0	1.5	2.0	2.5	3.0
Ⅳ	—	—	0.5	1.0	1.5	2.0	2.5

表2.10 正铲、拉铲挖掘机最小工程量表　　　　　　　　单位:m³

铲斗量/m³	正铲挖掘机		拉铲挖掘机	
	工程量	土级别	工程量	土级别
0.5	15 000	Ⅰ~Ⅳ	10 000	Ⅰ~Ⅱ
0.75	20 000	Ⅰ~Ⅳ	15 000	Ⅰ~Ⅱ
0.75	—	—	12 000	Ⅲ
1.00	15 000	Ⅴ~Ⅵ	15 000	Ⅰ~Ⅱ
1.00	25 000	Ⅰ~Ⅳ	20 000	Ⅲ
1.50	25 000	Ⅴ~Ⅵ	20 000	Ⅰ~Ⅱ

如果工程量较小,但又必须使用挖掘机施工时,可选用机动性强、斗容量较小的轮胎式全液压挖掘机。

挖掘机的主要工作条件为:工作物为Ⅰ~Ⅳ级土和松动后的Ⅴ级以上的土,可用于开挖和装载爆破后的石方以及不大于斗容量的石块。机械传动的正铲挖掘机,其工作面只能在停机面以上;而机械传动的反铲挖掘机,其工作面只能在停机面以下;液压操纵、液压传动的正反铲挖掘机,其工作面不受此限制。

2.铲运机

铲运机主要用于较大运距的土方工程,如开挖路堑、填筑路堤和大面积的平整场地等。由于它本身能完成铲装、运输和摊铺作业,并兼有一定的压实和平整能力,因此在公路工程施工中,铲运机是一种使用范围很广的土方施工机械。

(1)铲运机分类。铲运机可按铲斗容量、卸土方法、行走方式、操纵系统形式及轴数等进行分类。

(2)铲运机的适用范围。铲运机的适用范围主要取决于土质特性、运距、机械本身的性能和道路状况。

铲运机的经济运距视类型不同而异,一般与斗容量的大小成正比。斗容量6 m³以下的铲运机的最短运距以不小于100 m为宜,最长不超过350 m,经济运距为200~300 m,斗容量10~30 m³的自行式铲运机,最短运距不小于800 m,最长运距可达1 500 m以上。

铲运机应在Ⅰ、Ⅱ级土中施工,如果遇到Ⅲ、Ⅳ级土应预松,最适宜在湿度较小(含水量在25%以下)的松散砂土和黏土中施工,但不适宜于在干燥的粉砂土和潮湿的黏性土中施工,更不宜在地下水位高的潮湿地区和沼泽地带以及岩石类地区施工。

施工中铲运机应尽可能地利用地形下坡铲装和运输以提高生产率。一般铲装时的下坡角为 7~8°,如果坡度过大,铲下的土不易进入斗内,效率反而降低。

各种铲运机的适用范围及使用条件见表 2.11、表 2.12。

表 2.11 各种铲运机的适用范围及使用条件

类别			堆装斗容/m²		经济运距/mm		道路坡度/%
			一般	最大	一般	最大	
拖式铲运机			2.5~18	24	100~500	100~300	15~25
自行式铲运机	单发动机	一般铲装	10~30	50	200~2 000	200~1 500	5~8
		链板装载	10~30	35	200~1 000	200~600	5~8
	双发动机	一般铲装	10~30	50	200~2 000	200~1 500	10~15
		链板装载	10~16	34	200~1 000	200~600	10~15

表 2.12 几种国产铲运机的使用条件

型号		斗容量 /m³	牵引方式及动力/kW (马力)	操纵方式	卸土方式	切土深度 /mm	卸土深度 /mm	适用运距 /m
拖式铲运机	CT6	6~8	履带拖拉机为 58.8~73.6 (80~100)	机械式	强制式	300	380	100~700
	CTY7	7~9	履带拖拉机为 88.3 (120)	液压式	强制式	—	—	100~700
	CTY9	9~12.5	履带拖拉机为 132.2~161.8 (180~220)	液压式	强制式	300	350	100~700
	CTY10	10~12	履带拖拉机为 95.6~147.1 (130~200)	液压式	强制式	300	300	100~700
自行式铲运机	CL7	7~9	单轴牵引车为 132.4 (180)	液压式	强制式	300	400	800~15 000

3. 推土机

推土机是路基土方工程施工中最常用的机械之一,它的特点是所需作业面小、转移方便、机动灵活、短距离运土效率高,干湿地带都可以独立工作,同时也可以配合其他机械施工,因此广泛应用于土方工程机械化施工中。

(1)推土机的分类。推土机按推土板操纵方式分为机械式和液压式两类;按行走装置分为履带式和轮胎式两类;按推土板安装方式分为固定式和回转式两种;按发动机功率大小分为小型(37 kW 以下)、中型(37~250 kW)、重型(大于 250 kW)三种。目前,推土机的操纵方式大多为液压式,行走装置多为履带式,发动机功率向大功率方面发展,功率在 120 kW 以上的其后面多带有松土器,使推土机的适用范围越来越广。

(2)推土机的适用范围。推土机一般适用于工程量集中、季节性较强、施工条件较差的工程环境,主要用于 50~100 m 短距离的作业,并可为铲运机与挖装机械松土和助铲及牵引等各种拖式工作装置等作业。

履带式推土机是使用最广泛的一种推土机,适用于推运Ⅳ级以下土。当推运Ⅳ级和

Ⅳ级以上土和冻土时,需先进行松土。常见的作业方式有直铲作业、斜铲作业、侧铲作业、松土器的劈开作业,国产推土机的适用范围见表2.13。

表2.13 国产推土机的适用范围

	型号	额定功率/kW	结构质量/t	推土装置				松土器		经济运距/m	接地比压/kPa	最大牵引力/kN
				推土板(长×宽)/(m×m)	安装方式	操纵方式	切土深度/mm	形式	松土深度/mm			
履带式推土机	移山-08	66.2(90)	14.9	3.1×1.1 3.72×1.04	固定式 回转式	机械式				50~100	63	99
	T80	—		3.1×1.1	固定式	机械式	1 800					
	T100(DY100)	66.2(90)	13.5	3.1×1.1	回转式	机械式	180			50~100		90
	TY100(DY2100)	66.2(90)	16.0	3.8×0.88	回转式	液压式	650	4~5齿	550	50~100	68	90
	TY120A	103.0(140)	16.9	3.91×1	回转式	液压式	300	—	—	50~100	63	117.6
	TY120(上海)	88.3(120)	21.8	4.2×1	回转式	液压式	300			50~100	65	118
	TY80(T180)	132.4(180)	21.8	4.2×1.1	回转式	液压式	530	3齿	620	50~100	81	187.4
	TY240	176.5(240)	36.5	4.2×1.6	回转式	液压式	600			50~100	—	320
	TY320(DI554)	235.4(320)	37.0	4.2×1.6	回转式	液压式	600	多齿	1 100	50~100	98	320 360
湿地推土机	TS120	88.3(120)	16.9	4×0.96	回转式	液压式	400				28	112
轮式推土机	TL160	117.7(160)	12.8	3.19×1	回转式	液压式	400			50~100		82

4. 装载机

装载机是一种工作效率较高的铲土运输机械,兼有挖掘机和推土机两者的工作能力,可以进行铲掘、推运、装卸和牵引等多种作业。其优点是适应性强、操纵简便、作业效率高,是一种发展较快的循环作业的机械。

(1)装载机的分类。按工作装置不同可分为单斗式、斗轮式和挖掘装载式三种;按自身结构特点可分为刚性式和铰接式两种;按动臂形式的不同可分为全回转式、半回转式和非回转式三种;按行走方式分为履带式与轮胎式两种。

(2)装载机适用范围和条件。

1)装载机的经济合理运距。装载机在运距和道路坡度经常变化的情况下,如果整个采、装、运作业循环时间少于3 min时,自铲自运是经济合理的。

用轮胎式装载机代替挖掘机,与自卸汽车配合工作的合理运距见表2.14,它与设计年土石方生产量、装载量和设备斗容有关。加大装载机容量就可增加合理运距。

表 2.14 轮胎装载机与自卸汽车配合的合理运距

年生产量/10^4 t	10	30		50		80		100 以上	
挖掘机斗容/m^3	2.25	2.25	4	2.25	4	2.25	4	2.25	—
自卸汽车载重量/t	10	10	27	10	27	10	27	10	27
装载机重量/t	装载机合理运距/m								
2	470	170	260	110	160	80	110	71	65
4	760	280	450	190	280	130	190	118	108
5	920	350	540	240	340	170	230	155	143
9.9	—	800	1 190	560	750	400	520	384	347
16	—	890	1 330	630	830	440	570	432	387

2)装载机的斗容量与自卸汽车车箱容积的匹配。通常以 2~4 斗装满一车厢为宜,车厢长度要比装载斗宽大 25%,装载机铲斗 45°倾斜卸载时,斗齿最低点的高度要比车厢侧壁高 0.2~1 m。

3)充分发挥装载机的效率。装载机作业循环时间,小型的不超过 15 s,大型的不超过 20 s,而且应考虑装载机走行与转弯速度。

5. 平地机

平地机是一种装有以铲土刮刀为主,配备其他多种可换作业装置,进行刮平和整形连续作业的工程机械。平地机的铲土刮刀比推土机的推土铲刀灵活,它能连续进行改变刮刀的倾斜角和平面角,使刮刀向一侧伸出,可以连续进行铲土、运土、大面积平地、挖沟、刮边坡等作业。

(1)平地机的分类。平地机按工作装置(铲刀)和行走装置的操纵方式可以分为机械操纵和液压操纵两种,大多采用液压操纵;按走行方式分为拖式及自行式两种,自行式使用最为普遍;按铲刀长度或发动机功率等分为轻型、中型和重型,见表 2.15。

表 2.15 平地机分类

类型	铲刀长度/m	发动机功率/kW	质量/kg	车轮数
轻型	≤3	44~66	500~9 000	四轮
中型	3~3.7	66~110	9 000~14 000	六轮
重型	3.7~4.2	110~220	14 000~19 000	六轮

(2)平地机的适用范围。平地机主要用途有:从路线两侧取土,填筑不高于 1 m 的路堤;修整路堤的横断面;刨刷边坡;开挖路槽和边沟,以及大面积平整等。此外,还可以在路基上拌和、摊铺路面材料,清除路肩上的杂草及冬季道路除雪等。

平地机是一种铲土、运土、卸土同时进行的连续作业机械,主要工作装置是刮刀,它可以调整四种作业运作,即刮刀平面回转、刮刀左右引申、刮刀左右端升降和刮刀外侧倾斜,来完成刮刀角铲土侧移、刮刀刮土直移、刮刀刮土侧移和机身外刮土等作业。

6. 工程运输车辆

在公路工程施工中,大量土石方、砂砾料和大宗建筑材料、施工机械、机电设备等物资的运输,主要依靠轮胎式工程运输车辆。轮胎式车辆包括载重汽车和用轮胎式牵引车拖带的各种挂车和半挂车。采用轮胎式车辆的优点是行驶速度快,机动性高,能达到工地道路伸延所及的任何地点,载运筑路材料的性能范围广;对道路的弯道、路面和坡度的要求较低;产品系列齐全,与各类挖掘装载机械配套使用方便;操纵灵活,使用可靠。

公路工程部门使用的轮胎式运输车辆的类型很多,可分为公路型和非公路型两大类。

(1)公路型车辆。

1)自卸汽车。其特点是靠自身的动力驱动车辆行驶,车厢是直接安装在汽车车架之上的,对于自卸汽车的车厢,一般是向后倾翻卸料,侧翻卸料的车型不多。按照转向方式,可分为铰接转向和偏转车轮转向两种。采用铰接式转向机构的车辆,其转弯半径较小,且有良好的越野性能。按照公路运输车辆轴载和总重的法规限制,公路型双轴汽车的总重不超过 20 t,三轴汽车的总重不超过 30 t,单后轴重不超过 13 t,双后轴重不超过 24 t(2×12)。

2)牵引汽车和挂车。牵引汽车是专门用来牵引挂车和半挂车进行公路运输的,并通过承载装置与半挂车相连。挂车和半挂车有重型平板车挂车(用来运输施工机械)、底卸式半挂车、后卸式半挂车(主要用来运输砂石材料)和阶段车架式半挂车等形式。

(2)非公路型车辆。非公路型车辆包括后卸式或侧卸式重型自卸汽车、单轴牵引拖带的底卸式或后卸式半挂车、双轴牵引车拖带的底卸式或侧卸式半挂车。

与公路型自卸汽车相比较,非公路型车辆的后卸式重型自卸汽车,外形尺寸较大,车轴载荷不受公路轴载和总重的限制。非公路型车辆的轴载和总重均超过公路规定标准,因此不允许在正规公路上行驶。

在公路工程施工中使用最普通的工程运输车辆是各种型号的载重自卸汽车。

◆压实机械

路基工程应采用专门的压实机械压实。压实机械的选择应根据工程规模、场地大小、填料种类、压实度要求、压实机械效率、气候条件等因素综合考虑确定。

1. 压实机械的分类

(1)按压实力作用原理分为静力碾压机械、振动碾压机械和夯实机械三种类型。

1)静力碾压机械。静力碾压机械是依靠机械自重的静压力作用,利用滚轮在碾压层表面往复滚动,使被压实层产生一定程度的永久性变形而达到压实目的。这类压实机械包括各种型号的轮胎压路机、钢轮压路机、羊脚压路机及各种拖式压滚等。

2)振动碾压机械。振动碾压机械是利用专门的振动机构,以一定的频率和振幅振动,并通过滚轮往复滚动传递给压实层,使压实材料的颗粒在振动和静压力联合作用下发生振动位移而重新组合,使之提高稳定性和密实度,达到压实目的。这类机械包括各种拖式和自行式振动压路机。

3)夯实机械。夯实机械又可分为冲击夯实和振动夯实两类。冲击夯实是利用机械在运动过程中离开地面上升到一定高度,然后自由落下所产生的冲击力把材料层压实。这类机械包括各种内燃式和电动夯土机等。

振动夯实除具有冲击夯实力外,还有振动力同时作用于被压实层。这类机械包括快速冲击夯和振动平板夯等。

(2)按碾压形状分为钢轮、羊脚轮和充气胎轮三种,钢轮也有采用在其表面覆盖橡胶层作为碾轮的。

(3)按走行方式分为拖式和自行式两类。

2. 使用范围

(1)钢轮压路机。钢轮压路机按其质量可分为特轻型、轻型、中型、重型和特重型五种,这种压路机由于单位线压力小,压实深度浅,适用于一般的筑路工程,其应用范围见表 2.16。

表 2.16 钢轮压路机按质量分类的应用范围

按质量分类	加载后质量/t	单位直线压力/kPa	应用范围
特轻型	0.5~2.0	>800~2 000	压实人行道和修补沥青类路面
轻型	>2~5	>2 000~4 000	压实人行道、沥青表处层、公园小道、体育场和土路
中型	>5~10	>4 000~6 000	压实路基、砾石、碎石基层、沥青混合层
重型	>10~15	>60 000~8 000	砾石、碎石类基层、沥青混合料层的终压作业
特重型	>15~20	>8 000~12 000	压实大块石填筑的路基和碎石结构层

(2)羊脚(凸块)压路机。羊脚(凸块)压路机有较大的单位压力(包括羊脚的挤压力),压实深度大而且均匀,并能挤碎土块,因此有较高的生产率和很好的压实效果。

(3)轮胎压路机。轮胎压路机机动性好,方便运输,进行压实工作时土与轮胎同时变形,接触面积大,并有揉合的作用,压实效果好。它适用于压实黏性土、非黏性土及沥青混合料的复压。

(4)振动压路机。振动压路机单位线压力大,振动力影响深,因此压实深度较大,压实遍数相应减少。振动压路机种类繁多,应用广泛,各种振动压路机的应用范围见表 2.17。

表 2.17 振动压路机应用范围

质量和形式	块石	砂砾石		粉土、粉质土、冰碛土		低中强度黏土	高强度黏土
		优良级配	均匀粒级	粉质砂、粉质砾石、冰碛土	粉土砂质粉土		
3 t 以下钢轮		△	△	△	△		
3~5 t 钢轮		①	①	△	△	△	
5~10 t 钢轮	△	①	①	①	△	△	△
10~15 t 钢轮	①	①	①	①	△	△	△
振动凸块式			△	△	①	①	①
振动羊脚式			△	△	△	①	①

（5）夯实机械。夯实机械分冲击夯实和振动夯实,质量小、体积小,主要用于狭窄工作面的铺层压实。

几种常用压路机的使用技术性能见表2.18,各种土质适宜的碾压机械见表2.19。

表2.18 常用压路机的使用技术性能

机具名称	最大有效压实厚度/m	碾压行程次数				适宜的土类
		黏性土	亚黏土	粉砂土	砂性土	
人工夯实	0.10	3~4	3~4	2~3	2~3	黏性土与砂性土
牵引式钢面碾	0.15	—	—	7	5	黏性土与砂性土
羊足碾(2个)	0.20	10	8	6	—	黏性土
自动式钢面碾5 t	0.15	12	10	7	—	黏性土与砂性土
自动式钢面碾10 t	0.25	10	8	6	—	黏性土与砂性土
气胎路碾25 t	0.45	5~6	4~5	3~4	23	黏性土与砂性土
气胎路碾50 t	0.70	5~6	4~5	3~4	2~3	黏性土与砂性土
夯击机0.5 t	0.40	4	3	2	1	砂性土
夯击机1.0 t	0.60	5	4	3	2	砂性土
夯板1.5 t,落高2 m	0.65	6	5	2	1	砂性土
履带式	0.25	6~8		6~8		黏性土与砂性土
振动式	0.40	—		2~3		砂性土

表2.19 各种土质适宜的碾压机械

机械名称 \ 土的类别	细粒土	砂类土	砾石土	巨粒土	备注
6~8 t两轮钢轮压路机	A	A	A	A	用于预压整平
12~18 t三轮钢轮压路机	A	A	A	B	最常使用
25~50 t轮胎压路机	A	A	A	A	最常使用
羊足碾	A	C或B	C	B	粉、黏土质砂可用
振动压路机	B	A	A	A	最常使用
凸块式振动压路机	A	A	A	A	最宜使用于含水量较高的细粒土
手扶式振动压路机	B	A	A	C	用于狭窄地点
振动平板夯	B	A	A	B或C	用于狭窄地点,机械质量800 kg
手扶式振动夯	A	A	A	B	用于狭窄地点
夯锤(板)	A	A	A	A	夯击影响深度最大
推土机、铲运机	A	A	A	A	仅用于摊平土层和预压

注:1. A代表适用,B代表无适当的机械时可用,C代表不适用。
2. 土的类别按《公路土工试验规程》(JTG E40—2007)的规定划分。
3. 对特殊土和黄土(CLY)、膨胀土(CHE)、盐渍土等的压实机械选择可按细粒土考虑。
4. 自行式压路机宜用于一般路堤、路堑基底的换填等的压实,宜采用直线式进退运行。
5. 羊足碾(包括凸块式碾、条式碾)应有钢轮压路机配合使用。

◆石方施工机械

在公路的施工过程中,除了需要填筑、开挖土方路堑和路堤等路基工程外,常常在路线通过山岭、丘陵以及沿溪傍山地带时,会遇到分散或集中的大块石和岩层,在开挖路堑或半填半挖路段时,就需要填筑、开挖石方,而且在公路的施工过程中为了修筑桥涵、防护与支挡结构物,还需要大量的块(片)石与各种规格碎石。这些石方的填筑、开挖和石料的开采、加工过程称为石方工程施工;对石方的填筑、开挖和石料的开采、加工的机械与设备称为石方施工机械。石方施工机械主要有空气压缩机(简称空压机)、破碎机、凿岩机和筛分机等。公路施工中常用的空压机、破碎机和凿岩机介绍如下。

1. 空压机

空压机是一种以电动机或内燃机作为动力,将自由空气压缩成高压空气的机械。它所制备出来的压缩空气是驱动各种风动工具的动力来源,因此有时又称之为动力机械。

在公路工程施工中,活塞式空压机使用极为广泛。

2. 破碎机

用凿岩机在岩层上凿击炮眼,放进炸药经爆破后所得到的是一些大小不等的石块,不能用来制备混凝土材料和铺筑路面。为了获得各种规格的碎石,还必须将大的石块破碎成碎石(常常要经过多次破碎才能符合要求),破碎机的用途就是机械化地破碎石块。

破碎机按其结构的不同,可分为颚式、锤式、锥式和连续式四大类;这些破碎机根据破碎加工前后石块尺寸的大小,又可分为粗碎、中碎和细碎三类。

3. 凿岩机

石方工程的主要工作就是凿岩打孔。凿岩打孔即钻炮眼是实现爆破、大规模进行石方路基施工的基础。凿岩机是石料开采和石质隧道等石方工程钻炮眼的主要工具,凿岩机还可以用来改做破碎器,用于破碎原有混凝土之类的坚硬层,以便消除或重新修造。

凿岩机通常按其动力的来源分为风动、电动和内燃三种基本类型,所有类型的凿岩机,它们的工作都是在旋转过程中冲击钢钎。如果将机头加以改装,使之只冲击而不旋转,便成了破凿机具(又称风镐)。

2.4 路堤施工

【基 础】

◆填筑方法

1. 分层填筑法

路堤填筑必须考虑不同的土质,从原地面逐层填起,并分层压实,每层厚度随压实方法而定。分层填筑方法又可分为两种,即水平分层填筑和纵坡分层填筑。

(1)水平分层填筑法。填筑时按照横断面全宽分成水平层次,逐层向上填筑。如果原地面不平,应由最低处分层填起,每填一层,经过压实符合规定要求之后,再填上一层,依此循环进行直至达到设计高程。采用此法施工操作方法、安全、压实质量容易得到保证,如图2.1所示。

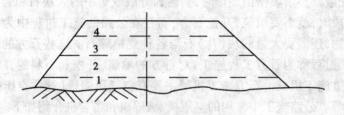

图2.1 水平分层填筑法

(2)纵向分层填筑法。纵向分层填筑适用于铲运机或推土机从路堑取土填筑运距较短的路堤,依纵坡方向分层、逐层推土填筑,原地面纵坡小于20°的地段可用此法施工,如图2.2所示。

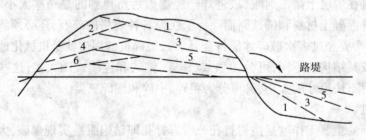

图2.2 纵向(横向)分层填筑法

2. 竖向(横向)填筑法

从路基一端按各横断面的全部高度逐步推进填筑,适用于无法自上而下分层填土的陡坡、泥沼或断岩地区,如图2.3所示。此法由于填土过厚不易压实,且还有沉陷不均匀的缺点。

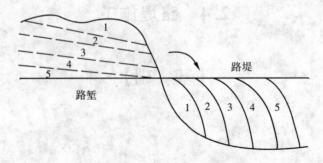

图2.3 竖向(横向)填筑法

因此,应采用必要的技术措施,如采用沉陷量较小的砂性土或废石作为填料;选用高效能的压实机械(振动夯实式压路机)碾压;暂不修建较高级路面,容许短期自然沉降等。

3. 混合填筑法

当高等级公路路线穿过深谷陡坡,且要求上部的压实度标准较高时,路堤上层采用水平分层填筑,下层采用竖向填筑,此种方法为混合填筑法,如图 2.4 所示。

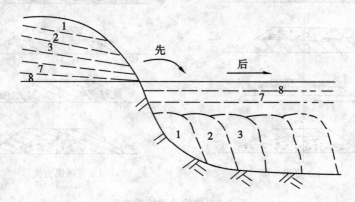

图 2.4　混合填筑法

◆不同土质填筑路堤的规定

在施工中,沿线的土质经常发生变化,为避免将不同性质的土任意混填,以致造成路基病害,施工前必须进行现场调查,作出正确的规划,拟订合理的调配方案。

不同土质混合填筑须遵守的规定如下:

(1)采用不同性质的土填筑路堤时应分层填筑,交替层次应尽量减少,每层总厚度最好不小于 0.5 m。不得混杂乱填,以免形成水囊或滑动面。

(2)透水性差的土填筑在路堤下层时,其表面应做成双向不小于4%的横坡,以保证及时排出来自上层透水性填土的水分。

(3)为保证水分的蒸发和排除,路堤不被透水性差的土层封闭,也不应覆盖在透水性较大的土所填筑的下层边坡上。

(4)根据强度与稳定性要求,合理地安排不同土质的层位。一般的土质凡不因潮湿及冻融而变更其体积的优良土应填在上层,强度较小的土应填在下层。

(5)为防止相邻两段用不同土质填筑的路堤在交接处发生不均匀变形,交接处应做成斜面,并将透水性差的土填在斜面下部,如图 2.5 所示。

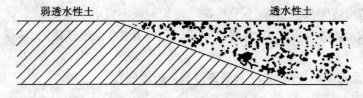

图 2.5　不同土质路堤接头

(6)用不同土质填筑路堤的正确与错误方案如图 2.6 所示。

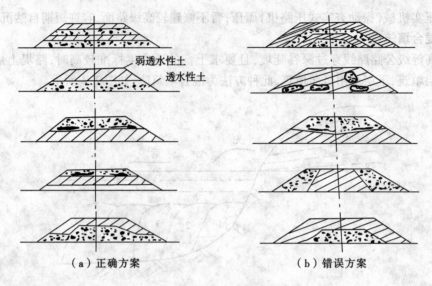

（a）正确方案　　　　　　（b）错误方案

图2.6　路堤分层填筑方案

【实　务】

◆施工取土

（1）路基填方取土，应根据设计要求，结合路基排水和当地土地规划、环境保护要求进行，不得任意挖取。

（2）施工取土应不占或少占良田，尽量利用荒坡、荒地，取土深度应结合地下水等因素考虑，利于复耕。原地面耕植土应先集中存放，以利再用。

（3）自行选定取土方案时，应符合下列技术要求。

1）地面横向坡度陡于1∶10时，取土坑应设在路堤上侧。

2）桥头两侧不宜设置取土坑。

3）取土坑与路基之间的距离，应满足路基边坡稳定的要求。取土坑与路基坡脚之间的护坡道应平整密实，表面设1%～2%向外倾斜的横坡。

4）取土坑兼作排水沟时，其底面宜高出附近水域的常水位或与永久排水系统及桥涵出水口的标高相适应，纵坡不宜小于0.2%，平坦地段不宜小于0.1%。

5）线外取土坑等与排水沟、鱼塘、水库等蓄水（排洪）设施连接时，应采取防冲刷、防污染的措施。

（4）对取土造成的裸露面，应采取整治或防护措施。

◆土质路堤

1.地基表层处理

（1）二级及二级以上公路路堤基底的压实度应不小于90%；三、四级公路应不小于

85%。路基填土高度小于路面和路床总厚度时,基底应按设计要求处理。

(2)原地面坑、洞、穴等,应在清除沉积物后,用合格填料分层回填分层压实,压实度符合上述(1)的规定。

(3)泉眼或露头地下水,应按设计要求,采取有效导排措施后方可填筑路堤。

(4)地基为耕地、土质松散、水稻田、湖塘、软土、高液限土等时,应按设计要求进行处理,局部软弹的部分也应采取有效的处理措施。

(5)地下水位较高时,应按设计要求进行处理。

(6)陡坡地段、土石混合地基、填挖界面、高填方地基等都应按设计要求进行处理。

2. 路堤填筑

(1)性质不同的填料,应水平分层、分段填筑,分层压实。同一水平层路基的全宽应采用同一种填料,不得混合填筑。每种填料的填筑层压实后的连续厚度不宜小于500 mm。填筑路床顶最后一层时,压实后的厚度应不小于100 mm。

(2)对潮湿或冻融敏感性小的填料应填筑在路基上层。强度较小的填料应填筑在下层。在有地下水的路段或临水路基范围内,宜填筑透水性好的填料。

(3)在透水性不好的压实层上填筑透水性较好的填料前,应在其表面设2%~4%的双向横坡,并采取相应的防水措施。不得在由透水性较好的填料所填筑的路堤边坡上覆盖透水性不好的填料。

(4)每种填料的松铺厚度应通过试验确定。

(5)土质路基如按设计断面尺寸填筑,路基边缘部分的压实度很难达到规定要求,实际上等于缩小了路基断面,使路基质量受到影响。应采取适当增加碾压宽度等有效措施保证全断面的压实质量。

(6)地面的自然坡度较大时,原地面应按设计挖成台阶,以保证填方土体的稳定。每级台阶高度可取压实机具一层压实厚度的整倍数,如小型夯实机具一层压实厚度为150 mm,台阶高以300 mm 为宜。

路堤填筑时,应从最低处起分层填筑,逐层压实;当原地面纵坡大于12%或横坡陡于1:5时,应按设计要求挖台阶,或设置坡度向内并大于4%、宽度小于2 m 的台阶。

(7)填方分几个作业段施工时,接头部位如不能交替填筑,则先填路段,应按1:1坡度分层留台阶;如能交替填筑,则应分层相互交替搭接,搭接长度不小于2 m。

3. 选择施工机械

选择施工机械,应考虑工程特点、土石种类及数量、地形、填挖高度、运距、气候条件、工期等因素,经济合理地确定。填方压实应配备专用碾压机具,各种土质适宜的碾压机械配套可参考表2.19。

几种碾压机具适应的松铺厚度如下:

羊足碾(6~8 t)   ≤0.50 m

振动压路机(10~12 t)   ≤0.40 m

压路机(8~12 t)   0.20~0.25 m

压路机(12~15 t)   0.25~0.30 m

动力打夯机   0.20~0.25 m

人工打夯	≤0.20 m

4. 土质路基压实度

土质路基压实度标准应符合表2.20的规定。

表2.20　土质路基压实度标准

填挖类型		路床顶面以下深度/m	压实度/%		
			高速公路、一级公路	二级公路	三、四级公路
路堤	上路床	0～0.30	≥96	≥95	≥94
	下路床	0.30～0.80	≥96	95	94
	上路堤	0.80～1.50	≥94	94	93
	下路堤	>1.50	≥93	≥92	≥90
零填及挖方路基		0～0.30	≥96	≥95	≥94
		0.30～0.80	≥96	≥95	—

注：1. 表列压实度以《公路土工试验规程》（JTG E40—2007）重型击实试验法为准。
　　2. 三、四级公路铺筑水泥混凝土路面或沥青混凝土路面时，其压实度应采用二级公路的规定值。
　　3. 路堤采用特殊填料或处于特殊气候地区时，压实度标准根据试验路在保证路基强度要求的前提下可适当降低。
　　4. 特别干旱地区的压实度标准可降低2%～3%。

5. 压实度检测

（1）用灌砂法、灌水（水袋）法检测压实度时，取土样的底面位置为每一压实层底部；用环刀法试验时，环刀中部处于压实层厚的1/2深度；用核子仪试验时，应根据其类型，按说明书要求办理。

（2）施工过程中，每一压实层均应检验压实度，检测频率为每1 000 m^2 至少检验2点，不足1 000 m^2 时检验2点，必要时可根据需要增加检验点。

6. 路堤填筑质量标准

路堤填筑至设计标高并整修完成后，其施工质量应符合表2.21的规定。

表2.21　土质路堤施工质量标准

项次	检查项目	规定值或允许偏差			检查方法和频率
		高速公路、一级公路	二级公路	三、四级公路	
1	压实度	符合规定	符合规定	符合规定	施工记录
2	弯沉	不大于设计值	不大于设计值	不大于设计值	—
3	纵断高程/mm	+10，-15	+10，-20	+10，-20	每200 m测4个断面
4	中线偏位/mm	50	100	100	每200 m测4点，弯道加HY、YH两点
5	宽度	不小于设计值	不小于设计值	不小于设计值	每200 m测4处
6	平整度/mm	15	20	20	3 m直尺；每200 m测2处×10尺
7	横坡/%	±0.3	±0.5	±0.5	每200 m测4个断面
8	边坡坡度	不陡于设计坡度	不陡于设计坡度	不陡于设计坡度	每200 m抽查4处

◆填石路堤

1. 填料要求

(1)膨胀岩石、易溶性岩石不宜直接用于路堤填筑,强风化石料、崩解性岩石和盐化岩石不得直接用于路堤填筑。

(2)路堤填料粒径应不大于 500 mm,并不宜超过层厚的 2/3,不均匀系数宜为 15~20。路床底面以下 400 mm 范围内,填料粒径应小于 150 mm。

(3)路床填料粒径应小于 100 mm。对于石灰岩一类硬质岩,在路堤填筑区,最大粒径宜控制在 350~500 mm,不均匀系数宜控制在 15~20 范围内较好,同时粒径大于 200 mm 的填料含量应控制在 20%~40%,粒径在 20 mm 以下的填料含量应控制在 10%~15% 范围内。对于砂岩在路堤填筑区,最大粒径宜控制在 300~400 mm,不均匀系数宜控制在 15~20 范围内较好,同时粒径大于 200 mm 的填料含量应控制在 20%~30%,粒径在 20 mm 以下的填料含量应控制在 10%~20% 范围内。

路床底面以下一定范围控制填料粒径,可以提高路床的平整度,使其受力均匀,并有利于与路面底层的连接。

2. 基底处理

由于填石路堤的填料比较坚硬,压实难度大且透水性强,水容易从路面、边坡等部位进入基底使路基湿软以致造成不均匀沉降,为防止地基承载力不足而导致路基整体工后沉降过大或失稳破坏,因此除了满足土质路堤路基表面处理的规定外,还应满足不同路堤填高对地基承载力的要求:路堤高度小于 10 m 时,地基承载力不宜低于 150 kPa;路堤高度为 10~20 m 时,地基承载力不宜低于 200 kPa;路堤高度大于 20 m 时,路基宜填筑在岩石地基上。

当为细粒土地基时,应按设计要求设过渡层;当为岩石和细粒土组合地基时,应将岩石凿平,并在细粒土部位设过渡层。注意路堤基底范围内,可能因地面水或地下水影响路基的稳定时,应采取必要的引排、拦截等措施或在路堤底部填筑不易风化的、透水性好的填料。

3. 填筑

(1)在实际施工中,沉降差可以这样测定:以每个横断面的测量数据为基本分析单位。在对松铺层初平初压后,在同一横断面上选 7~11 点测量初始标高,终压完成后,在对应初始标高的测量点上测量终压标高,将终压标高减去初始标高并综合平均后,作为该断面的沉降差。

高填石路堤的施工,有条件时也可采用冲击压路机进行分层填筑与压实。冲击压路机碾压后的路基表层平整度差,只适宜在上路床以下部位施工,对于冲压后的松散表层不必重新刮平、压实即可进行上一层的填筑。

(2)路床施工前,应先修筑试验路段,确定能达到最大压实干密度的松铺厚度、压实机械型号及组合、压实速度及压实遍数、沉降差等参数。

(3)二级及二级以上公路的填石路堤应分层填筑压实。二级以下砂石路面公路在陡峻山坡地段施工特别困难时,可采用倾填的方式将石料填筑于路堤下部,但在路床底面以下不小于 10 m 范围内仍应分层填筑压实。

(4)岩性相差较大的填料应分层或分段填筑,严禁将软质石料与硬质石料混合使用。

(5)中硬、硬质石料填筑路堤时,应进行边坡码砌。码砌边坡的石料强度、尺寸及码砌厚度应符合设计要求,边坡码砌与路基填筑宜基本同步进行。

(6)压实机械宜选用自重不小于 18 t 的振动压路机。

(7)在粗粒料的填石路堤上面填细粒土时,宜设过渡层。填石路堤之上的填土,应在填石顶面上与填土之间设 2~3 层碎石过渡层。如填石路堤最大粒径为 300 mm,层厚为 500 mm,则过渡层厚 400 mm。第一过渡层可设粒径为 150 mm,厚 250 mm;第二过渡层可设粒径为 60 mm,厚 150 mm。

4.填石路堤施工质量

(1)上、下路堤的压实质量标准见表 2.22。

表 2.22 填石路堤上、下路堤压实质量标准

分区	路床顶面以下深度/m	硬质石料孔隙率/%	中硬石料孔隙率/%	软质石料孔隙率/%
上路堤	0.8~1.50	≤23	≤22	≤20
下路堤	>1.50	≤25	≤24	≤22

对于填石材料,采用孔隙率控制质量较为合适。采用孔隙率指标,可以不进行填料最大干密度试验,对填石料的压实质量同样可以进行较好的控制。

填料孔隙率计算公式如下:

$$\eta = \frac{e}{1+e} = 1 - \frac{\rho_d}{G} \tag{2.1}$$

式中:η——孔隙率;

e——孔隙比;

ρ_d——填料干密度;

G——填料视比重。

(2)填石路堤施工过程中的每一压实层,可用试验路段确定的工艺流程和工艺参数,控制压实过程;用试验路段确定的沉降差指标检测压实质量。

(3)填石路堤填筑至设计标高并整修完成后,其施工质量标准应符合表 2.23 的规定。

表 2.23 填石路堤施工质量标准

项次	检查项目	规定值或允许偏差		检查方法和频率
		高速公路、一级公路	其他等级公路	
1	压实度	符合试验路确定的施工工艺		施工记录
		沉降差≤试验路确定的沉降差		水准仪:每 40 m 检测 1 个断面,每个断面检测 5~9 点
2	纵面高程/mm	+10,-20	+10,-30	水准仪:每 200 m 测 4 个断面
3	弯沉	不大于设计值		—

续表 2.23

项次	检查项目		规定值或允许偏差		检查方法和频率
			高速公路、一级公路	其他等级公路	
4	中线偏位/mm		50	100	经纬仪:每200 m测4点,弯道加HY、YH两点
5	宽度		不小于设计值		米尺:每200 m测4处
6	平整度/mm		20	30	3 m直尺:每200 m测4点×10尺
7	横坡/%		±0.3	±0.5	水准仪:每200 m测4个断面
8	边坡	坡度	不陡于设计值		每200 m抽查4处
		平顺度	符合设计要求		

(4)填石路堤成型后的外观质量要求:路堤表面无明显孔洞;大粒径石料不松动,铁锹挖动困难;边坡码砌紧贴、密实,无明显孔洞、松动,砌块间承接面向内倾斜,坡面平顺。

◆土石路堤

1.填料要求

(1)膨胀岩石、易溶性岩石等不宜直接用于路堤填筑,崩解性岩石和盐化岩石等不得直接用于路堤填筑。

(2)天然土石混合填料中,中硬、硬质石料的最大粒径不得大于压实层厚的2/3。石料为强风化石料或软质石料时,其CBR值应符合表2.24的规定,石料最大粒径不得大于压实层厚。

表2.24 路基填料最小强度和最大粒径要求

填料应用部位 (路床顶面以下深度)/m		填料最小强度(CBR)/%			填料最大粒径/mm
		高速公路、一级公路	二级公路	三、四级公路	
路堤	上路床(0~0.30)	8	6	5	100
	下路床(0.30~0.80)	5	4	3	100
	上路堤(0.80~1.50)	4	3	3	150
	下路堤(>1.50)	3	2	2	150
零填及挖方路基	0~0.30	8	6	5	100
	0.30~0.80	5	4	3	100

注:1. 表列强度按《公路土工试验规程》规定的浸水96 h的CBR试验方法测定。
    2. 三、四级公路铺筑沥青混凝土和水泥混凝土路面时,应采用二级公路的规定。
    3. 表中上、下路堤填料最大粒径150 mm的规定,不适用于填石路堤和土石路堤。

一般情况下,石块强度大于20 MPa时,不易被压路机压碎,超过规定粒径尺寸,造成上下层石块重叠,致使碾压时不稳定。当所含石块为软弱岩或极软岩时,易为压路机压碎,不存在较大石块产生的问题。

2.基底处理

土石路堤对地基的不均匀沉降较为敏感,土石混合料颗粒之间的咬合作用一旦被破坏后,就难以恢复。因此,对于土石路堤而言,尤其是高土石路堤,地基承载力是保证路堤压实质量和正常使用性能的前提条件,若地基承载力不足,必将会导致路堤的坍塌和失稳,进而产生病害破坏。所以根据不同的填高,对地基提出不同的要求。施工前检查地基是否满足设计要求是非常必要的。

3. 填筑

(1)压实机械宜选用自重不小于18 t的振动压路机。

(2)施工前,应根据土石混合材料的类别分别进行试验路段施工,确定能达到最大压实干密度的松铺厚度、压实机械型号及组合、压实速度及压实遍数、沉降差等参数。

(3)土石路堤不得倾填,应分层填筑压实。

(4)碾压前应使大粒径石料均匀分散在填料中,石料间孔隙应填充小粒径石料、土和石碴。

(5)压实后透水性差异大的土石混合材料,应分层或分段填筑,不宜纵向分幅填筑;如确需纵向分幅填筑,应将压实后渗水良好的土石混合材料填筑于路堤两侧。

(6)填料岩性相差较大,主要是指所含石料的强度相差较大。填料中石料的强度不同,要求填料中石块粒径的大小也不同,故宜分层、分段填筑,如都是硬质石料,则不论石料类别如何,都可以混在一起填筑;如都是软质石料,压实后渗水性基本相同,也可以混在一起填筑;如软、硬质石料都有,分层、分段填筑有困难时,则应将含硬质石料的混合料铺填在下面,且石块不得集中或重叠,上面再铺填含软质石料的混合料。

(7)填料由土石混合材料变化为其他填料时,土石混合材料最后一层的压实厚度应小于300 mm,该层填料最大粒径宜小于150 mm,压实后,该层表面应无孔洞。

(8)中硬、硬质石料的土石路堤,应进行边坡码砌。码砌边坡的石料强度、尺寸及码砌厚度应符合设计要求。边坡码砌与路堤填筑宜基本同步进行,软质石料土石路堤的边坡按土质路堤边坡处理。

4. 中硬、硬质石料土石路堤质量标准

土石路堤应先修筑试验路,在已选用的压实机械类型、功率及组合、压实速度条件下,确定填料的最大粒径、最适宜的填筑厚度、压实到最大干密度时的压实遍数,同时也测出相对应的沉降差。

以最大干密度作为检测土石路堤试验路的压实度标准,同时也应确定沉降差和工艺参数,作为大规模施工时压实质量的检查控制标准。

由于土石混合填料的压实特性,压实宜用振动或冲击方式;土石混合填料的粒径组成直接影响到它的压实特性,当填料的粒径组成发生变化时,其压实特性也随之变化。所以在选择压实机械时,一般来说15 t以上的大型振动压路机效果较好。

土石路堤填料压实质量控制,应根据实际填料的来源配制不同含石量(20%~70%)的试样进行室内大筒重型击实试验,通过试验确定不同含石量(以击实后试样含石量为准)填料的最大干密度和最佳含水量,给出同一种料的不同含石量最大干密度曲线;在采用细料压实度进行质量控制时,应由试验确定细料的最大干密度和最佳含水量。对于坚硬石料的土石混合填料,细料的最大干密度应按表2.25进行修正。对于中等强度以下石料的土石混合填料,细料的最大干密度不需要进行修正。土石混合填料中细料的压实度要求同土质路堤标准。

表 2.25 细料的最大干密度修正系数

粗料含量/%	0~25	25~40	40~60	>60
修正系数	1.0	0.97	0.95	0.92

◆高填方路堤

1. 填料要求

高填方路堤填料宜优先采用强度高、水稳性好的材料,或采用轻质材料。受水淹、浸的部分,应采用水稳性和透水性均好的材料。

2. 基底处理

(1)基底承载力应满足设计要求。特殊地段或承载力不足的地基应按设计要求进行处理。

(2)覆盖层较浅的岩石地基,宜清除覆盖层。

3. 高填方路堤填筑

(1)施工中应按设计要求预留路堤高度与宽度,并进行动态监控。

(2)施工过程中宜进行沉降观测,按照设计要求控制填筑速率。

(3)高填方路堤的地基土体,由于填筑体对其施加了较大压力,会产生压缩变形,填筑体在自身重力作用下也要压密变形,这两个变形的完成都需要一定的时间才能完成,并逐步达到稳定,因此,优先安排施工是非常必要的。

◆桥、涵及结构物的回填

1. 填料要求

填料宜采用透水性材料、轻质材料、无机结合料等,非透水性材料不得直接用于回填。

2. 地基处理

地基处理的压实度标准为:当用石灰或天然砂处理地基时,其压实度应达到重型压实标准的93%。当在软土地基或过湿土路基上修建高等级公路、二级公路时,采用重型压实标准确实有困难时,可放宽采用轻型压实标准,其压实度不低于规范的规定;铺筑中级或低级路面的三、四级公路时可采用轻型压实标准。

3. 施工要点与质量控制

(1)基坑回填必须在隐蔽工程验收合格后方可进行,基坑回填应分层填筑、分层压实,分层厚度宜为100~200 mm。二级及二级以上公路,采用小型夯实机具时,基坑回填的分层压(夯)实厚度不宜大于150 mm,并应压(夯)实到设计要求的压实度。

(2)二级及二级以上公路应按设计做好过渡段,过渡段路堤压实度应不小于96%,并应按设计做好纵向和横向防排水系统。二级以下公路的路堤与回填的连接部,应按设计要求预留台阶。

(3)台背回填部分的路床宜与路堤路床同步填筑。台背回填范围应符合图纸要求。

图纸无规定时应按如下要求执行:台背填土顺路线方向长度,顶部为距翼墙尾端不小于桥台高度加 2 m,底部距基础内缘不小于 2 m;拱桥台背填土长度应为台高的 3~4 倍;涵洞填土长度每侧不应小于 2 倍的孔径。

(4)桥台背和锥坡的回填施工宜同步进行,一次填足并保证压实整修后能达到设计宽度要求。紧靠台背部分的填土应采用小型压实机具分层压实。

(5)搭板的设置应在路基填筑预压期完成并基本稳定后,经监理工程师批准后方可进行,搭板下垫层应平整、密实,且应符合图纸的要求。

(6)洞身两侧应对称分层回填压实,填料粒径宜小于 150 mm。两侧及顶面填土时,应采取措施防止压实过程对涵洞产生不利后果。

(7)桥涵及其他构造物的回填土的压实度标准为:桥台背后、涵洞两侧与顶部、锥坡及挡墙构造物背后的填土均应分层压实、分层检查。检查频率每 50 m^2 检验 1 点,不足 50 m^2 时至少检验 1 点,每点都应合格,每一压实松铺厚度不宜超过 20 cm,其压实标准应满足下列要求。

1)高速公路和一级公路的桥台、涵身、通道背后和涵洞顶部填土的压实标准为 95%。

2)其他等级公路应满足规范或设计要求。

◆半填半挖路基、路堤与路堑过渡段

1.基底处理

(1)应从填方坡脚起向上设置向内侧倾斜的台阶,台阶宽度不小于 2 m,在挖方一侧,台阶应与每个行车道宽度一致、位置重合。

(2)石质山坡,应清除原地面松散风化层,按设计开凿台阶。

(3)孤石、石笋应清除。

(4)纵向填挖结合段,应合理设置台阶。

(5)有地下水或地面水汇流的路段,应采用合理措施导排水流。

半填半挖路基、路堤与路堑过渡段,一般都是地面横坡较陡或路线通过深谷地段,因此,应特别注意填挖结合部的处理。如果填挖结合的界面处理不好,就会造成路基纵、横向开裂,严重的会导致半幅路基下沉、滑坍的质量事故,所以必须严格按规定施工。

2.施工规定

由于半填半挖路基、路堤与路堑过渡段都地处于陡坡、沟谷地段,施工极不方便,施工初期可能使用小型机具碾压或夯实。施工时应注意机具功能与填层厚度的匹配,确保填层达到压实标准;高处卸料应控制摊铺的离析。待具备条件时,使用大型设备按正常条件施工。

半填半挖处,0~0.30 m 的低路堤、零填及挖方路床受地质环境和地下水的影响都较大,因此选择适合的填料或恰当的土质改良措施是非常必要的。

半填半挖高填方路堤的地基多数是不会在设计边坡外挖台阶的,如果在边坡上堆积多余的松散弃土,受雨水浸湿后增加重量,强度降低,随坡下滑时,会使路堤内的部分边坡坡度被牵引下滑,而引起路堤顶面开裂。

(1)路基应从最低标高处的台阶开始分层填筑,分层压实。

(2)填筑时,应严格处理横向、纵向、原地面等结合界面,确保路基的整体性。

(3)路基填筑过程中,应及时清理设计边坡外的松土、弃土。

(4)高度小于800 mm的路堤、零填及挖方路床的加固换填宜选用水稳性较好的材料。

2.5 挖方路基施工

【基 础】

◆ **施工要求**

路堑开挖前,应做好各项相应技术准备工作。由于路堑容易发生各种病害,在施工中应注意以下几个方面。

1. 路堑排水

路堑区域施工时,应保证在施工过程中和竣工后能顺利排水,因此,应先在适当的位置开挖截水沟,并设置排水沟,以排除地下水和地面水。路堑设有纵坡时,上坡的坡段必须先挖成向外的斜坡,最后再挖去剩下的土方,而下坡的坡段可以直挖到底。路堑为平坡时,两端都要先挖成向外的斜坡,最后挖去余下的土方。

2. 设置支挡工程

为了确保土方路堑边坡的稳定性,应及时设置必要的支挡工程。开挖时,应按路堑设计边坡自上而下逐层进行,防止边坡塌方,尤其在地质不良地段,应分段开挖、分段支护。

3. 填挖交界处处理

(1)对路堤采用冲击碾压或强夯进行增强补压,以消减路基填挖间的差异变形。

(2)半填半挖路基的填料应综合设计,当挖方区为土质时,应优先采用渗水性好的材料填筑,同时对挖方区路床0.80 m范围内土体进行超挖回填碾压,并在填挖交界处路床范围内铺设土工格栅;当挖方区为坚硬岩石时,宜采用填石路基。

(3)纵向填挖交界处应设置过渡段,土质地段过渡段宜采用级配较好的砾类土、砂类土、碎石填筑,岩石地段过渡段可采用填石路堤。

4. 废方处理

路堑挖出的土方,除利用外,多余的土方应按设计的弃土堆进行废弃,并不得妨碍路基的排水和路堑边坡的稳定性。同时,弃土应尽可能用于改地造田,美化环境。

◆ **开挖规定**

当挖方路基(含取土坑)有不同的土或岩石层时,承包人应尽可能按土和岩层分层进行开挖;在开挖中,如果出现石方(某些合同规定,对体积大于1 m^{3}的孤石,可称为石方),承包人应测出土石分界线,经监理工程师鉴定认可。无论在什么情况下,是否按石方开挖,需经监理工程师同意并批准后才能按石方计量付款;承包人应将开挖中挖出的适用材料和不适用材料严格分开,未经监理工程师同意,不得倾弃可利用的适用材料;在开挖中应尽可能避免超挖,由于超挖数量不仅不得计量支付,而且承包人还要自费按照监理工程师批准的材料和要求将路基坡面的超挖回填压实。

【实　务】

◆开挖方案与施工方法

土方路堑开挖根据路堑深度和纵向长度及施工方法的不同确定开挖方案,开挖方式可分为全断面横挖法、纵挖法及混合式开挖法三种。

1. 全断面横挖法

对路堑整个横断面的宽度和深度从一端或两端逐渐向前开挖的方式称为全断面横挖法。可分为单层横向全宽挖掘法和多层横向全宽挖掘法,如图2.7所示。单层横向全宽挖掘法是指一次性挖掘高度达到路堑设计深度,掘进时逐段成型向前推进,由相反方向将土外运送出,适用于开挖深度小且较短的路堑;而对于深而短的路堑,可采用双层横向全宽挖掘法,使上层在前、下层随后,在下层施工面上需要留有上层开挖操作的出土和排水通道。双层开挖增加了工作面,加快了施工进度,层高应视施工的方便与安全而定,一般为1.5~2.0 m。必要时,还可组织多层横向全宽挖掘。

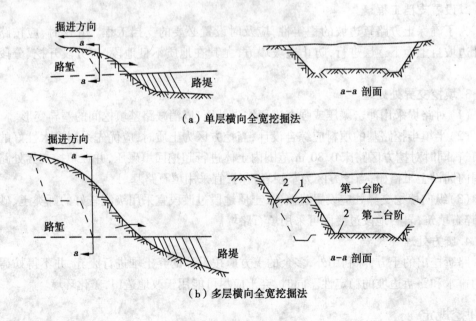

(a) 单层横向全宽挖掘法

(b) 多层横向全宽挖掘法

1—第一台阶运土道;2—临时排水沟
图2.7　全断面横挖法示意图

2. 纵挖法

纵挖法可分为:分层纵挖法、通道纵挖法和分段纵挖法三种。

(1) 分层纵挖法。当路堑较深时,可沿路堑全宽采用以深度不大的上层在前、下层随后的台阶式纵向分层挖掘前进的作业方式,称为分层纵挖法,如图2.8(a)所示,适用于较长的路堑开挖。当路堑长度较短(不超过100 m)、开挖深度不大于3 m、地面坡度较陡时,宜采用推土机作业,当地面横坡较缓时,表面宜横向铲土,下层的土宜纵向推运;当路堑横向宽度较大时,宜采用两台或多台推土机横向联合作业;当路堑傍山坡陡峻时,宜采用斜铲推土。

(2) 通道纵挖法。当路堑较长时,可采用分段开挖法施工,即沿路堑纵向挖掘一通道,由两端为纵向出土,再将通道向两侧拓宽,然后在中部选择适当地点挖穿堑壁,采用横向出土,以加快施工进度,如图2.8(b)所示。上层通道拓宽至路堑边坡后,再开挖下层通道,如此向纵深开挖至路基顶面标高,称为通道纵挖法。通道可作为机械通行、运输土方车辆的道路,便于土方挖掘和外运的流水作业。

(3) 分段纵挖法。沿路堑纵向选择一个或几个适宜位置,将较薄一侧路堑横向挖穿,使路堑分成两段或数段,各段再纵向开挖称为分段纵挖法,如图2.8(c)所示。本法适用于路堑过长、弃土运距过远的傍山路堑,或侧向堑壁不厚的路堑开挖,同时还应满足其中间段有弃土场、土方调配计划有多余的挖方废弃的条件。拟设挡土墙的路堑,亦可考虑采用纵向分段开挖,以便同时分段修筑挡土墙。

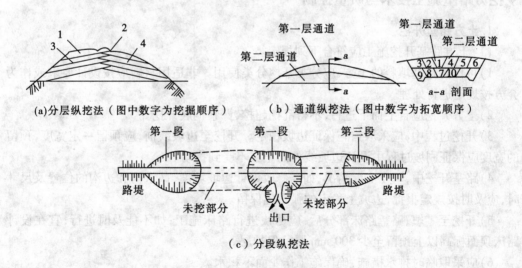

图2.8 纵向挖掘法

3. 混合开挖法

混合式开挖法是指将横挖法与通道纵挖法混合使用。此法适用于路堑纵向长度和挖深都很大时,先沿路堑方向开挖通道,然后沿横向坡面挖掘,以增加开挖坡面,如图2.9所示。每一开挖坡面应能容纳一个施工组或一台开挖机械作业。在较大的挖方地段,还可沿横向再挖沟,配以传动设备或布置运土车辆。

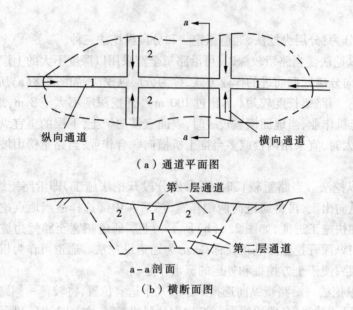

图 2.9 混合开挖法示意图

注:箭头为运土与排水方向,数字为工作面序号。

◆挖方路堑施工技术与质量控制

1. 土方路堑开挖

(1)土方路基开挖施工应符合下列规定。

1)可作为路基填料的土方,应分类开挖分类使用。非适用材料应按设计要求或作为弃方按规定进行处理。

2)土方开挖应自上而下进行,不得乱挖超挖,严禁掏底开挖。

3)开挖过程中,应采取措施保证边坡稳定。开挖至边坡线前,应预留一定宽度,预留的宽度应保证刷坡过程中设计边坡线外的土层不受到扰动。

4)路基开挖中,基于实际情况,如需修改设计边坡坡度、截水沟和边沟的位置及尺寸时,应及时按规定报批,边坡上稳定的孤石应保留。

5)开挖至零填、路堑路床部分后,应尽快进行路床施工;如不能及时进行,宜在设计路床顶面标高以上预留至少 300 mm 厚的保护层。

6)应采取临时排水措施,确保施工作业面不积水。

7)挖方路基路床顶面终止标高,应考虑因压实而产生的下沉量,其值通过试验确定。

8)对于深挖路基,在施工前应理解设计的边坡防护方案,并编制详细的施工方案,获批准后实施;施工过程中,应根据开挖情况随时进行地质核查,并对边坡稳定性进行监测,如实际情况与设计不符,应会同设计单位等进行处理;根据地形特征设置边坡控制点。

(2)挖方路基施工遇到地下水时应按下列规定处理。

1)应采取排导措施,将水引入路基排水系统,不得随意堵塞泉眼。

2)路床土含水量高或为含水层时,应采取设置渗沟、换填、改良土质、土工织物等处理措施,路床填料除应符合规定外,还应具有良好的透水性能。

(3)土质路基开挖应根据地面坡度、开挖断面、纵向长度及出土方向等因素,结合土方调配,选用安全、经济的开挖方案,挖方路基施工工序流程及质检项目如图2.10所示。

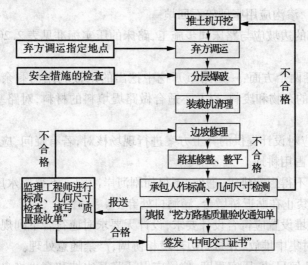

图2.10 挖方路基施工工序流程及质检项目

2. 石方路堑开挖

(1)石方开挖应根据岩石的类别、风化程度、岩层产状、岩体断裂构造、施工环境等因素确定开挖方案。

(2)深挖路基施工,应逐级开挖,逐级按设计要求进行防护。

(3)爆破作业必须符合《爆破安全规程》(GB 6722—2003),爆破施工组织设计应按相关规定报批。

(4)石方开挖严禁采用洞室爆破,近边坡部分宜采用光面爆破或预裂爆破。

(5)爆破法开挖石方,应先查明空中缆线、地下管线的位置、开挖边界线外可能受爆破影响的建筑物结构类型、居民居住情况等,然后制定详细的爆破技术安全方案。

(6)爆破开挖石方宜按以下程序进行:爆破影响调查与评价→爆破施工组织设计→培训考核、技术交底→主管部门批准→清理爆破区施工现场的危石等→炮眼钻孔作业→爆破器材检查测试→炮孔检查合格→装炸药及安装引爆器材→布设安全警戒岗→堵塞炮孔→撤离施爆警戒区和飞石、震动影响区的人、畜等→爆破作业信号发布及作业→清除盲炮→解除警戒→测定、检查爆破效果。(包括飞石、地震波及对施爆区内构造物的损伤、损失等)

3. 边坡整修及检验

(1)挖方边坡应从开挖面往下分段整修,每下挖2~3 m,宜对新开挖边坡刷坡,同时清除危石及松动石块。

(2)石质边坡不宜超挖。

(3)石质边坡质量要求。边坡上无松石、危石。

4. 路床清理及验收

(1)欠挖部分必须凿除,超挖部分应采用无机结合料稳定碎石或级配碎石填平碾压密实,严禁用细粒土找平。

(2)石质路床底面有地下水时,可设置渗沟进行排导,渗沟宽度不宜小于 100 mm,横坡不宜小于 0.6%,渗沟应用坚硬碎石回填。

(3)石质路床的边坡应与路床同步施工,路床的压实标准见表 2.20。

5. 弃方处理

路基弃方包括两个方面:一是路堑开挖中挖出的未被利用的剩余材料;二是清理表土,包括清理场地的杂物和废料,以及不适合做路堤填料的材料,对路基工程的弃方应做到以下方面。

(1)施工前,应对设计提供的弃土方案进行现场核对,若有疑问,应及时处理。

(2)弃土不得占用耕地。

(3)沿河弃土不得影响排洪、通航,不得加剧河岸冲刷。不得向水库、湖泊、岩溶漏斗及暗河口处弃土,禁止在贴近桥墩台、涵洞口处弃土。

(4)沿线弃土堆设置应符合设计要求,设计无要求时应符合下列规定。

1)弃土应相对集中堆放,并与周边环境相协调,严禁随意处理。

2)弃土堆的几何尺寸、压实程度、位置应保证路基边坡和弃土堆自身的稳定,弃土堆的边坡不陡于 1:1.5,顶面向外设不小于 2% 的横坡,其内侧高度不宜大于 3 m。

3)在地面横坡陡于 1:5 的路段,不得在高于路堑边坡顶的山坡上方设弃土堆。

4)在山坡上侧的弃土堆,应连续而不间断,并在弃土堆上侧设置截水沟。山坡下侧的弃土堆,应每隔 50~100 m 设宽度不小于 1 m 的缺口排水,排水主流方向不得对地面结构物及农田等造成不利影响,必要时可设人工沟渠导引排水,弃土堆坡脚应进行防护和加固。

(5)弃土应按设计要求进行压实。

(6)应按设计要求及时完成弃土场的防护、排水工程。

上述任何因弃土而污染水源和淤塞水道所造成的损失,均应由承包人自行负责进行处理。

2.6 石质路基爆破施工

【基 础】

爆破是石方路基施工最有效的方法,也可用以爆松冻土、淤泥,开采石料等。山区公路路基石方工程量大,而且集中,据统计一般约占土石方总量的 45%~75%。在公路工程中采用综合爆破,不但施工技术获得了重大革新,而且对公路选线、设计也有较大的影响。如沿溪线经常要遇到悬岩峭壁,施工十分困难,工程量也很大,过去多采用跨河绕避,或展线翻越的方案。跨河方案,增加桥梁工程,不仅增加工程费用,还可能遇到基础施工困难等。展线方案,由于急弯陡坡较多,既降低路线的技术标准,又增加公路里程。如能采用综合爆破法施工,功效较高,工期较短,占用劳动力较少,成本也可降低,且可考虑采用平缓顺直的沿溪线方案而无需跨河或展线。又如公路通过鸡爪地形地段时,为了节省工程量和避免施工困难,往往是随地形曲折起伏,如采用综合爆破法施工,可取顺直的路线布置方案。

◆爆破作用原理

为了爆破某一岩体,在其中或表面放置的一定数量的炸药,称为药包。按药包的形状或集结程度不同,可以分为集中药包、延长药包和分集药包三种。凡药包的形状接近立方体或球形,以及最长边不超过最短边4倍的直角六面体和高度不超过直径4倍的圆柱体,均属于集中药包;反之,药包的长度或高度超过上述情况者,属于延长药包。分集药包是提高炸药有效能量利用率的新型装药方式,它是将一个集中药包分为两个保持一定距离集中的子药包。

1. 药包在有限介质内的爆破作用与爆破漏斗

药包在有限介质内爆炸时,在具有临空的表面上都会出现一个爆破坑,一部分炸碎的土石被抛至坑外,一部分仍落在坑底。由于爆破坑形状与漏斗相类似,因此称为爆破漏斗,如图2.11所示。爆破漏斗的形状和大小,不但与药包量大小、炸药性能、介质的性能等有关,同时还与临空面的数量和所处的边界条件有关。爆破漏斗一般用以下几个要素表示:

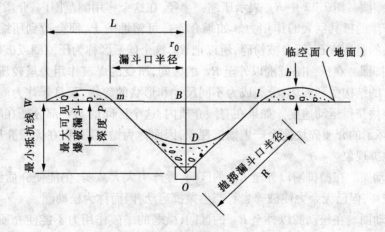

图2.11 平坦地形爆破漏斗示意图

最小抵抗线 W:药包中心至临空面的最短距离。

爆破漏斗口半径 r_0:最小抵抗线与临空面交点至漏斗口边缘的距离。

抛掷漏斗半径 R:从药包中心沿漏斗边缘至坑口的距离。

爆破作用的性质通常用爆破作用指数 n 来表示。爆破作用指数是爆破漏斗口半径与最小抵抗线的比值:即 $n = \dfrac{r_0}{W}$。当 $n=1$ 时,称为标准抛掷爆破,此时漏斗顶部夹角为

$90°$;当 $n>1$ 时,称为加强抛掷爆破;当 $n<1$ 时,称为减弱抛掷爆破。当 $n<0.75$ 时,不会发生抛掷现象,岩石只能产生松动和隆起。通常将 $n=0.75$ 时的爆破称为标准松动爆破,$n<0.75$ 时的爆破称为减弱松动爆破。

2. 药包在无限介质内的作用

药包在无限介质内爆炸时,炸药在瞬间内通过化学反应转化为气体状态的爆炸产物。由于膨胀作用,体积增加百倍甚至数千倍,形成高温高压,产生速度高达每秒上千米的冲击波,自药包中心按球面等量向外扩散,传递给周围介质,使介质产生各种不同程度的破坏和振动现象。这种现象随着距药包中心的距离增大而逐渐消失。药包的爆破作用按破坏程度的不同大致可分为四个爆破作用圈,如图2.12所示。

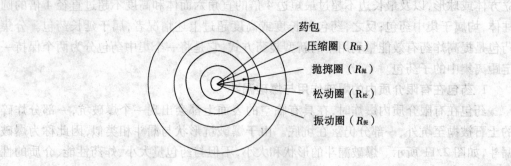

图2.12 爆破作用圈

(1)压缩圈。图2.12中 $R_压$ 表示压缩圈半径,在这个作用圈范围内,介质直接承受药包爆炸所产生的极其巨大的作用力。如果介质是可塑性的土,便会遭到压缩形成空腔;如果是坚硬的脆性岩石,便会被粉碎,所以把 $R_压$ 这个球形区称为压缩圈或破碎圈。

(2)抛掷圈。在压缩圈范围以外至 $R_抛$ 的区间,所受的爆破作用力虽较压缩圈内小,但介质原有的结构受到破坏,分裂成为不同尺寸和形状的碎块,而且爆炸力尚有余力,足以使这些碎块获得运动速度。如果在有限介质内,这个区间的某一部分处在临空的自由条件下,破坏了的介质碎块便会产生抛掷现象,因而称为抛掷圈,但在无限介质内不会产生任何的抛掷现象。

(3)松动圈。在抛掷圈以外至 $R_松$ 的区间,爆炸力大大减弱,仍能使介质结构受到不同程度的破坏,但已无余力使破碎岩石产生抛掷运动,因而称为松动圈。

(4)振动圈。在松动圈以外至 $R_振$ 的区间,微弱的爆破作用力不能使介质产生破坏,这时介质只能在冲击波的传播下,发生振动现象,称为振动圈,振动圈以外爆破作用的能量将逐渐消失。

◆炸药

1. 炸药的性质

炸药是一种化学性质不稳定的物质,在外力的作用下(如摩擦、冲击等),易发生爆炸。爆速高达每秒几千米,爆温高达 $1\,500\sim4\,500\,℃$,压力超过10万个大气压,因此,具有非常大的破坏力。炸药的性质用下列指标描述。

(1)炸药的威力。炸药的威力一般用爆力和猛度来衡量。

爆力是指炸药破坏一定介质(岩体)的能力。用一定量炸药放在铅柱孔槽内,以爆炸后体积增大的程度来表示,标准炸药的爆力为300 mL。

猛度是指炸药在裸置情况下爆炸的威力。用一定量炸药放在直径为40 mm的铅柱上,以爆炸后压缩铅柱的长度来表示。猛度大对介质的粉碎性就强,标准炸药的猛度为11 mm。

(2)炸药的敏感度。炸药的敏感度指炸药在外能作用下发生爆炸的难易程度,包括爆燃点、摩擦敏感度、撞击敏感度和起爆敏感度,炸药的敏感度受其湿度、密度、粒度和杂质含量的影响。

(3)炸药的湿度。炸药内所含水分与炸药重量之比的百分数,称为炸药的湿度。湿度对含有硝酸铵的炸药影响较大。湿度大、爆速低、过大甚至不爆炸。(一般称为拒爆)

(4)炸药的安定性。炸药的安定性指炸药在长期存储时,保持其原有物理、化学性质不变的能力。

2. 炸药的分类

炸药的种类繁多,爆破工程中常用的为以下两类。

(1)起爆炸药。起爆炸药是一种爆炸速度极高的烈性炸药,爆速可达2 000~8 000 m/s,用来制造雷管。起爆炸药又可分为正起炸药和副起炸药,正起炸药对热能和机械冲击能均具有强烈的敏感性,如雷汞、泰安、黑索金等;副起炸药需由正起炸药起爆,其爆速甚高,可加强雷管的起爆能量,如三硝基甲硝胺、四硝化戊四醇等。

(2)主要炸药。用于对岩石或其他介质进行爆炸的炸药称为主要炸药,它的敏感性较低,要在起爆炸药强力的冲击下才能爆炸。它可分为:缓性炸药(爆速为1 000~3 500 m/s),如铵油炸药、硝铵炸药;粉碎性炸药(爆速为3 500~7 000 m/s),如梯恩梯、胶质炸药等,公路工程中常用的主要炸药的成分和性能如下。

1)黑色炸药。它是由硝酸钾(硝酸钠)、硫磺及木炭所组成的混合物,其配合比为75:10:15为最佳。好的黑色炸药为深灰色均匀的颗粒,不黏污手。它对火星和碰击极其敏感,易燃烧爆炸,威力小,怕潮湿,适用于开采石料。

2)梯恩梯(TNT)炸药。TNT或称三硝基甲苯,它是淡黄色针状结晶体,熔铸块呈褐色,敏感度低,耐水性强,安定性好,爆炸威力大,适用于爆破坚硬的岩石或水下爆破。但本身含氧不足,爆炸时产生有毒的一氧化碳,不宜用于地下作业。

3)胶质炸药。它是由硝化甘油和硝酸铵(有时用硝酸钾或硝酸钠)的混合物,另外加入一些木屑和稳定剂制成的,呈淡黄色或琥珀色的半透明体。可分为耐冻和非耐冻两种,工业上常用的是硝化甘油及二硝化乙二醇含量各为62%和35%的耐冻胶质炸药,它对摩擦、冲击和火星都很敏感,如果温度较高或储存时间过久,容易分解、渗油和挥发,此时对外界的作用更敏感,受冻后尤其危险,它是一种危险性较高的炸药。但胶质炸药威力大,不吸湿,有较大密度和可塑性,适合于坚石和水下使用。

4)硝铵炸药。它是目前石方爆破中广泛应用的一种炸药。其主要品种有露天铵梯炸药、煤矿铵锑炸药、岩石铵梯炸药等,公路工程中常用的岩石硝铵炸药由硝酸铵、梯恩梯和少量木粉组成,其配合比为85:11:4,具有中等威力和一定的敏感性,在8号雷管作用下可以充分起爆,是安全的炸药。但是它有吸湿性与结块性,受潮后威力和敏感性显著降低,同时产生毒气。

5) 铵油炸药。它是硝酸铵(NH_4NO_3)和柴油(或加木粉)的混合物,通常两者比例为94.5:5.5,当加木粉时,其比例为92:4:4。这是一种安全、廉价、制造简单、威力比硝铵炸药略低、敏感性低的炸药,具有结块性和吸湿性,使用时不能直接用8号雷管起爆,需同时用10%的硝铵炸药做起爆体,才能使其充分起爆,目前爆破中应用较多。

6) 乳化油炸药。它是以硝酸铵、硝酸钠、高氯酸钠等水溶液、石蜡、柴油和失水山梨醇单油酸酯的乳化剂,以及含有微小气泡的物质如空心玻璃或膨胀珍珠岩等混合而成的一种乳胶状抗水炸药,具有中等威力,8号雷管可以直接起爆。

7) 浆状炸药。它是以硝酸铵、梯恩梯(或铝粉、镁粉)和水为主混合而成的一种糨糊状炸药,其威力大,抗水性强,适用于深水爆破(坚硬岩石),但需烈性炸药起爆。

◆ 影响爆破的主要因素

药包在介质中爆炸时,介质被抛掷和松动的体积或破碎的程度称为爆破效果,下面介绍影响爆破效果的主要因素。

1. 炸药的威力

一般在坚石中,宜用粉碎力大的炸药,如TNT、胶质炸药等,爆破后岩石破碎程度较大,但破坏范围一般较小;在次坚石、软石、裂缝大而多的岩石中,以及松动爆破中,宜用爆力大而粉碎力较小的炸药,如硝铵类炸药;开采料石,则宜用爆力和猛度都较小的炸药,如黑火药。

2. 炸药用量

药量少,无法达到预期的效果;药量多,不但造成浪费,而且会出现裂缝增多、飞石过远、边坡坍塌等超爆现象。因此,药量应适中。

3. 地质条件

地质条件是指岩石性质和岩层构造。岩石性质包括岩石的密度、韧性和整体性等,是确定岩石单位耗药量和能否采用大爆破的主要依据;岩石构造主要指岩石的层理产状等,往往会对爆破的范围、爆破漏斗的形状和大小产生重大影响。

4. 地形条件

在爆破工程中,地形的陡坦程度及临空面数量对爆破效果影响也很大。地形越陡,临空面数量越多,爆破效果越好;反之,爆破效果差。

5. 其他因素

装药的密实度、堵塞炮眼和导洞的质量、爆破技术的熟练与正确程度等对爆破效果均有影响。

◆ 起爆器材

雷管是常用的起爆材料,按照引爆方式分为电雷管和火雷管两种。电雷管又分为即发、延期及毫秒雷管。雷管外壳有纸、铜、铁等几种,工业上根据雷管内起爆药量多少,分成10种号码,通常使用6号和8号两种。6号雷管相当于1g雷汞的装药量,8号相当于

2 g 雷汞的装药量。

1. 雷管的构造

雷管由雷管壳、正副装药、加强帽三部分组成,如图 2.13 所示。

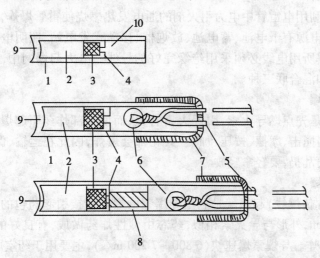

1—雷管壳;2—副装药;3—正装药;4—加强帽;5—电器点火装置;
6—滴状引燃剂;7—密封胶和防潮涂料;8—延缓剂;9—窝槽(集能槽);10—帽孔

图 2.13 雷管的构造

火雷管与电雷管的不同之处在于:在管壳开口的一端,火雷管留出 15 mm 左右的空隙端,以备导火索插入之用;而电雷管则有一个电气点火装置,端口用防潮涂料密封。延期和毫秒电雷管的特点是在正装药和点火装置之间加了一段缓燃剂。

电气点火装置的构造,是在脚线(纱包绝缘铜线)的端部焊接一段高电阻的金属丝(一般为康铜丝,也有铂铱合金或铬镍合金丝),称为电桥丝。电桥上滴上一滴引燃剂,通电时灼热的电桥就能将引燃剂点燃,使电雷管的正副起爆药发火起爆。

2. 电雷管的主要指标

为了保证电雷管的准爆和操作安全,现将使用电雷管的有关参数介绍如下:

(1)最大安全电流和准爆电流。所谓最大安全电流,是指在通电 5 min 左右而不引起爆炸的最大电流。康铜电桥丝的雷管最大安全电流和准爆电流为 0.3 ~ 0.4 A,铬镍合金电桥丝的雷管为 0.15 ~ 0.2 A。用来测定电雷管的仪器输出电流,不得超过 0.05 A。

所谓最小准爆电流是指在 2 min 左右的时间内,通电而使雷管准爆的最小电流。康铜电桥丝的雷管最小准爆电流为 0.5 ~ 0.8 A,铬镍合金电桥丝的为 0.4 ~ 0.5 A。按照安全规定,成组串联电雷管的准爆电流,直流电为 2 A,交流电为 2.5 A。如果能保证有 2.0 ~ 5.0 A 的电流通过每个电雷管,则可充分保证准爆。

(2)电阻。一般使用的电雷管,电阻大致为 0.5 ~ 1.5 Ω(2 m 长铜脚线、康铜电桥丝)。按安全规定串联在一起的电雷管,电阻差彼此不能超过 0.25 Ω。

◆起爆方法

1. 电力起爆

电力起爆是利用电雷管中电力引火剂的通电发热燃烧使雷管爆炸,从而引起药包爆炸。电力起爆的电源有干电池、蓄电池、放炮器、移动式发电站、照明电力线路或动力电力线等,电力起爆所用电线必须采用绝缘完好的导线。电力起爆网中,电雷管的联结方式有串联、并联和混合联三种。

2. 导火索起爆

导火索起爆是先点燃导火索,引爆火雷管,从而使全部炸药引起爆炸。雷管内装的都是烈性炸药,遇撞击、摩擦、按压、加热、火花都会爆炸,因此在运输、保管、使用中要特别注意,不可随便乱扔,要轻拿轻放。

3. 导爆索起爆

导爆索(又称传爆线)起爆就是利用导爆索的爆炸直接引起药包的爆炸。导爆索直径为 4.8 ~ 5.8 mm,外形与导火索相似,药芯由烈性炸药做成,有良好的防水性能,浸在水中 12 h 仍能爆炸。导爆索爆速快(6 800 ~ 7 200 m/s),主要用于药室爆破和深孔爆破,使几个药室能做到几乎同时起爆,可以提高爆破效果。由于导爆索着火较困难,使用时需在药室外的导爆索上捆扎一个 8 号雷管来起爆。

4. 塑料导爆管起爆

由内涂引爆炸药的塑料导爆管组成的起爆网络与药包连接,通过雷管、导火索、引火头等能产生冲击波的器材激发导爆管,从而起爆药包。导爆管本身很安全,可作为非危险品运输。一个 8 号雷管能激发 30 ~ 50 根导爆管,成本低,效率高,安全可靠。

【实 务】

◆爆破作业的施工程序

(1)对爆破人员要进行技术学习和安全教育。
(2)对爆破器材进行检查和试验。
(3)消除岩石表面的覆盖土及松散石层,确定炮型,选择炮位。
(4)钻眼或挖坑道、药室,装药及堵塞。
(5)敷设起爆网路。
(6)设置警戒。
(7)起爆。
(8)清理爆破现场。(处理瞎炮、测定爆破效果等)

◆炮眼位置的选择

(1)炮位设计应充分考虑岩石的产状、类别、节理发育程度、溶蚀情况等,炮孔药室直避开溶洞和大的裂隙。
(2)避免在两种岩石硬度相差很大的交界面处设置炮孔药室。

(3)非群炮的单炮或数炮施爆,炮孔宜选在抵抗线最小、临空面较多,且与各临空面大致距离相等的位置,同时应为下次布设炮孔创造更多的临空面。

(4)群炮炮眼间距宜根据地形、岩石类别、炮型等确定,并根据炮眼间距、岩石类别、地形、炮眼深度计算确定每个炮眼的装药量和炸药种类。对于群炮,宜分排或分段采用微差爆破。

(5)非群炮的单炮或数炮施爆,炮眼方向宜与岩石临空面大致平行,一般按岩石外形、节理、裂隙等情况,分别选择正炮眼、斜炮眼、平炮眼或吊眼等。

◆综合爆破的内容及特性

综合爆破是根据石方的集中程度,地形、地质条件,公路路基横断面的形状,结合各种爆破方法的最佳使用特性,因地制宜,综合配套使用的一种比较先进的爆破方法。它一般包括小炮和洞室炮两大类。小炮主要包括钢钎炮、深孔爆破、药壶炮和猫洞炮,洞室炮则随断面形状、药包性质和地形的变化而不同,用药量 1 t 以上为大炮,1 t 以下为中小炮,现将各种爆破方法在综合爆破中的作用与特性分述如下。

1. 钢钎炮(眼炮)

在路基开挖工程中,钢钎炮通常是指炮眼直径和深度分别小于 7 cm 和 5 m 的爆破方法。一般情况下,单独使用钢钎炮爆破石方是不太经济的,其原因如下。

(1)不利于爆破能量的利用。

(2)炮眼浅,用药少,每次爆破的方数不多,并全靠人工清除,因此功效较低。

由于炮眼浅,爆破时爆炸气体很容易冲击,变成不成功的声波,导致响声大而炸下的石方多,个别石块飞得很远。因此,在公路工程中,应尽可能少用这种炮型。但是,由于它比较灵活,因而又是一种不可缺少的炮型,在地形艰险及爆破量较小地段(如打水沟、开挖基坑、便道等)仍属必需品,在综合爆破中是一种改造地形、为其他炮型服务的辅助炮型。

钢钎炮爆破非常适用于工程分散、石方量小及整修边坡、开挖边沟、炸孤石,路基石方工程集中时尽可能少用这种炮型。

2. 深孔爆破

深孔爆破是指炮孔的直径大于 75 mm、深度 5 m 以上,采用延长药包的一种爆破方法。其炮孔需用大型的潜孔凿岩机或穿孔机钻孔,如用挖运机械清方可以实现石方施工全面机械化,这是大量石方(1 万方以上)快速施工的发展方向之一。其优点是劳动生产率高,一次爆破的方量多,施工进度快,爆破时对路基边坡的影响比大型爆破小。如果配合光面或预裂爆破,则边坡平整稳定,爆破时比较安全,爆破效果容易控制。但是由于需要用大型机械,因此转移工地、开辟场地、修筑便道等准备工作变得较为复杂,而且爆破后仍有 10%~25% 的大石块需经第二次爆破改小。

进行深孔爆破,要求先将地面修成台阶,称为梯段。梯段的高度应在 5~15 m 之间,倾角最好为 60~70°。炮孔分垂直孔和斜孔两种。如图 2.14 和图 2.15 所示,炮孔直径 D 一般为 80~300 mm,公路工程中以用 100~150 mm 的炮孔为宜。超钻长度 h 是梯段高

度的 10% ~15%,岩石坚硬者取大值。因此

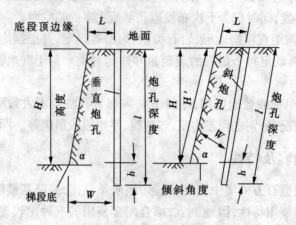

图 2.14　垂直炮和斜炮梯段断面图

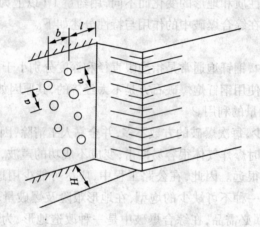

图 2.15　炮孔布置立面图

垂直孔的深度:
$$l = H + h \tag{2.2}$$

斜孔的深度:
$$l = H' + h \tag{2.3}$$

炮孔间距:
$$a = mW \tag{2.4}$$

底板抵抗线:
$$W = D\sqrt{\frac{7.85\rho\tau l}{K'mH}} \tag{2.5}$$

式中:m——系数,为 0.6 ~1.4,通常取 0.7 ~0.85;

　　　D——钻孔直径(m);

　　　ρ——炸药密度(kg/m³);

　　　K'——单位耗药量(kg/m³),$K' = K/3$;

τ——深孔装药系数,当$H<10$ m时,$\tau=0.6$;$H=15\sim20$ m时,$\tau=0.4$。

W值确定后可按下式估算L值。

$$W = L + H \cdot \cot \alpha \tag{2.6}$$

式中:L——炮孔与梯段顶边缘的距离,为确保凿岩机作业的安全,此值大于$2\sim3$ m,否则需多排孔时,排的间距b可取$b=W$。

深孔爆破除需正确选用设计参数和布孔外,对装药、堵塞等操作技术要求也比较严格。随着石方施工机械化程度的提高,这种方法已开始在石方集中与地形较平缓的垭口或深路堑上应用,并获得较好的效果。单位耗药量为$0.45\sim0.75$ kg/m³,平均每米钻孔爆落岩石$11\sim20$ m³。因此,有条件时应尽可能采用这种爆破方法。

3. 微差爆破

两相邻药包或前、后排药包以毫秒的时间间隔(一般为$15\sim75$ m/s)依次起爆,称为微差爆破,也称毫秒爆破。多发一次爆破最好要用毫秒雷管,这种爆破的特点是,在装药量相等的条件下,可减振$1/3\sim2/3$;前发药包为后发药包开创了临空面,从而增强了岩块间的碰撞挤压和破碎效果;可降低多排孔一次爆破的堆积高度,有利于下一步挖掘和装运作业,同时由于爆破是逐发或逐排依次进行的,减少了岩石挟制力,可节省炸药20%,并可增大孔距,提高每米钻孔的炸落方量。炮孔排列和起爆顺序,根据断面形状和岩性,有如下几种,如图2.16所示。多排孔微差爆破是浅孔、深孔爆破发展的方向。

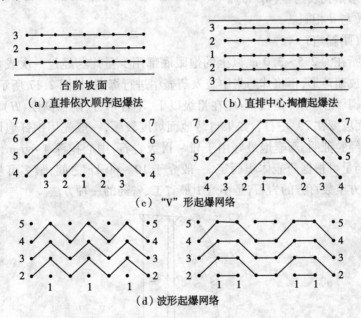

图2.16 微差爆破起爆网络图(图中数字为起爆顺序)

4. 光面爆破和预裂爆破

光面爆破是在开挖限界的周边,适当排列一定间隔的炮孔,在有侧向临空面的情况下,用控制药量和抵抗线的方法进行爆破,使之成为一个光滑、平整的边坡。

预裂爆破是在开挖限界处按适当间隔排列炮孔,在没有侧向临空面和最小抵抗线的情况下,用控制药量的方法,预先炸出一条裂缝,使要爆破的山体与整个山体分开,作为隔振、减振带,以减弱对开挖界限以外山体或建筑物的地震破坏作用。

进行光面或预裂爆破时,应将炮孔严格保持在同一平面内,炮孔间距和抵抗线 W 之比应小于 0.8。应适当控制装药量,并采用合理的药包结构,通常使炮孔直径大于药包直径 1~2 倍,或采用间隔药房、间隔钻孔装药。预裂炮的起爆时间在主炮之前,光面炮在主炮之后,其间隔时间可取 25~50 m/s。同一排孔必须同时起爆,最好用传爆线起爆,否则会影响爆破质量,光面和预裂爆破的主要设计参数归纳如下:

光面炮眼间距

$$a_1 = 16\, d$$

预裂炮眼间距

$$a_2 = (8 \sim 12)\, d$$

光面炮眼抵抗线

$$W = 1.33\, a_1 = 21.5\, d$$

装药密度

$$q = 9\, d^2$$

式中:d——钻孔直径(cm);

q——每米钻孔装药量(kg/m)。

a、W 单位与 d 相同。

5. 药壶炮(烘膛炮)

药壶炮是指在深 2.5~3.0 m 以上的炮眼底部用少量炸药经过一次或多次烘膛,把炮眼底部扩大成葫芦形,再将炸药集中装入药壶中进行爆破,如图 2.17 所示。此法主要用于露天爆破,其使用条件是:岩石应在Ⅺ级以下,不含水分,阶梯高度(H)在 10~20 m 之间,自然地面坡度在 70°左右。如果自然地面坡度较缓,一般先用钢钎炮切脚,炸出台面后再使用。经验证明,药壶炮最好用于Ⅶ~Ⅸ级岩石,中心挖深 4~6 m,阶梯高度在 7 m 以下。装药量可根据药壶体积而定,一般介于 10~60 kg 之间,最多可超过 100 kg。每次可炸数十方至数百方的岩石,是小炮中最省工、省药的一种方法。

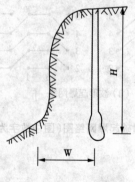

图 2.17 药壶炮

药壶炮的炮眼底部容积大,装药较多,又是集中药包,爆炸能量集中作用于周围介质,这样可以克服钢钎炮的缺点,增加爆破能量的利用率,提高爆破效果,因此在施工中常用。

6. 猫洞炮(蛇穴炮)

猫洞炮系指将药包直接集中放在直径为 0.2~0.4 m、深度为 2~5 m 的呈水平或略向下倾斜的洞穴的底部,然后用细粒土或砂类土将洞穴堵满、塞紧而进行的爆破,如图 2.18 所示。其特点是充分利用岩体本身的崩塌作用,能用较浅的洞穴爆破较高的岩体,一般爆破可炸松 15~150 m^3。其最佳使用条件是:岩石等级一般为Ⅸ以下,最好是Ⅴ~Ⅶ级;阶梯高度最少应大于眼深的两倍,自然地面坡度不小于 50°,最好在 70°左右。由于炮眼直径较大,爆破利用率甚差,因此炮眼深度应大于 1.5~2.0 m,不能放孤炮。猫洞炮功效一般可达 4~10 m^3,单位耗药量在 0.13~0.3 kg/m^3 之间。在有裂缝的软石和坚石中,阶梯高度大于 4 m,药壶炮药壶不易形成时,采用这种爆破方法可以获得较好的爆破效果。

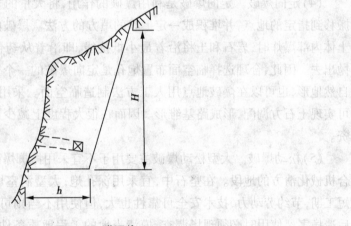

图 2.18 猫洞炮

7. 洞室炮

为使爆破设计断面内的岩石大量抛掷(抛坍)出路基,减少爆破后的工作量,保证路基的稳定性,可根据地形和路基断面形式,采用以下不同性质的洞室炮爆破法。

(1)抛掷爆破。

1)平坦地形路堑的抛掷爆破(也称扬弃爆破)。自然地面坡角 $\alpha < 15°$,路基设计断面为挖方路堑,石质大多是软石时,通常采用稳定的加强抛掷爆破,以便石方大量扬弃到路基两侧。抛掷率为 55%~98%($n = 1.5~2.2$),一般在 80% 左右。根据经验,当 $n = 2$ 时($E = 83\%$),抛掷 1 m^3 岩石的耗药量为 1.4~2.2 kg。炸药费用一般占总工程造价的 80% 左右,且爆破后对路堑边坡的稳定性影响很大,因此在公路工程中很少采用。

2)斜坡地形路堑的抛掷爆破。自然地面坡角 α 在 15~50° 之间,岩石也较松软时,可采用抛掷爆破。抛掷率一般设计在 60% 左右,根据地面坡度的不同,爆破作用指数在 1~1.5 之间,单位耗药量大于 1 kg,炸药费用占整个工程造价的 60% 以上,对路堑边坡的稳定性有较大的影响。

(2)斜坡地形半路堑的抛坍爆破。自然地面坡角 α 大于 30°，地形地质条件均较复杂，临空面大时，宜采用这种爆破方法。在陡坡地段，只要充分破碎岩石，就可以利用岩石本身的自重坍滑出路基，提高爆破效果。

抛坍爆破的抛坍率一般为 44% ~ 85%，单位耗药量为 0.1 ~ 0.42 kg/m³。炸药费用不到总造价的 40%，而功率可达 6 ~ 15 m³/工日，比小炮功效高 2 ~ 4 倍，总的路基工程造价可降低 16% 以上，爆后路堑边坡稳定。

(3)多面临空地形爆破。路线通过鸡爪地形地段或波浪起伏的峡谷，横切山嘴或山包时，临空面较多，有利于爆破。由于山嘴或山包的石质一般较周围岩体坚固完整，因此爆破后可获得较陡的稳定边坡。多面临空地形的爆破抛掷率(抛坍率)为 60% ~ 80%，单位耗药量为 0.2 ~ 0.8 kg/m³，工效为 10 ~ 20 m³/工日，最高可达 70 m³/工日，比小炮高 6 ~ 15 倍或更多，但工程造价只比小炮减少约 15%。

(4)定向爆破。定向爆破是利用爆破的作用，将大量的岩石和土体按照指定的方向搬移到指定的地点，并堆积成一定形状的填方的方法。爆破的基本原理是炸药在岩石或土体内部爆炸时，岩石和土将沿着最小抵抗线，即沿着从药包到临空面最短距离的方向抛出去。因此，合理选择临空面布置炮孔是定向爆破的一个重要问题。临空面大多利用自然地形，也可以在爆破地点用人工方法制造临空面。采用这种爆破方法，一次爆破即可实现土石方调配，形成路基雏形。因而在很大程度上减少用工、缩短工期，也节约了投资。

(5)松动爆破。大型松动爆破主要用于不宜采用抛掷爆破的次坚石、软石路基，或配合机械化清方的地段。在坚石中，宜采用深孔炮；大型洞室爆破威力大、效率高，可以缩短工期，节约劳动力，技术安全可靠性也大，但使用不当则可能破坏山体平衡，造成路基后遗病害。使用时必须现场调查，摸清当地的工程地质条件及周围环境，通过技术经济比较来确定。

◆选用各种爆破方法的基本原则

为了充分发挥各种爆破方法的特点，利用微地形和地质的客观条件，在路基石方工程中采用综合爆破，选用各种爆破方法，组织炮群，有计划、有步骤地爆破拟开挖的石方是十分重要的。因此，石方工程的施工方案应按下列原则与步骤进行。

(1)全面规划，重点设计。对拟爆破的路基工程，应根据石方集中的程度、路基设计断面的形状、微地形的变化以及地质条件所能允许的爆破规模，结合各种爆破方法的特点，进行全面规划，确定哪些地段采用小炮群，哪些地段采用洞室炮、深孔炮(一般，中心挖深小于 6 m 时可采用小炮群，大于 6 m 时可采用洞室炮)，以及各段的开挖顺序，然后对石方集中的点进行重点设计。在生产中，一般可按照爆破方案选择表进行，见表 2.26。

表2.26 爆破方案选择表

编号	起讫桩号	中心探深/m	爆破地段长度/m	自然坡度/°	断面石方量/m³	爆破类型	备注
1	$K_1+500\sim K_1+600$	3~5	100	39~45	3 000	小炮群	软石
2	$K_3+700\sim +K_3+900$	6~9	200	50~70	7 000	抛坍爆破炮群	坚石
3	$K_4+100\sim K_4+140$	12	40	40	4 000	多临空面地形爆破	次坚石节理不发达

(2)由路基坡面开挖,形成高阶梯。为了充分利用岩石的崩塌作用,开挖应从路基坡面开始,逐渐形成高阶梯,为深孔炮、药壶炮或猫洞炮创造有利条件。

(3)综合利用小炮群,分段、分批爆破,一般有以下几种方法。

1)在半挖半填的斜坡地形,采用一字排炮,对自然坡度较缓的地形,应先用钢钎炮切脚,改造地形后再采用一字排炮。

2)路线横切小山包时,采用钢钎炮三面切脚,改造地形后,再在中间用药壶炮爆破。

3)遇路基加宽、阶梯较高的地形时,采用上、下互相配合的小炮群,如图2.19所示。

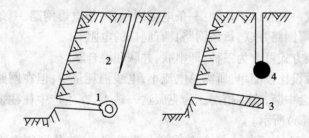

1,4—药壶炮;2—钢钎炮;3—猫洞炮
图2.19 小炮的配合

4)对拉沟地堑,采用两头开挖时,可以用平眼搜底、竖眼揭盖的梅花炮,如图2.20所示。

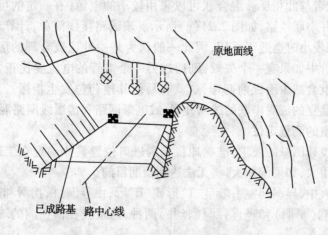

图2.20 路堑用梅花形立眼和平眼的混合炮群(炮数可酌情增减)

5)机械化清方时,如果遇到坚石,可采用深孔炮,或采用眼深 2 m 以上的钢钎炮,组合成 30~40 个的多层炮群。在坚硬岩石中,为使岩石破碎的程度满足清方的要求,除调整炮群设计参数外,还可以采用间隔药包和微差爆破。遇到软石或节理发育的次坚石,可用松动爆破开挖。

由上面的介绍可知,根据不同的客观条件,采用不同的爆破方法,可以使工效提高 2~10 倍,也可大大减轻劳动强度;但由于单位耗药量都比小炮定额高 2~4 倍,因此工程造价的降低并不显著。为了降低工程造价,有条件时可在综合爆破中采用铵油炸药。

虽然综合爆破具有很多优点,但是在快速施工方面仍很不够。目前,特别严重的是导洞掘进和清方这两道工序很慢,一般人工开挖导洞就需要 15~30 d,爆破后虽有 65% 左右的岩体被抛掷(抛坍)出路基,但剩余岩体如果用人工清方仍需较长时间。这种中间快、两头慢的不协调现象,只有采用机械化打眼和机械化、半机械化清方的办法才能改变。

◆ 大爆破施工

1. 爆破网路

爆破网路的形式一般有以下几种:一条电爆网路;一条电爆网路、一条传爆线网路同时使用;两条独立电爆网路并联,每条网路具有同样的电阻等。

电爆网路的连接方式可分为三种,即串联、并联和混合联。

串联的设计和敷设比较简单,所需总电流小,电线消耗量少;但在网路中有一定电雷管失效,整个网路就会中断,产生拒爆。为克服这一缺点,在生产中往往采用成对串联的串联线路,如图 2.21(a)所示。

并联线路如图 2.21(b)所示,每个电雷管有两根端线,并分别集中连在两根主导线上,此时各个雷管的作用互不相干,即使有个别雷管失效,也不影响其他雷管的正常起爆。但所需总电流大,丢掉一个电雷管不易发现。

混合联是串联和并联的混合使用,它可以是成组的电雷管之间的串联,而组与组之间采用并联,或者与此相反。混合联可以采用较小的电源,有一定的可靠性。在生产中常采用成对的并串联线路,如图 2.21(c)所示。该线路接线简单,计算和检查容易,导线消耗较少,电源较小时也适于采用,因此一般认为是一种比较合理的形式。但也应注意并联的两个雷管中如果有一个失效,则通过另一个雷管的电流要比正常电流大一倍,该雷管点燃时间就会减少而提前起爆,这就容易使其他药包发生拒爆。为确保炮群准爆,最好采用两条独立的成对串联的线路并联,或电爆网路和传爆线网路混合使用。

2. 导洞药室的测量定位

能否按照设计图纸的要求,准确地将导洞进口位置具体确定在工地的桩位上,对爆破效果的影响很大,如果偏差大,将无法达到预期目的。

在公路爆破中,导洞药室一般呈"T"形或"L"形,由导洞、横拐洞和药室三部分组成。导洞有水平导洞(平洞)和竖直导洞(竖井)两种,药室设在横拐洞的端部,如图 2.22 所示。

导洞药室进行定位时,应以路基设计中心线为基准线,以地面现有中心桩为基准桩。

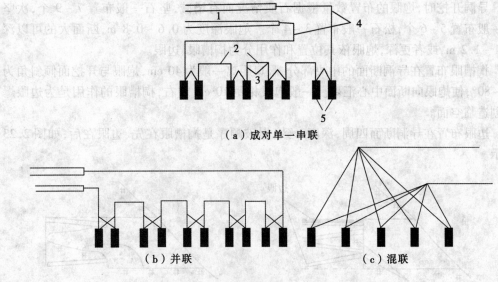

1—主导线；2—区域线；3—脚线；4—连接线；5—雷管

图 2.21　分集药包纵向折线图及布置图

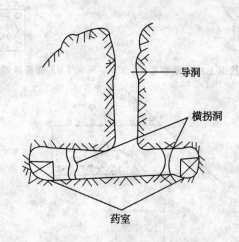

图 2.22　药室在横拐洞端部

首先确定导洞进口桩位，并打中心桩。对于水平导洞，除确定进桩位外，还必须按设计要求找出导洞方法和基准线的夹角，并将方向桩打在适当的地方。为避免中心桩、方向桩等丢失，应相应的打上护桩。进行定位测量后，应在洞口钉立指示牌，用示意图标明导洞断面、长度、横拐洞长度、水平标准及药室尺寸等，在开挖过程中应及时检查校正，以确保导洞药室的开挖符合设计要求。

3. 导洞药室开挖

(1) 炮眼的布置。导洞药室的开挖，一般是用炮眼法掘进。

导洞的断面尺寸，根据导洞深度和地质情况而变化，一般为 $(1.0 \times 1.2) \sim (1.5 \times 1.8)$ m^2。对于风化严重、岩石较破碎的洞口地段，尺寸还要大些。

导洞开挖时,炮眼的布置数量根据石质情况而有增减,坚石一般布置7~9个,次坚石一般布置5~6个,松石一般布置3~4个。炮眼深度为0.6~0.8 m,断面大的可以深到1~1.2 m,或者更深,炮眼依其位置和作用分为掏槽眼、边眼。

掏槽眼布置在导洞断面的中央部分,眼口距离一般为40 cm,炮眼与开挖面倾斜角为70~80°,使炮眼向断面中心汇聚。一般炮眼相距10 cm左右,掏槽眼的作用是为边眼爆破创造临空面。

边眼布置在导洞断面四周,深度一致,爆破顺序是掏槽眼在先、边眼在后,如图2.23所示。

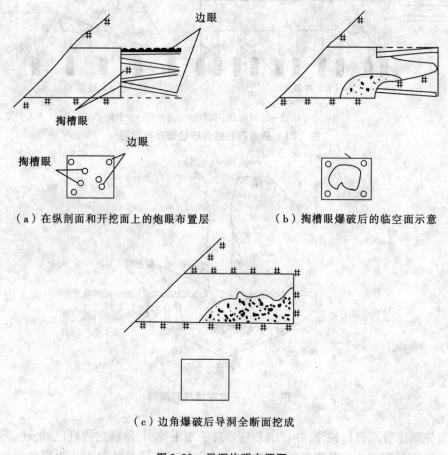

图2.23 导洞炮眼布置图

(2)炮眼装药与堵塞。炮眼内的装药量,应根据石质情况和炮眼深度及其作用而定。施工中一般是根据炮眼深度确定装药量,当眼深为0.6~0.7 m时,装药长度为眼深的1/2~2/3;当深度为0.8~1.0 m时,装药长度为眼深的2/5~1/2。由于掏槽眼的作用是创造临空面,因此药量应多一些,但装药长度不得过长,而应当留出不少于眼深1/2的堵塞长度,否则容易产生冲天炮。

装药前应清除炮眼内的泥浆和石料等物,对于积水,也应掏干。为防止炸药受潮,还应垫上油纸,药卷放入后应用炮棍轻轻挤压,最后放入起爆药卷,并要特别小心,不能挤压,也不能撞击。

起爆方式:如果导洞不深于 3 m,可用火花起爆;再深时,宜用电力起爆,或用飞火点火法。

炮眼的堵塞材料一般为干细砂土、黏土、砂等,最好为一份黏土、三份砂(粗砂)在最佳含水量下混合而成的堵塞料。堵塞时不要捣压紧贴起爆药卷的堵塞物,以免振动雷管引起爆炸,其余的堵塞物要轻轻捣实,但要注意防止捣坏雷管脚线或导火线。

在导洞挖进过程中,每次爆破后,首先应检查是否有瞎眼炮,并做相应处理。在导洞较深的情况下,应进行人工通风,迅速排除烟尘和有毒气体,然后处理洞壁危石,出渣后就继续掘进,直至达到设计要求。

4. 装药、堵塞和爆破

(1)起爆体的制作。为了保证洞室炮中的全部炸药能迅速准确地完成爆炸反应,起爆体(起炮药包)应当用烈性炸药制作。起炮体的药量多少,根据洞室中总药量多少而定,一般为 3~20 kg。根据经验,如果以铵油炸药作为基本炸药,则每 500 kg 需配置 1~2 个 3 kg、2 号硝铵炸药的起爆体。在生产中,每个洞室中配制的起爆体,一般不得超过 4 个。

对于药量不大的洞室炮,起爆体可用纸包装制作;而药量较大的洞室炮,起爆体则应当用木盒制作。其制作过程是将松散的起爆药装入盒内,并在其中央放入经测试符合要求的雷管束。为了防止可能拉动雷管脚线而带动雷管,或损坏雷管脚线,应把脚线绕在一根固定在起爆体外壳上的小木棍上,如图 2.24 所示。

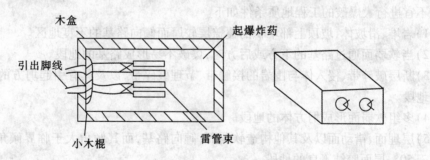

图 2.24 脚线设置图

(2)装药。装药前应最后一次检查导洞药室内是否有丢失的雷管和残留瞎炮,并予以清除,保证装药过程的安全,以铵油炸药为基本炸药的装药过程如下。

1)在药室内垫上一层水泥纸袋。

2)装入 1/2~2/3 的铵油炸药。(堆成马蹄形)

3)然后装 1/3~1/2 的起爆药。(2 号硝铵炸药)

4)再在上面放入起爆体。

5)在起爆体上再盖起爆炸药。

6)最后把余下的铵油炸药全部放入。

装药的基本要求是:药室四周都是基本炸药,内层为起爆炸药,核心为爆体,而不能把基本炸药和起爆炸药混起来堆放。炸药的密度应各处相同。当药室不规则时,可用石块码放规则后再装药。装药形状应尽可能集中,避免平铺分散。起爆体多时,应将药按圆形布置在药室中心。

雷管脚线引出后,和外面电路接线要准确,并用竹片或其他材料予以包裹,防止损坏。

(3)堵塞、接线和爆破。堵塞时,应先在离炸药堆外沿 10～20 cm 外垒一堵石墙,封闭药堆构成药室,然后用土堵塞横拐洞(此时不能用力夯实,直到离洞室 2 m 才正式进行夯实),以后可一层石块、一层土分层回填。在回填土和夯实过程中应注意保护电爆线路,应设专人检查电路及测测电阻值,做到随堵塞、随测、随保护,当堵塞完成后,应测量洞室的总电阻,然后把该洞室各导线接成加重路(短路),等待接洞室连线或主导线,以确保安全。

必须最后进行所有线路和主导线的连接。一切非有关人员必须撤离现场,才能接主导线。主导线连接完成后,应测量全线路的总电阻。总电阻应符合设计要求,否则就应检查原因并作相应处理。

起爆前,不应检查起爆电源的电压,如果符合要求,即可发出起爆信号,通过警戒人员开始起爆。起爆后 15 min,进行全面技术检查,当没有问题时再发出解除警报信号。如果有瞎炮,必须小心谨慎,由专人负责指挥处理。洞室炮一般只能沿着导洞小心掏取堵塞物,找出电线重新起爆,否则应取出起爆体。对于硝铵炸药的中、小炮,可用灌水使炸药失效等较安全的方法处理。

不宜进行大爆破的工程地质条件如下。

1)岩堆、滑坡体、坡顶上部堆积的覆盖层较厚而倾向路基的不良地区。

2)当软弱面通过路基的下方或后方时,爆破不易形成路基的地段。

3)断层破碎带、侵入体与围岩的接触带、节理破碎带,以及具有引起坍方的地质软弱面的地段。

4)多组软弱面形成坍方体的地段。

5)层理面、错动面以及其他构造软弱面,倾向路基,而其倾角大于临界倾角(B0),并不小于 50°,层面胶结不良的地段。

6)山脊较薄,山后有良好的临空面,不逸出半径,可使整个山头破坏,引起坍方的地段。

此外,也需考虑周围环境,如有良田、果树、重要建筑物等,在无法确保其安全时,不宜采用大爆破。

◆爆破施工技术与质量控制

(1)石方开挖应根据岩石的类别、风化程度、岩层产状、岩体断裂构造、施工环境等因素确定开挖方案。

(2)深挖路基施工,应逐级开挖,逐级按设计要求进行防护。

(3)爆破作业必须符合《爆破安全规程》(GB 6722—2003),爆破施工组织设计应按相关规定报批。

(4)石方开挖严禁采用洞室爆破,近边坡部分宜采用光面爆破或预裂爆破。

(5)爆破法开挖石方,应先查明空中缆线、地下管线的位置,开挖边界线外可能受爆破影响的建筑物结构类型、居民居住情况等,然后制定详细的爆破技术安全方案。

(6)爆破开挖石方宜按以下程序进行:爆破影响调查与评价→爆破施工组织设计→培训考核、技术交底→主管部门批准→清理爆破区施工现场的危石等→炮眼钻孔作业→爆破器材检查测试→炮孔检查合格→装炸药及安装引爆器材→布设安全警戒岗→堵塞炮孔→撤离施爆警戒区和飞石、震动影响区的人、畜等→爆破作业信号发布及作业→清除盲炮→解除警戒→测定、检查爆破效果。(包括飞石、地震波及对施爆区内构造物的损伤、损失等)

(7)边坡整修及检验。

1)挖方边坡应从开挖面往下分段整修,每下挖2~3 m,宜对新开挖边坡刷坡,同时清除危石及松动石块。

2)石质边坡不宜超挖。

3)石质边坡质量要求:边坡上无松石、危石。

(8)路床清理及验收。

1)欠挖部分必须凿除。超挖部分应采用无机结合料稳定碎石或级配碎石填平碾压密实,严禁用细粒土找平。

2)石质路床底面有地下水时,可设置渗沟进行排导,渗沟宽度不宜小于100 mm,横坡不宜小于0.6%,渗沟应用坚硬碎石回填。

3)石质路床的边坡应与路床同步施工。

◆爆破施工易出现的问题及处置

1. 施工中应注意的问题

爆破法开挖时,应注意以下问题。

(1)调查爆破区管线。

(2)需用爆破法开挖的地段,必须查明地下管线及空中缆线的具体位置以确保其安全,石方爆破开挖必须严格按以下程序进行。

施爆区管线调查→炮位设计与设计审批→配备专业施爆人员→清除施爆区覆盖层和强风化岩石→钻孔→爆破器材检查与试验→炮孔(或坑道、药室)检查与废渣清除→装药并安装引爆器材→布置安全岗和施爆区安全人员→炮孔堵塞→撤离施爆区和飞石、强地震波影响区内的人、畜→发布爆破作业信号→起爆→爆破作业→清除瞎炮→解除警戒、测定爆破效果。(包括飞石、地震波对施爆区内外构造物造成的损伤及造成的损失)

(3)施爆及排水。进行爆破作业时必须由经过专业培训并取得爆破证书的专业人员施爆。要注意开挖区的施工排水,在横向和纵向形成坡面开挖面,以确保爆破出的石料不受积水浸泡。

(4)边坡清刷。

1)石质挖方边坡应顺直、圆滑、大面平整,边坡上不得有危石、松石。

2)挖方边坡应从开挖面往下分级清刷边坡,下挖 2~3 m 时,应对新开挖边坡刷坡,对于软质岩石边坡可用人工或机械清刷,对于坚石和次坚石,可使用炮眼法、裸露药包法爆破清刷边坡,同时清除松石、危石,清刷后的石质路堑边坡不应陡于设计规定。

3)石质路堑边坡如果由于过量超挖而影响上部边坡岩体稳定时,应用浆砌片石补砌超挖的坑槽。

(5)路床整修。

石质路堑路床底高程应符合设计要求,开挖后的路床基岩高程与设计高程之差应符合规范要求。如果过低,应用开挖的石屑或灰土碎石填平并碾压密实;过高,应凿平。

2. 瞎炮处理

瞎炮是指点火后未爆炸的炮。瞎炮不但浪费材料和炸药,影响施工进度,而且严重地影响安全生产。因此,必须采取一切有效的措施防止产生瞎炮。一旦出现瞎炮,应立即停止瞎炮附近的所有其他工作,由原施工人员参加处理,采取措施安全排除,其方法如下。

(1)对大爆破,应沿导洞小心掏取堵塞物取出起爆体;或找出线头接上电源重新起爆;或用水灌浸药室使炸药失效后清除。

(2)对中、小炮,可在距瞎炮的最近距离不小于 0.6 m 处,另行打眼爆破;当炮眼或装药不深时,也可用裸露药包爆破。

2.7 特殊路基施工

【基　础】

◆一般规定

(1)特殊地区路基施工,应根据其特点和具体情况以及必要的基础试验资料,进行经济、技术综合考虑,因地制宜地制订施工方案并实施。

特殊地区路基处治一般要注意以下四个环节。

1)对地质资料、土工试验的详细检查,对设计图和实践经验的调查研究。

2)室内试验和现场试验,特别是对重要工程。

3)精细施工并注意现场的监测和数据的收集。

4)反复分析,验证设计,监测工程安全。

(2)施工中如实际地质情况与设计不符或设计处治方案因故不能实施,应按有关规定办理。

(3)采用新技术、新工艺、新设备、新材料时,必须制定相应的工艺、质量标准。

(4)用湿黏土、红黏土和中、弱膨胀土作为填料直接填筑时,应符合下列规定。

1)填料液限在 40%~70% 之间,且 CBR 值满足表 2.24 的规定。

在实际施工中,可以采用如下步骤来判断 CBR 值是否满足条文规定。

①取天然土样,分析其液限、塑性指数是否满足条文规定。

②分析天然土样的天然含水量、天然稠度。

③取天然土样,采用湿土法制作不同含水量的试样,找到满足设计要求的CBR值所对应的含水量范围,一般可从稠度0.9~1.4范围内求出,按照《公路土工试验规程》(JTG E40—2007)中承载比(CBR)试验(T0134—93)的规定制作试件,并测试其CBR值。

④绘制CBR-含水量关系图,根据表2.24分析出路基不同部位填料可直接填筑的含水量范围。

⑤如果填料碾压时含水量处于④确定的可直接填筑的含水量范围,那么填料的CBR肯定满足要求。

在实际施工中应特别注意的问题为:如果天然土在运输、摊铺后的含水量不处于可直接填筑的含水量范围,可调整含水量(一般采用晾晒或者均匀洒水的方式)后进行碾压。要做到含水量均匀,就必须将土块击碎(至少应分细至37.5 mm以下),由于击碎十分困难,在此过程中十分容易导致土块内湿外干或内干外湿的现象,故均匀调整含水量的幅度比较小。

2)碾压时填料稠度应控制在1.1~1.3之间。

3)压实度标准可比表2.20的规定值降低1%~5%,具体降低数值应根据当地土质等情况通过试验确定。从压实后的路基中取样,按照《公路土工试验规程》(JTG E40—2007)规定测定 ρ、w。

压实功超过一定的限度,土体将产生破坏即超压现象(表面现象为超压、软弹;力学指标:虽然干密度增加,但CBR降低)。这三种土并不像一般土质那样压实功越大越好。

4)不得作为二级及二级以上公路路床、零填及挖方路基0~0.80 m范围内的填料;不得作为三、四级公路上路床、零填及挖方路基0~0.30 m范围内的填料。

【实 务】

◆软土路基施工

把淤泥、淤泥质土以及天然强度低、压缩性高、透水性小的一般黏性土统称为软土。软土路基天然含水率不小于35%与液限;天然孔隙比不小于1.0;压缩系数宜大于0.5 MPa^{-1};十字板抗剪强度小于35 kPa。

高速公路路基的软土系指:标准贯击数小于10,含水量大于30%的砂性土和标准贯击数小于4,无侧限抗压强度小于50 kPa,含水量大于50%的黏性土。

软土无论是按沉积成因还是按土质划分,它们都是具有共同的工程性质,即:

(1)颜色以深色为主,粒度成分以细颗粒为主,有机质含量高。

(2)天然含水量高,容重小,天然含水量大于液限,超过30%;相对含水量大于1.0;软土的饱和度高达100%,甚至更大,天然容重为1.5~19 kN/m^3。

(3)天然孔隙比大,一般大于1.0。

(4)粘粒含量高,塑性指数大。

(5)渗透系数小,一般小于 10^{-6} cm/s 数量级,沉降速度慢,固结完成所需时间较长。

(6)高压缩性,压缩系数大,一般压缩系数大于 0.5 MPa^{-1},基础沉降量大。

(7)强度指标小,软土的快剪黏聚力小于 10 kPa,快剪内摩擦角小于 5°;固结快剪的强度指标略高,黏聚力小于 15 kPa,内摩擦角小于 10°。

(8)软土的灵敏高,灵敏度一般在 2~10 之间,有时大于 10,具有显著的流变特性。

1. 软土路基处理方法

(1)排水固结法。排水固结法包括堆载预压法、降水预压法、真空预压法、电渗排水法,适用于处理厚度较大的饱和软土和冲填土路基,但要慎重对待较厚的泥炭层。

(2)胶结法。

1)灌浆法。灌浆法适用于处理淤泥、淤泥质土、粉土和含水量较高,且地基承载力标准值不大于 120 kPa 的黏性土等地基。当用于处理地下水或泥炭土具有侵蚀性时,宜通过试验以确定其使用程度。

2)高压喷射注浆法。高压喷射注浆法的适用范围为淤泥、淤泥质土、黏性土、砂土、黄土、碎石土和人工填土等路基。对于陷性黄土以及土中含有较多的大粒径块石、坚硬性黏性土、大量植物根茎或过多有机质时,应根据现场试验结果确定其适用程度。应慎用地下水流速较大或涌水工程以及对水泥有严重侵蚀的路基,尤其适用于软弱路基的加固。

3)水泥搅拌桩。水泥搅拌桩的适用范围为淤泥、淤泥质土、含水量较高地、地基承载力不大于 120 kPa 的黏性土、粉土等软土路基。在有较厚泥炭土层的软土路基上,宜通过试验确定其适用性,为提高搅拌桩身强度可适量添加磷石膏。当地下水中含有大量硫酸盐时,应选用抗硫酸盐水泥,冬期施工时,应注意负温。注意十字板剪切强度(S_u)为 35 kPa 所对应的静力触探总贯入阻力(P_s)约为 750 kPa 对处理效果的影响。

4)水泥土夯实桩法。水泥土夯实桩法适用于地下水位以上的素填土、粉土和淤泥质土等。

(3)加筋土法。

1)加筋土适用范围为人工填土、砂土的路堤、桥台、挡墙等。

2)土工织物适用于砂土、黏性土和软土的加固,或用于反滤、隔离和排水的材料。

3)树根桩适用于各类土。主要用于既有建筑物的加固及稳定土坡、支挡结构物。

4)锚固法能可靠地锚固土层和岩层。对软弱黏土宜通过重复高压灌浆或采用端头扩体或多段扩体以提高锚固段锚固力。对相对密度小于 0.3 的松散砂土,液限大于 50% 的黏性土以及有机质含量较高的土层,均不得作为永久性锚固地层。

(4)CFG 桩法。CFG 桩法对于淤泥、淤泥质土、饱和及非饱和的黏性土、粉土、杂填土,能使天然路基承载力提高 70% 以上。

(5)石灰桩法。石灰桩法适用于渗透系数适中的软黏土、红黏土、膨胀土、杂填土、湿陷性黄土,不适合在地下水位以下的渗透系数较大的土层。当渗透系数较小时,慎用软土脱水加固效果不好的土层。

(6)砂桩法。砂桩法适用于软弱黏性土,但应慎用,且需要较长的时间,对不排水剪切强度小于 15 kPa 的软土应采用袋装砂井桩。

(7)挤密碎石桩法。挤密碎石桩法适用于松散的非饱和黏性土、杂填土、疏松的砂性土、湿陷性黄土,应慎重使用饱和软黏土。

(8)钢渣桩法。钢渣桩法适用于淤泥、淤泥质土、饱和及非饱和的黏性土、粉土。

(9)强夯法。强夯法适用于碎石土、砂土、素填土、杂填土、湿陷性黄土及低饱和度的粉土与黏性土。对于高饱和度的粉土和黏性土,需经试验论证后才能使用,且应设置竖向排水通道。该法最大处理深度可达40 m,但强夯的震动可能会对周围环境造成不良影响,因此,使用时对周围环境因素要求进行考虑。

(10)强夯置换法。强夯置换法适用于饱和软黏土,一般适合于3~6 m底浅层处理。

(11)振冲法。振冲法是一种不添加砂、石材料的振冲挤密法,一般宜用于0.75 mm以上颗粒占土体20%以上的砂土,而添加砂、石材料的振冲挤密法宜用于颗料小于0.005 mm的黏性含量不超过10%的砂土和粉土。

(12)振冲置换法。振冲置换法适用于不排水剪切强度$20 \text{ kPa} \leqslant C_U \leqslant 50 \text{ kPa}$的饱和软黏土、饱和黄土及冲填土。应慎重对待不排水剪切强度小于20 kPa的地基,此法能使天然路基承载力提高20%~60%左右。

(13)夯坑基础法。夯坑基础法适用于软黏土非饱和的黏性土、夯填土、湿陷性黄土。

2. 垫层施工

垫层处治施工通常用于松软过湿地表面,由于地基表面采用排水、铺设填料或以掺加剂加固使地表层强度增加,防止地基局部剪切变形,从而保证重型机械通行,又使填土荷载均匀分布在地基上。

垫层材料宜采用无杂物的中、粗砂,含泥量应小于5%;也可采用天然级配砂砾料,其最大粒径应小于50 mm,砾石强度应不低于四级。(即洛杉矶法磨耗率小于60%)

垫层宜分层摊铺压实,碾压到规定的压实度。垫层采用砂砾料时,应避免粒料离析。垫层宽度应宽出路基边脚500~1 000 mm,两侧宜用片石护砌或采用其他方式防护。在软、湿路基上铺以厚度为0.3~0.5 m的排水层,有利于软湿表层的固结,并形成填土的底层排水,在一定程度上能提高地基强度,使施工机械可以通行。碎石、岩渣垫层的一般厚度为0.4 m左右,并铺设单层或双层土工网格或土工织物。有利于均匀支承填土荷载,提高地基承载力,减少地基的沉降量。掺和料垫层是利用掺和料(土、水泥、石灰、加固剂)以一定剂量混合在填料土中,可改变地基的压缩性和强度特性,从而保证施工机械的通行,垫层大部分松散,应进行大部或全部防护。

3. 袋装砂井施工

(1)袋装砂井施工工艺流程为:施工设备的准备→沉入套管→袋装砂沉入→就地填砂入袋成井→预制砂袋沉放。

1)施工设备的准备。此工序包括整平施工场地、机具配备、砂料和砂袋以及成孔用的套管、桩尖等一系列准备工作的完成,并对井孔定位放样经过复核无误。

2)沉入套管。将带有预制桩尖的套管或带有可开闭底盖的套管(内径略大于砂袋直径)按井孔定位沉入到要求的深度。施打时,开动振动锤后缓慢进行,并随时检查套管的垂直度。

3)袋子灌砂压重沉放管内,扎好砂袋下口后(袋长比井深约长2 m),在其下端放入

20 cm 左右高的砂子作为压重,将袋子放入套管中沉入到要求的深度。如果不能沉至要求深度,会有一部分拖留在地面,此时须做排泥处理,直至砂袋沉达预定深度。

4)就地填砂入袋成井。将袋口固定在装砂用的漏斗上,通过振动将砂填满袋中,卸下砂袋,拧紧套管上盖,然后一边把压缩空气送进套管,一边将套管提升至地面。

5)用预制砂袋沉放,也可采用预先在袋内装满砂料,扎好上口,成为预制砂袋,运往现场,弯成圆形,成圈堆放,成孔后将砂袋立即放入孔内。

(2)袋装砂浆的成孔方法可根据机械设备条件进行比较选择。专用的施工设备一般为导管式的振动打设机械,只是在进行方式上有差异。成孔的施工方法有五种,即锤击沉入法、振动贯入法、压入法、射水法以及钻孔法等。

(3)施工要点。

1)中、粗砂中大于 0.6 mm 颗粒的含量宜占总重的 50% 以上,含泥量小于 3%,渗透系数大于 5×10^{-2} mm/s,砂袋的渗透系数应不小于砂的渗透系数。

2)袋装砂井施工应符合以下规定。

①砂袋露天堆放时应有遮盖,不得长时间暴晒。

②砂袋应垂直下井,不得扭结、缩颈、断裂、磨损。

③拔钢套管时如将砂袋带出或损坏,应在原孔位边缘重打;连续两次将砂袋带出时,应停止施工,查明原因并处理后方可施工。

④砂袋在孔口外的长度,应能顺直伸入砂垫层至少 300 mm。

3)袋装砂井施工质量应符合表 2.27 的规定。

表 2.27　袋装砂井施工质量标准

项次	检查项目	规定值或允许偏差	检查方法和频率
1	井距/mm	±150	抽查 3%
2	井长	不小于设计值	查施工记录
3	井径/mm	+10,0	挖验 3%
4	竖直度/%	1.5	查施工记录
5	灌砂率/%	−5	查施工记录

4. 塑料排水板施工

(1)塑料排水板是由芯体和滤套组成的复合体,或是由单一材料制成的多孔管道板带。(无滤套)

1)芯板是由聚乙烯或聚丙烯加工而成的多孔管道或其他形式的板带,应具有足够的抗拉强度和垂直排水能力。其抗拉强度不应小于 130 N/cm;当周围土体压力在 15 m 深度范围内不大于 250 kPa 或在大于 15 m 范围不大于 350 kPa 条件下,其排水能力应不低于 30 cm^3/s。芯板应具有耐腐性和足够的柔性,保证塑料排水板在地下的耐久性,并在土体固结变形时不会被折断或破裂。

2)滤套一般由无纺织物制成,应具有一定的隔离土颗粒和渗透功能,应等效于 0.025 mm 孔隙,其最小自由透水表面积宜为 1 500 cm^2/m,渗透系数应不小于 5×10^{-3} cm/s。

(2)施工机械。主要机具是插板机,基本上可与袋装砂井打设机具共用,但应将圆形套管换成矩形套管。对振动打设工艺、锤击振力大小,可根据每次打设根数、导管断面大小、入土长度和地基均匀程度确定。

(3)塑料排水板施工工艺流程为:整平原地面→摊铺下层砂垫层→机具就位→塑料排水板穿靴→插入套管→拔出套管→割断塑料排水板→机具移位→摊铺上层砂垫层。

1)塑料排水板导管靴与桩尖塑料排水板通过导管,从导管靴穿出并与桩尖相连,导管连同塑料板顶住桩尖压入土中。塑料排水板与桩尖连接的方式有三种,如图2.25所示。

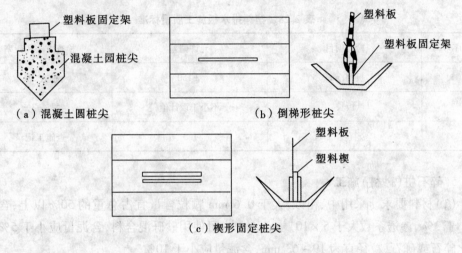

图2.25 桩尖连接方式

2)塑料板排水法的插入。塑料排水板打设顺序包括定位,将塑料板通过导管从管靴穿出,将塑料板与桩尖连接贴紧管靴并对准桩位,插入塑料板,拔管剪断塑料板等,施工过程中还应注意以下几点。

①塑料板插入过程中防止淤泥进入板芯,堵塞输水通道,影响排水效果。

②桩尖与导管配合要适当,避免错缝,防止淤泥进入,增大塑料板与导管壁的摩擦力造成塑料板带出。

③塑料板与桩尖连接要牢固,避免提管时脱开将塑料板带出。

④严格控制间距和深度,凡塑料板带上2 m的应作废补打。

⑤塑料板需接长时,应采用滤水膜内平搭接的连接方法,为确保输水畅通并且有足够的搭接强度,搭接长度不小于20 cm,连接方法如图2.26所示。

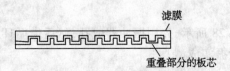

图2.26 塑料板接头连接断面图

(4)施工质量要求。

1)现场堆放的塑料排水板,应采取措施防止损坏滤膜。

2)塑料排水板超过孔口的长度应能伸入砂垫层不小于500 mm,预留段应及时弯折埋设于砂垫层中,与砂垫层贯通,并采取保护措施。

3)塑料排水板不得搭接。

4)施工中防止泥土等杂物进入套管中,一旦发现应及时清除。

5)打设形成的孔洞应用砂回填,不得用土块堵塞。

6)塑料排水板施工质量应符合表2.28的规定。

表2.28 塑料排水板施工质量标准

序号	检查项目	允许偏差	检查方法和频率
1	板距/mm	±150	抽查3%
2	板长	不小于设计值	抽查3%
3	竖直度/%	1.5	查施工记录

5. 碎石桩(砂桩)施工

(1)材料要求。采用中、粗砂,大于0.6 mm颗粒含量宜占总重的50%以上,含泥量应小于3%,渗透系数大于5×10^{-2} mm/s。也可使用砂砾混合料,含泥量应小于5%。未风化碎石或砾石,粒径宜为19~63 mm,含泥量应小于10%。

(2)如果对砂桩质量要求较为严格或采用小直径管打大直径砂桩时,可以采用单管振动重复压拔法或双管冲击法成桩。

(3)施工前应按规定做成桩试验,监理工程师应检查承包人冲孔、清孔、制桩时间和深度、冲水量、水压、压入碎石用量及电流的变化等记录。通过试桩确定水压、工作电流等变化的幅值和规律(主要指土层变化与水压、工作电流的相应变化),并验证设计参数和施工控制的有关参数,作为振冲碎石桩成桩的施工控制指标。

(4)填料方式。采用"先护壁,后制桩"的办法施工。成孔时先达到软层上部1~2 m范围内,将振冲器提出孔口加一批填料;下降振冲器使这批填料挤入孔壁,把这段孔壁加强以防塌孔;然后使振冲器下降至下一段软土中,用同样方法加料护壁。如此重复进行,直达设计深度。护好孔壁后,就可按常规步骤制桩了。

(5)桩的施工。桩的施工顺序一般采用由里向外、由一边推向另一边,或间隙跳打的方式,如图2.27所示。

制桩操作步骤如图2.28所示,先用振冲器成孔,然后借循环水清孔,最后倒入填料,再用振冲器沉至填料进行振实成型。

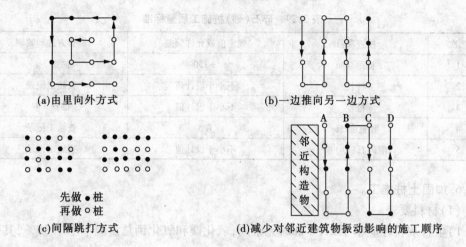

图 2.27 桩的施工顺序

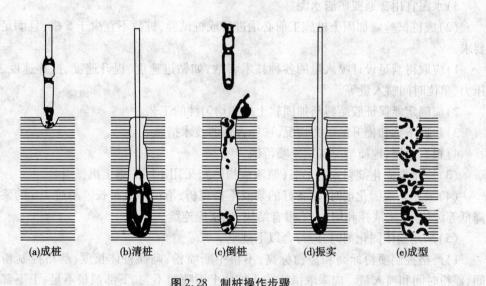

图 2.28 制桩操作步骤

(6)施工要点。

1)采用单管冲击法、一次打桩管成桩法或复打成桩法施工时,应使用饱和砂;采用双管冲击法、重复压拔法施工时,可使用含水量为 7%~9% 的砂;饱和土中施工可用天然湿砂。

2)地面下 1~2 m 土层应超量投砂,通过压挤提高表层砂的密实程度。

3)成桩过程应连续。

4)实际灌砂量未达到设计用量时,应进行处理。

5)碎石(砂)桩施工质量标准应符合表 2.29 的规定。

表2.29 碎石(砂)桩施工质量标准

项次	检查项目	规定值或允许偏差	检查方法和频率
1	桩距/mm	±150	抽查3%
2	桩长	不小于设计值	查施工记录
3	桩径	不小于设计值	抽查3%
4	竖直度/%	1.5	查施工记录
5	灌碎石(砂)量	不小于设计值	查施工记录

6. 加固土桩施工。

(1) 材料要求。

1) 生石灰粒径应小于2.36 mm,无杂质,氧化镁和氧化钙总量应不小于85%,其中氧化钙含量应不小于80%。

2) 粉煤灰中二氧化硅和三氧化二铝含量应大于70%,烧失量应小于10%。

3) 水泥宜用普通或矿渣水泥。

(2) 成桩试验。加固土桩施工前必须进行成桩试验,桩数不宜少于5根,且满足以下要求。

1) 应取得满足设计喷入量的各种技术参数,如钻进速度、提升速度、搅拌速度、喷气压力、单位时间喷入量等。

2) 应确定能保证胶结料与加固软土拌和均匀性的工艺。

3) 掌握下钻和提升的阻力情况,选择合理的技术措施。

4) 根据地层、地质情况确定复喷范围。

(3) 应根据固化剂喷入的形态(浆液或粉体),采用不同的施工机械组合。

(4) 采用浆液固化剂时,制备好的浆液不得离析,不得停置过长。超过2 h的浆液应降低等级使用,浆液拌和均匀、不得有结块,供浆应连续。

(5) 采用粉体固化剂时,应符合以下规定。

1) 严格控制喷粉标高和停粉标高,不得中断喷粉,确保桩体长度;严格控制粉喷时间、停粉时间和喷入量。应采取措施防止桩体上下喷粉不匀、下部剂量不足、上下部强度差异大等问题,应按设计要求的深度复搅。

2) 当钻头提升到地面以下小于500 mm时,送灰器停止送灰,用同剂量的混合土回填。如喷粉量不足,应整桩复打,复打的喷粉量不小于设计用量。因故喷粉中断时,必须复打,复打重叠长度应大于1 m,钻头直径的磨损量不得大于10 mm。

3) 施工设备必须配有自动记录的计量系统。

(6) 加固土桩施工质量标准应符合表2.30的规定。

表2.30 加固土桩施工质量标准

项次	检查项目	规定值或允许偏差	检查方法和频率
1	桩距/mm	±100	抽查桩数3%
2	桩径	不小于设计值	抽查桩数3%

续表2.30

项次	检查项目	规定值或允许偏差	检查方法和频率
3	桩长	不小于设计值	喷粉(浆)前检查钻杆长度,成桩28 d后钻孔取芯3%
4	竖直度/%	1.5	抽查桩数3%
5	单桩每延米喷粉(浆)量/%	不小于设计值	查施工记录
6	桩体无侧限抗压强度	不小于设计值	成桩28 d后钻孔取芯,桩体三等分段各取芯样一个,成桩数3%
7	单桩或复合地基承载力	不小于设计值	成桩数的0.2%,并不少于3根

◆膨胀土路基施工

1. 路基特性

(1)膨胀土黏性含量很高,其中0.002 mm的胶体颗粒一般超过20%,黏粒成分主要由水矿物组成。土的液限$W_L>40\%$,塑性指数$I_p>17$,多数在22~35之间,自由膨胀率一般超过40%。

(2)膨胀土有显著的吸水膨胀、失水收缩两种变形特性,一般强度较高,压缩性低,易被误认为是较好地基土。

2. 路堤填筑技术

强膨胀土不得作为路堤填料;中等膨胀土经处理后可作为填料,用于二级及二级以上公路路堤填料时,改性处理后胀缩总率应不大于0.7%;胀缩总率不超过0.7%的弱膨胀土可直接填筑。

高度不足1 m的路堤,应按设计要求采取换填或改性处理等措施处治。表层为过湿土,应按设计要求采取换填或进行固化处理等措施处治。填土高度小于路面和路床的总厚度,基底为膨胀土时,宜挖除地表0.30~0.60 m的膨胀土,并将路床换填为非膨胀土或掺灰处理。若为强膨胀土,挖除深度应达到大气影响深度。

3. 路堑开挖

(1)路堑施工前,先施工截、排水设施,将水引至路幅以外。

(2)边坡施工过程中,必要时,宜采取临时防水封闭措施保持土体原状含水量。边坡不得一次挖到设计线,应预留厚度300~500 mm,待路堑完成时,再分段削去边坡预留部分,并立即进行加固和封闭处理。

(3)路床底标高以下应按照设计要求进行处理。

(4)宜用支挡结构对强膨胀土边坡进行防护。支挡结构基坑应采取措施防止曝晒或浸水,基础埋深应在大气风化作用影响深度以下。

4. 路基填筑

膨胀土路基填筑松铺厚度不得大于300 mm;土块粒径应小于37.5 mm。路基完成后,当年不能铺筑路面时,应按设计要求做封层,其厚度应不小于200 mm,横坡不小于2%。

◆红黏土地区路基施工

(1)压缩系数大于 0.5 MPa^{-1} 的红黏土不得直接用于填筑路堤。

(2)不符合规定的红黏土拟作为路基填料时,应进行处理,处理后应符合表 2.24 的规定;压实度应符合表 2.20 的规定。

1)掺加砂砾能改善高液限土(红黏土)的液限、塑性指数以及 CBR 值,当粗粒料含量大于 35% ~40% 时一般能达到标准土质的填筑要求。

2)随着砂砾含量的增加,对裂缝的抑制作用愈来愈明显,抗裂性能得到相应提高。

3)化学改良(掺入石灰、水泥等外加剂)可有效降低含水量,提高强度,同时又可降低塑性指数,提高水稳性。

4)包边法:将不能直接填筑的红黏土进行隔水封闭。外包材料为水稳性较好的低液限土。但是对于碾压稠度偏低(小于 1.15)导致难以压实的红黏土应避免采用此法,该法建议使用于下路堤填筑。

(3)路堤施工前应做好临时排水及防渗设施,截断流向路堤作业区的水源,疏干地表水。

(4)路堤填筑应符合下列规定。

1)应尽量避免雨季施工。雨季施工时,应防止松土被雨淋湿。施工中应保持作业面横坡不小于 3%。雨后作业面,应经晾干且重新压实合格后方可进行下道工序的施工。

2)填料应随挖随用。摊铺后必须及时碾压,做到当天摊铺当天完成碾压。

3)路堤填筑应连续,碾压完成后,应采取措施防止路堤作业面因曝晒失水。

(5)包边法施工应符合以下规定。

1)包边材料应为透水性较小的低液限黏土、石灰土等,CBR 应符合表 2.24 的规定。严禁用粉土、砂土等低塑性土包边。

2)分层填筑时,先摊铺包边土,后摊铺红黏土。碾压前,应控制两种填料的各自含水量,使两种填料在同一压实工艺下能达到压实标准,包边土的压实度应符合表 2.20 的规定。

3)碾压应从两边向中间进行,对不同填料的结合处要增加碾压遍数 1~2 遍。

4)超高弯道的碾压应自低处向高处进行。

(6)路堑边坡应按设计要求及时进行防护和综合排水施工。

(7)挖方边坡坡脚应按设计要求及时施工支挡结构物。

◆黄土地区路基施工

1. 黄土路基的特点

湿陷性黄土一般呈黄色或黄褐色,粉土含量常占 60% 以上,含有大量的硫酸盐、碳酸盐等可溶盐类,天然孔隙比在 1 左右,肉眼可见大孔隙。在自重压力或自重压力与附加压力共同作用下,受水浸湿后土的结构迅速破坏而发生显著附加下沉。

2. 施工准备工作

黄土地区路基施工,应做好施工期排水,将水迅速引离路基。在填挖交界处引出边沟时,应做好出水口的加固,排水设施接缝处应坚固不渗漏。

3. 湿陷性黄土地基的处理方法

若地基为一般湿陷性黄土,应采取措施拦截、排除地表水,地下排水构造物与地面排水沟渠必须采取防渗措施,路侧严禁积水。

若地基黄土具有强湿陷性或较高的压缩性,应按设计要求进行处理。

4. 黄土填筑路堤要求

(1)路床填料不得使用老黄土。路堤填料不得含有粒径大于 100 mm 的块料。

(2)在填筑横跨沟堑的路基土方时,应做好纵横向界面的处理。

(3)黄土路堤边坡应拍实,并应及时予以防护,防止路表水冲刷。

(4)浸水路堤不得用黄土填筑。

5. 黄土路堑施工要求

(1)路堑路床土质应符合设计要求,密实度不足时,应采取措施碾压至要求的压实度。

(2)路堑施工前,应做好堑顶地表排水导流工程。路堑施工期间,开挖作业面应保持干燥。

(3)路堑施工中,如边坡地质与设计不符,可提出修改边坡坡度。

6. 地基陷穴处理方法

(1)路基范围内的陷穴,应在其发源地点对陷穴进口进行封填,并截排周围地表水。

(2)现有的陷穴、暗穴,可采用灌砂、灌浆、开挖回填、导洞和竖井等措施进行填充。

(3)陷穴表面的防渗处理层厚度不宜小于 300 mm,并将流向陷穴的附近地面水引离。

(4)挖方边坡坡顶以外 50 m 范围内、路堤坡脚以外 20 m 范围内的黄土陷穴宜进行处理。挖方边坡坡顶以外的陷穴,若倾向路基,应作适当处理。对串珠状陷穴应彻底进行处治。

◆冻土地区路基施工

1. 季节性冻土地区路基施工

冻胀路基施工,应根据设计要求和现场调查、核对情况,合理选择施工方法,采取合理有效的抗冻措施。冻胀路基施工过程中,应经常检查冻害状况,发现冻胀、软弹、变形、纵向横向裂缝及翻浆等病害时应及时处理。路基填挖交界过渡段基底,根据填、挖段不同的冻胀量进行处理,使挖方终点的冻胀量和填方段的冻胀量基本一致。

(1)路基填料。

1)路床填料宜优先选择矿渣、炉渣、粉煤灰、砂、砂砾石及碎石等抗冻稳定性较好的材料。

2)路床或上路堤采用粉土、黏土填筑时,可按设计要求使用石灰、水泥、土壤固化剂等单独或混合进行稳定处理,填料的改善或处理应根据路基抗冻胀性能要求,结合填料性质经试验确定。

3)冻土、非透水性过湿土不得直接填筑下路堤。

(2)挖方段路基。

1)路床换填。

①路床地基土挖除、换填深度应符合设计要求。

②应分层开挖,一般宜从外侧向内侧挖掘,最后一层应从内向外挖掘。

③使用粗颗粒填料换填时,填料应均匀,小于 0.075 mm 的含量应不大于 5%。

④采用石灰、水泥对填料进行改性处理时,应掺拌均匀,改性剂的剂量应符合设计要求或经试验确定。

⑤换填应分层填筑,压实度达到规定要求。

2)排水。

①施工前应完成截水沟,填筑拦水埂,填平坡顶的冲沟、水坑。

②施工中,应采取措施阻止边界外的水流入路基中;应保持排水沟通畅,将水迅速排出路基之外。

③填挖交界段应设置过渡边沟。

④在路基开挖面接近设计标高时,应及时施工地下排水构造物,尽快形成各式沟、管、井、涵等,组成完整、有效的排水系统,严禁路基完成后才进行地下排水构造物施工。

(3)石质挖方、零填路段。石质挖方、零填路段不宜超挖。超挖或清除软层后的凸凹面,严禁用挖方料和未经稳定处理的混合料回填,岩面凸出部分应凿除,超挖的坑槽及岩石凹面可用贫水泥混凝土浇筑,混凝土最小厚度应大于 80 mm。

(4)非全冻路堤在冻深范围内的填筑。

1)冻深范围内的填土严禁混杂,冻胀性质不同的土,应分层填筑;同一类土的填筑,总厚度不宜小于 600 mm;抗冻性强的土应填在高层位。

2)同一层土的含水量应基本一致,允许偏差为 2 个百分点。

3)施工期间每层土顶面应设置不小于 2.5% 的排水横坡。

2. 多年冻土地区路基施工

施工前应核查沿线冻土情况、地面水、地下水以及有无其他的热融(湖、塘)、冰丘、冰锥等不良地质情况,结合设计要求制定施工方案。施工必须严格遵循保护冻土的原则,使路基施工后仍处于热学稳定状态。

(1)填方路基。

1)施工过程中,应采取措施保持路基及周围冻土处于冻结状态。

2)根据设计要求和实际情况对基底应采取换填、设置毛细水隔断层等措施。

3)取土应符合以下规定。

①宜设置集中取土场,取土位置宜在路堤坡脚 500 m 以外。

②斜坡地表上的路堤,取土坑应设在上坡一侧。

③取土坑深度不得超过当地多年冻土上限以上土层厚度的 80%,坑底应设纵横坡和排水口。

④取土坑的外露面,应进行处理。

4)填料应符合以下要求。

①宜选用保温、隔水性能均较好的填料,严禁使用塑性指数大于12、液限大于32%的细粒土和富含腐殖质的土及冻土,高含冰的土不宜用于路基填料。

②采用黏性土或透水性不良土填筑路堤时,应控制土的含水量,碾压时含水量应控制在最佳含水量±2个百分点范围内。

③通过热融湖(塘)的路堤,水下部分必须用透水性良好的填料填筑,填筑高度应高于最高水位0.5 m以上。

5)靠近基底部位有薄冰冻土层且有可能融化时,宜设保温护道和护脚。

6)应根据设计要求采用土工格栅等技术措施,增加路基整体性和强度。

7)路基填筑应分层碾压,压实度应符合表2.24的规定。

(2)挖方路基。

1)地下水发育地段,路基边沟应有防渗措施。挡水堰等构造物施工应按设计要求采取加固措施。

2)加固土质边坡的铺砌厚度应满足设计和保温要求。

3)饱冰冻土、含土冰层地段路堑,可根据设计要求换填足够厚度的水稳性好的填料。施工应速度快,保温措施有效。

(3)其他不良地质路基。

1)冰锥、冰丘地段路基施工,应按设计要求做好排水。

2)松软基底两侧宜设反压护道。

3)沼泽冻土地段路堤下部应按设计做好隔离层或隔温层,并保护好两侧地表植被。

4)冻胀丘较重地段,应在上游主流处按设计要求做好地下渗沟,将水引到一定距离外的地面积冰场。

◆岩溶地区路基施工

(1)施工前,应结合设计详细核查岩溶分布、地形、地表水、地下水活动规律及设计处治方案的可行性和完整性,严禁随意堵塞溶洞。

(2)在路基边坡上的干溶洞,应清除洞内沉积物并用干砌或浆砌片石堵塞。

(3)路基上方的溶泉或壅水,应按设计先做好排水涵(管)。

(4)路基基底下的干溶洞,可结合设计要求采取以下措施。

1)铲除溶洞石笋,整平基底,直接用砂砾石、碎石、干(浆)砌片石等回填密实。

2)当溶洞顶板太薄或者顶板较破碎,按设计要求进行加固时,应严格控制加固质量,确保强度。

3)当溶洞顶板较完整、厚度较大时,应根据设计要求,确定处理方案。

4)采用桥涵跨越通过时,桥涵基础必须置于有足够承载能力的稳定地基上。

(5)路基基底下有溶泉或壅水,应采取排导措施保证路基不受侵害;当修建水泥混凝土、沥青路面等路面时,应按设计要求采取措施防止因温差作用而使水汽上升,聚集在路面基层下。

(6)应对路基基底范围内的石笋、石牙进行处理。

(7)流水量大的暗洞及消水洞,用桥涵跨越时,应确保基础稳定。

◆冬季与雨季路基施工

冬、雨季施工应根据季节特点和施工段的地质地形条件,制定合理的施工方案;做好临时排水,并与永久排水设施衔接顺畅;加强安全管理,制定安全预案,加强气象信息的收集工作,避免灾害和事故发生;施工前必须做好各项准备工作。

1. 冬季施工

(1)在反复冻融地区,昼夜平均温度在 -3 ℃以下,且连续 10 d 以上,或者昼夜平均温度虽在 -3 ℃以上,但冻土没有完全融化时,均应按冬季施工办理。

(2)高速公路、一级公路的土质路堤和地质不良地区二级及二级以下公路路堤不宜进行冬季施工。河滩低洼地带,可被水淹没的填土路堤不宜进行冬季施工。土质路堤路床以下 1 m 范围内,不得进行冬季施工。半填半挖地段、挖填方交界处不得在冬季施工。

(3)冬季路基施工应采取措施,及时排放雨雪水及路堑开挖时出现的地下水。

(4)路基基底处理应符合下列规定。

1)冻结前应完成表层清理,挖好台阶,并应采取保温措施防止冻结。

2)填筑前应将基底范围内的积雪和冰块清除干净。

3)对需要换填土地段或坑洼处需补土的基底应选用适宜的填料回填,并及时进行整平压实。

4)基底处理后应立即采取保温措施防止冻结。

(5)填方路堤施工应符合下列规定。

1)路堤填料,应选用未冻结的砂类土、碎石、卵石土、石碴等透水性良好的材料,不得用含水量过大的黏性土。

2)填筑路堤,应按横断面全宽平填,每层松铺厚度应比正常施工减少 20% ~ 30%,且松铺厚度不得超过 300 mm,当天填土应当天完成碾压。

3)中途停止填筑时,应整平填层和边坡并进行覆盖防冻,恢复施工时应将表层冰雪清除,并补充压实。

4)当填筑标高距路床底面 1 m 时,碾压密实后应停止填筑,在顶面覆盖防冻保温层,待冬季过后整理复压,再分层填至设计标高。

5)冬季过后必须对填方路堤进行补充压实,压实度应达到规范相关要求。

(6)挖方路基施工应符合下列规定。

1)挖方边坡不得一次挖到设计线,应预留一定厚度的覆盖层,待到正常施工季节后再修整到设计坡面。

2)路基挖至路床顶面以上 1 m 时,完成临时排水沟后,应停止开挖,待冬季过后再施工。

(7)河滩地段可利用冬季水位低,开挖基坑修建防护工程,但应采取措施保证工程质量。

2. 雨季施工

(1) 路基排水。

1) 雨季施工应综合规划、合理设置现场防排水系统,采取有效措施,及时引排地面水。

2) 对施工临时挤占的沟渠、河道应采取措施保证不降低原有的排水能力。

3) 路堤填筑的每一层表面应设 2%~4% 的排水横坡。

4) 在已填路堤路肩处,应采取设置纵向临时挡水土埂、每隔一定距离设出水口和排水槽等措施,引排雨水至排水系统。

5) 雨季路堑施工宜分层开挖,每挖一层应设置纵横排水坡,使水排放畅通。

(2) 路基基底处理。

1) 在雨季前应将基底处理好,孔洞、坑洼处填平夯实,整平基底,并设纵横排水坡。

2) 低洼地段,应在雨季前将原地面处理好,并将填筑作业面填筑到可能的最高积水位 0.5 m 以上。

(3) 填方路堤施工。

1) 填料应选用透水性好的碎(卵)石土、砂砾、石方碎渣和砂类土等,利用挖方土做填料,含水量符合要求时,应随挖随填及时压实。含水量过大难以晾晒的土不得用作雨季施工填料。

2) 雨季填筑路堤需借土时,取土坑的设置应满足路基稳定的要求。

3) 路堤应分层填筑,当天填筑的土层应当天或雨前完成压实。

(4) 挖方路基施工。

1) 挖方边坡不宜一次挖至设计坡面,应预留一定厚度的覆盖层,待雨季过后再修整到设计坡面。

2) 雨季开挖路堑,当挖至路床顶面以上 300~500 mm 时应停止开挖,并在两侧挖好临时排水沟,待雨季过后再施工。

3) 雨季开挖岩石路基,炮眼宜水平设置。

(5) 结构物基坑在雨季开挖后未能及时施工。此时应采取防浸泡措施,必要时雨后应对基坑底承载力再次检测,以确定是否满足设计要求。

2.8 路基排水施工

【基 础】

◆一般要求

危害路基的水可分为地表水和地下水。其中,地表水主要包括大气降水和高于路基一侧、流经路基或流向路基的溪(河)水;地下水主要包括上层滞水、潜水、层间水等,为了保证路基能经常处于干燥、坚固和稳定的状态,必须设置必要的排水设施,与沿线的桥梁、涵洞形成一个完善的排水系统。

(1)流向路基的地面水和地下水,需在路基范围以外的地点,设置截水沟与排水沟或渗沟进行拦截,并引离至指定地点,路基范围内的水源,分别采用边沟、渗沟,渗井与排水沟予以排除。路基排水一般向低洼一侧排除,必须横跨路基时,尽可能利用拟设的桥涵,必要时设置涵洞、渡槽或倒虹吸,水流落差较大时,应在较短段落上设置跌水或急流槽。

(2)对于明显的天然沟槽,一般宜依沟设涵,不必勉强改沟与合并。对于沟槽不明显的漫流,应在上游设置束流设施,加以调节,尽可能汇集成沟导流排除。对于较大水流,注意因势利导,不可轻易改变流向,必要时配以防护加固工程,进行分流或束流。为了提高截流效果,减少工程量,地面沟渠宜大体沿等高线布置,尽可能使沟渠垂直于流水方向,且应力求短捷,水流通畅。沟渠转弯处要求以圆曲线相接,以减小水流的阻力。排水沟的出水口应设置跌水和急流槽将水流引出路基或引入排水系统。

(3)各种排水设备必须地基稳固,不得渗漏或滞留,并具有适当纵坡,以控制与保持适当的流速。沟槽的基底与沟底沟壁,必要时予以加固,不得溢水渗水,防止损害路基和引起水土流失。

(4)施工前,应校核全线排水设计是否完善、合理,必要时应提出补充和修改意见,使全线的沟渠、管道、桥涵组合成完整的排水系统,临时排水设施应尽量与永久排水设施相结合,排水方案应因地制宜、经济实用,施工期间,应经常维护临时排水设施,保证水流畅通。

(5)路堤施工中,各施工作业层面应设2%~4%的排水横坡,层面上不得有积水,并采取措施防止水流冲刷边坡。

(6)路堑施工中,应及时将地表水排走。

【实　务】

◆地表排水施工

路基地表排水可采用边沟、截水沟、排水沟、急流槽、蒸发池等设施。

1.边沟

(1)边沟沟底纵坡应衔接平顺。

(2)土质地段的边沟纵坡大于3%时应采取加固措施。

2.截水沟

(1)截水沟应先施工,与其他排水设施应衔接平顺。

(2)截水沟应按设计要求进行防渗及加固处理。地质不良地段、土质松软路段、透水性大或岩石裂隙较多地段,截水沟沟底、沟壁、出水口都应进行加固处理,防止水流渗漏和冲刷。

3.排水沟

(1)排水沟线形要平顺,转弯处宜为弧线形。

(2)排水沟的出水口,应设置跌水和急流槽将水流引出路基或引入排水系统。

4. 急流槽

(1)片石砌缝应不大于40 mm,砂浆饱满,槽底表面粗糙。

(2)急流槽分节长度宜为5~10 m,接头处应用防水材料填缝。混凝土预制块急流槽,分节长度宜为2.5~5.0 m,接头采用榫接。

5. 蒸发池

(1)蒸发池与路基之间的距离应满足路基稳定要求。湿陷性黄土地区,蒸发池与路基排水沟外缘的距离应大于湿陷半径。

(2)不得因设置蒸发池而使附近地基泥沼化或对周围生态环境产生不利影响。

(3)蒸发池池底宜设0.5%的横坡,入口处应与排水沟平顺连接。

(4)蒸发池四周应进行围护。

◆地下排水施工

当路基范围内出露地下水或地下水位较高,影响路基、路面强度或边坡稳定时,应设置暗沟(管)、渗沟、渗井、检查井等地下排水设施。

1. 暗沟(管)

(1)沟底必须埋入不透水层内,沟壁最低一排渗水孔应高出沟底至少200 mm。

(2)暗沟设在路基旁侧时,宜沿路线方向布置;设在低洼地带或天然沟谷处时,宜顺山坡的沟谷走向布置。沟底纵坡应大于0.5%,出水口处应加大纵坡,并高出地表排水沟常水位200 mm以上。

(3)寒冷地区的暗沟应按照设计要求做好防冻保温处理,出口处也应进行防冻保温处理,坡度宜大于5%。

(4)暗沟采用混凝土或浆砌片石砌筑时,在沟壁与含水层接触面以上高度,应设置一排或多排向沟中倾斜的渗水孔,沟壁外侧应填筑粗粒透水性材料或土工合成材料形成反滤层,沿沟槽底每隔10~15 m或在软硬岩层分界处应设置沉降缝和伸缩缝。

(5)暗沟顶面必须设置混凝土盖板或石料盖板,板顶上填土厚度应大于500 mm。

2. 渗沟

渗沟宜设置在路基边沟或边沟旁,按路线走向布置,用于拦截地下水或降低地下水位。渗沟的轴线宜布置成与渗流方向垂直。渗沟的纵坡不宜小于1%,管式渗沟不小于0.4%,沟底应埋入不透水层,沟底视条件可做成浆砌片石或水泥混凝土基础。当用于拦截地下水时,渗沟一侧作反滤层汇集水流,另一侧做成不透水层。

渗沟有填石渗沟、管式渗沟、洞式渗沟、边坡渗沟和支撑渗沟等形式,各类渗沟均应设置排水层、反滤层和封闭层。在渗沟的迎水面设置粒料反滤层时,粒料反滤层应用颗粒大小均匀的碎、砾石,分层填筑;土工布反滤层采用缝合法施工时,土工布的搭接宽度应大于100 mm。铺设时应紧贴保护层,但不宜拉得过紧。土工布破损后应及时修补,修补面积应大于破坏面积的4~5倍;坑壁土质为黏性土或粉细砂土,采用无砂混凝土板作反滤层时,在无砂混凝土板的外侧,应加设100~150 mm厚的中粗砂或渗水土工织物反滤层。

渗沟基底埋入不透水层，沟壁的一侧应设反滤层汇集水流，另一侧用黏土夯实或浆砌片石拦截水流。如渗沟沟底不能埋入不透水层时，两侧沟壁均应设置反滤层。

渗沟顶部应设置封闭层，封闭层宜采用浆砌片石或干砌片石水泥砂浆勾缝，寒冷地区应设保温层，并加大出水口附近纵坡。保温层可采用炉渣、砂砾、碎石或草皮等。

渗沟宜从下游向上游开挖，开挖作业面应根据土质选用合理的支撑形式，并应随挖随支承、及时回填，不可暴露太久。支撑渗沟应分段间隔开挖，支撑渗沟的基底宜埋入滑动面以下至少 500 mm，排水坡度宜为 2%～4%。当滑动面较缓时，可做成台阶式支撑渗沟，台阶宽度宜大于 2 m。渗沟侧壁及顶面宜设反滤层。寒冷地区，渗沟出口应进行防冻处理。渗沟的出水口宜设置端墙。端墙内的出水口底标高，应高于地表排水沟常水位 200 mm 以上，寒冷地区宜大于 500 mm，承接渗沟排水的排水沟应进行加固。

(1) 填石渗沟施工。石料应洁净、坚硬、不易风化，砂宜采用中砂，含泥量应小于 2%，严禁用粉砂、细砂。

渗水材料的顶面（指封闭层以下）不得低于原地下水位。当用于排除层间水时，渗沟底部应埋置在最下面的不透水层。在冰冻地区，渗沟埋置深度不得小于当地最小冻结深度。填石渗沟纵坡不宜小于 1%，出水口底面标高应高出渗沟外最高水位 200 mm。

(2) 管式渗沟施工。管式渗沟长度大于 100 m 时，应在其末端设置疏通井，并设横向泄水管，分段排除地下水。

泄水孔应在管壁上交错布置，间距不宜大于 200 mm。渗沟顶标高应高于地下水位，管节宜用承插式柔性接头连接。

(3) 洞式渗沟施工。洞式渗沟填料顶面宜高于地下水位，洞式渗沟顶部必须设置封闭层，厚度应大于 500 mm。

3. 渗井

填充料含泥量应小于 5%，按单一粒径分层填筑，不得将粗细材料混杂填塞。在下层透水范围内宜填碎石或卵石，上层不透水范围内填砂或砾石。井壁与填充料之间应设反滤层。

渗井顶部四周用黏土填筑围护，井顶应加盖封闭。

渗井开挖应根据土质选用合理的支撑形式，并应随挖随支撑、及时回填。

◆路基排水工程质量标准

(1) 土质边沟、截水沟、排水沟施工质量标准应符合表 2.31 的规定。

表 2.31　土质边沟、截水沟、排水沟施工质量标准

项次	检查项目	规定值或允许偏差	检查方法和频率
1	沟底纵坡	符合设计要求	水准仪：每 200 m 测 8 点
2	沟底高程/mm	+0，-30	水准仪：每 200 m 测 8 处
3	断面尺寸	不小于设计要求	尺量：每 200 m 测 8 处
4	边坡坡度	不陡于设计要求	每 50 m 测 2 处
5	边棱顺直度/mm	50	尺量：20 m 拉线，每 200 m 测 4 处

(2)浆砌水沟、截水沟、边沟施工质量标准应符合表2.32的规定。

表2.32　浆砌水沟、截水沟、边沟施工质量标准

项次	检查项目	规定值或允许偏差	检查方法和频率
1	砂浆强度	符合设计要求	同一配合比,每台班2组
2	轴线偏位/mm	50	经纬仪:每200 m测8处
3	墙面直顺度或坡度/mm	30 符合设计要求	20 m拉线 坡度尺:每200 m测4处
4	断面尺寸/mm	±30	尺量:每200 m测4处
5	铺砌厚度	不小于设计值	尺量:每200 m测4处
6	基础垫层宽、厚度	不小于设计值	尺量:每200 m测4处
7	沟底高程/mm	±15	水准仪:每200 m测8点

(3)混凝土排水管施工质量标准应符合表2.33的规定。

表2.33　混凝土排水管施工质量标准

项次	检查项目		规定值或允许偏差	检查方法和频率
1	混凝土强度		符合设计要求	同一配合比,每台班2组
2	管轴线偏位/mm		15	经纬仪或拉线:每两井间测5处
3	管内底高程/mm		±10	水准仪:每两井间测4处
4	基础厚度		不小于设计值	尺量:每两井间测5处
5	管座	肩宽/mm	+10,-5	尺量、挂边线:每两井间测4处
		肩高/mm	±10	
6	抹带	宽度	不小于设计	尺量:按20%抽查
		厚度	不小于设计	
7	进出口、管节接缝处理		有防水处理	每处检查

(4)排水渗沟施工质量标准应符合表2.34的规定。

表2.34　排水渗沟施工质量标准

项次	检查项目	规定值或允许偏差	检查方法和频率
1	沟底高程/mm	±15	水准仪:每20 m测4处
2	断面尺寸	不小于设计	尺量:每20 m测2处

(5)隔离工程土工合成材料施工质量标准应符合表2.34的规定。

表2.35　隔离工程土工合成材料施工质量标准

项次	检查项目	规定值或允许偏差	检查方法和频率
1	下承层不整度、拱度	符合设计要求	每200 m检查8处
2	搭接宽度/mm	+50,-0	抽查5%
3	搭接缝错开距离	符合设计要求	抽查5%
4	搭接处透水点	不多于1个	每缝

(6)过滤排水工程土工合成材料施工质量标准应符合表 2.36 的规定。

表 2.36　过滤排水工程土工合成材料施工质量标准

项次	检查项目	规定值或允许偏差	检查方法和频率
1	下承层不整度、拱度	符合设计要求	每 200 m 检查 8 处
2	搭接宽度/mm	+50，-0	抽查 5%
3	搭接缝错开距离	符合设计要求	抽查 5%

(7)检查井、雨水井施工质量标准应符合表 2.37 的规定。

表 2.37　检查井、雨水井施工质量标准

项次	检查项目	规定值或允许偏差		检查方法和频率
1	砂浆强度	符合设计要求		同一配比，每台班 2 组
2	轴线偏位/mm	50		经纬仪:每个检查井检查
3	圆井直径或方井长、宽/mm	±20		尺量:每个检查井检查
4	井底高程/mm	±15		水准仪:每个检查井检查
5	井盖与相邻路面高差/mm	检查井	+4，-0	水准仪:每个检查井检查
		雨水井	+0，-4	

(8)排水泵站平面位置、地基承载力应符合设计要求,井底不漏水,施工质量标准应符合表 2.38 的规定。

表 2.38　排水泵站施工质量标准

项次	检查项目	规定值或允许偏差	检查方法和频率
1	混凝土强度	符合设计要求	同一配比，每工作台班 2 组
2	轴线平面偏位	1% 井深	经纬仪:纵、横向各 3 处
3	垂直度	1% 井深	吊垂线:纵、横向各 2 处
4	底板高程/mm	±50	水准仪:检查 6 处

2.9　路基的防护与支挡

【基　础】

◆**路基防护与支挡工程类型**

路基防护与支挡工程中,一般把防止冲刷和风化,主要起隔离、封闭作用的措施称为防护工程。防护工程不能承受外力作用,因此要求路基本身必须是稳定的。把防止路基或山体由于重力作用而滑移,地基承载力不足而沉陷,主要起加固和支承作用的结构物

称为支挡工程。它们当中有些措施往往兼有防护与加固作用。路基防护与支挡工程设施,按其作用不同,可分为三大类,即边坡坡面防护、冲刷防护及支挡建筑物。

1. 坡面防护

坡面防护,主要是保护路基边坡表面,免受雨水冲刷,降低温差及温度变化的影响,防止和延缓软弱岩土表面的风化、碎裂、剥蚀演变过程,从而保护路基边坡的整体稳定性,在一定程度上还可美化路容,协调自然环境。常用类形有植物防护、浆(干)砌片石及混凝土预制块、坡面处治及综合防护等。

2. 冲刷防护

沿河路基及岸坡由于经常或周期性的受到水流的冲刷作用,为了保证路基稳固与安全,必须采取有效的冲刷防护措施。冲刷防护措施一般分为两类:一类是直接防护,主要包括护面墙、砌石或混凝土板、护坦、抛石、石笼、浸水挡墙等;另一类是改变水流性质的间接防护,主要包括导流构造物(如丁坝、顺坝及拦河坝)、改河和防护林等工程。各种防护措施均应结合具体工程,根据河流情况、水流性质及岸坡受冲刷现状,选用适当的工程防护措施,可以单独使用其中的某一种工程防护措施,也可以同时使用两种或两种以上的防护形式进行综合治理。

3. 支挡建筑物

用以防止路基变形或支挡路基本身或山体的位移,以保证其稳定性,常用的类型有挡土墙、土垛、石垛及浸水挡土墙等。

【实 务】

◆路基坡面防护

1. 植物防护

(1)植被防护施工。

1)植被施工,铺、种植被后,应适时进行洒水、施肥等养护管理,直到植被成活。

2)种草施工,草籽应撒布均匀,同时做好防护措施。

3)灌木(树木)应在适宜季节栽植。

4)养护用水应不含油、酸、碱、盐等有碍草木生长的成分。

(2)三维植被网防护施工。

1)三维植被网中的回填土应符合设计要求,宜采用客土,或土、肥料及腐殖质土的混合物。

2)三维植被网应符合设计及有关标准。

3)三维植被网的搭接宽度不宜小于 100 mm。

(3)湿法喷播施工。喷播后应及时养护,成活率应达到90%以上。

(4)客土喷播施工。

1)喷播植草混合料的配合比(植生土、土壤稳定剂、水泥、肥料、混合草籽、水等)应根据边坡坡度、地质情况和当地气候条件确定,混合草籽用量每 1 000 m² 不宜少于 25 kg。

2)气温低于+12℃不宜喷播作业。

2. 圬工防护

(1)喷浆防护施工。

1)喷护前应采取措施对泉水、渗水进行处治,并按设计要求设置泄水孔,排、防积水。

2)喷射顺序应自下而上进行。

3)砂浆初凝后,应立即开始养生,养护期一般为5~7 d。

4)应及时对喷浆层顶部进行封闭处理。

(2)喷射混凝土防护施工。

1)作业前应进行试喷,选择合适的水灰比和喷射压力,喷射混凝土宜自下而上进行。

2)做好泄水孔和伸缩缝。

3)喷射混凝土初凝后,应立即养生,养护期一般为7~10 d。

(3)锚杆挂网喷射混凝土(砂浆)防护施工。

1)锚杆应嵌入稳固基岩内,锚固深度根据设计要求结合岩体性质确定,锚杆孔深应大于锚固长度200 mm。

2)钢筋保护层厚度不宜小于20 mm。

3)固定锚杆的砂浆应捣固密实,钢筋网应与锚杆连接牢固。

4)铺设钢筋网前宜在岩面喷射一层混凝土,钢筋网与岩面的间隙宜为30 mm,然后再喷射混凝土至设计厚度。

5)喷射混凝土的厚度要均匀,钢筋网及锚杆不得外露。

6)做好泄、排水孔和伸缩缝。

(4)干砌片石护坡施工。

1)边坡为粉质土、松散的砂或粉砂土等易被冲蚀的土时,碎石或砂砾垫层厚度不宜小于100 mm。

2)基础应选用较大石块砌筑,如基础与排水沟相连,其基础应设在沟底以下,并按设计要求砌筑浆砌片石。

3)砌筑应彼此镶紧,接缝要错开,缝隙间用小石块填满塞紧。

(5)浆砌片(卵)石护坡施工。

1)砂浆终凝前,砌体应覆盖,砂浆初凝后,立即进行养生。

2)路堤边坡采用浆砌片石护坡,宜在路堤沉降稳定后施工。

3)在冻胀变化较大的土质边坡上,护坡底面应铺设100~150 mm厚的碎石或砂砾垫层。

4)浆砌片石护坡每10~15 m应留一伸缩缝,缝宽20~30 mm。在基底地质有变化处,应设沉降缝,可将伸缩缝与沉降缝合并设置。

5)泄水孔的位置和反滤层的设置应符合设计要求。

(6)水泥混凝土预制块护坡施工。

1)在寒冷地区,预制块混凝土强度不宜低于C20。

2)路堤边坡护坡宜在路堤沉降稳定后施工。

3)铺设混凝土预制块前应将坡面平整,碎石或砂砾垫层的厚度不宜小于100 mm。

4)预制块应错缝砌筑,砌筑坡面应平顺,并与相邻坡面顺接。

5)泄水孔的位置应符合设计要求,并保证畅通。

(7)浆砌片石护面墙施工。

1)修筑护面墙前,应清除边坡风化层至新鲜岩面。对风化迅速的岩层,清挖到新鲜岩面后应立即修筑护面墙。

2)护面墙的基础应设置在稳定的地基上,地基承载力不够,应采取加固措施,基础埋置深度应根据地质条件确定,冰冻地区应埋置在冰冻深度以下至少250 mm。

3)护面墙背必须与路基坡面密贴,边坡局部凹陷处,应挖成台阶后用与墙身相同的圬工砌补,不得回填土石或干砌片石。坡顶护面墙与坡面之间应按设计要求做好防渗处理。

4)应按设计要求做好伸缩缝。当护面墙基础修筑在不同岩层上时,应在变化处设置沉降缝。

5)泄水孔的位置和反滤层的设置应符合设计要求。

(8)圬工防护质量。

1)石料应选用未风化的硬质石料,砌筑应紧密、错缝,严禁通缝、叠砌、贴砌和浮塞,勾缝应均匀饱满、美观,坡面应平顺。

2)干砌片石施工质量标准应符合表2.39的规定。

表2.39 干砌片石施工质量标准

项次	检查项目	规定值或允许偏差	检查方法和频率
1	厚度/mm	±50	每100 m² 抽查8点
2	顶面高程/mm	±30	水准仪:每20 m 抽查5点
3	外形尺寸/mm	±100	每20 m 或自然段,长宽各测5点
4	表面平整度/mm	50	2 m 直尺:每20 m 测5点

3)浆砌砌体施工质量标准应符合表2.40的规定。

表2.40 浆砌砌体施工质量标准

项次	检查项目	规定值或允许偏差		检查方法和频率
1	砂浆强度	不小于设计强度		每1工作台班2组试件
2	顶面高程/mm	料、块石	±15	水准仪:每20 m 抽查5点
		片石	±20	
3	底面高程/mm	−20		
4	坡度或垂直度/%	料、块石	0.3	吊垂线:每20 m 检查5点
		片石	0.5	
5	断面尺寸/mm	料石、混凝土块	±20	尺量:每20 m 检查5点
		块石	±30	
		片石	±50	
6	墙面距路基中线/mm	±50		尺量:每20 m 检查5点

续表 2.40

项次	检查项目	规定值或允许偏差		检查方法和频率
7	表面平整度/mm	料石、混凝土块	10	2 m 直尺;每 20 m 检查 5 点
		块石	20	
		片石	30	

4)封面、捶面防护施工质量标准应符合表 2.41 的规定。

表 2.41 封面、捶面防护施工质量标准

检查项目	规定值或允许偏差	检查方法和频率
厚度	+20%,-10%	每 10 m 检查 1 个断面,每 3 m 检查 2 个点

◆沿河路基防护

沿河路基防护包括坡岸防护、导流构造物防护和其他防护,各种防护都必须加强基础处理和圬工质量,防止水流冲刷和淘空,保证路基稳定。

沿河路基防护工程基础应埋设在局部冲刷线以下不小于 1 m 或嵌入基岩内;导流构造物施工前,应根据现场具体情况,采取相应措施,避免冲刷农田、村庄、公路和下游路基。

1.植物防护施工

1)经常浸水或长期浸水的路堤边坡,不宜采用种草防护。

2)沿河路堤边坡铺草皮防护,宜采用平铺、叠铺草皮的方法,坡面及基础部分的铺置应符合设计要求,基础部分的铺置层的表面应与地面齐平。

3)植树防护宜采用带状或条形。防护河岸路基或防御风浪侵蚀,宜采用横行带状;防护桥头引道路堤,宜采用纵行带状。

4)植树应选用喜水性树种,林带应由多行树木组成,乔灌木要密植。

5)植树后,应采取有效措施加以保护。

2.砌石或混凝土防护施工

(1)石料应选用未风化的坚硬岩石。

(2)开挖基坑时,应核对地质情况,与设计要求不符时,应进行处理。基础完成后应及时用符合设计要求的材料回填。

(3)铺砌层底面的碎石、砂砾石垫层或反滤层,应符合设计要求。

(4)坡面密实、平整、稳定后方可铺砌,砌块应交错嵌紧,严禁浮塞。砂浆应饱满、密实,不得有悬浆。

(5)每 10~15 m 宜设伸缩缝,基底土质变化处应设沉降缝,并按设计要求做好伸缩缝、沉降缝及泄水孔。

(6)采用干、浆砌片石时,不得大面平铺,石块应彼此交错搭接,不得松动。采用干、浆砌河卵石时,必须长方向垂直坡面,成横行栽砌牢固。采用铺砌混凝土预制块时,应按设计规格和要求检验合格后方可铺筑。就地浇筑混凝土板时,宜采取措施提高早期强度,混凝土表面应平整、光滑。

3. 抛石防护施工

当水流流速为 3.0~5.0 m/s 时,宜采用抛石防护。抛石防护类似于陡坡路堤在坡脚处设置石垛,如图 2.29 所示,图 2.29(a)适用于新建公路,图 2.29(b)适用于旧路路堤抛石垛。抛石体边坡坡度和石料粒径应根据水深、流速和波浪情况确定,石料粒径应大于300 mm,宜用大小不同的石块掺杂抛投。坡度应不陡于抛石石料浸水后的天然休止角。抛石厚度,宜为粒径的 3~4 倍,用大粒径时,不得小于 2 倍。流速大、水很深、波浪高的路段,抛石应采用粒径较大的石块。抛石石料应选用质地坚硬、耐冻且不宜风化崩解的石块。

4. 石笼防护施工

当水流流速大于 5.0 m/s 或过多压缩河床,造成上游壅水时,宜用石笼防护或设置驳岸、浸水挡土墙等支挡结构物。石笼防护主要用于缺乏大石块的地区,是用铁丝编织成长方体或圆柱体框架,内装石料,设置在坡脚处。根据设计要求或根据不同情况和用途,合理选用石笼形状。笼内填石应选用浸水不崩解、不易风化的石料,石粒径不小于 4 cm,一般为 5~20 cm,外层石料要求有棱角,内层用较小石块填充。编制石笼时,应注意各部分尺寸正确,以利于石笼与石笼之间紧密连接。安置石笼时,用于防止冲刷淘底的石笼,应垂直于坡脚线,且堤岸一端固定。用于防止堤岸边坡冲刷时,则垒码平铺成梯形,单个石笼的大小,以不被相应速度的水流冲动为宜,铺设时须用厚度为 0.2~0.4 m 的碎(砾)石垫层铺平,底层各角可用铁棒固定于基底。

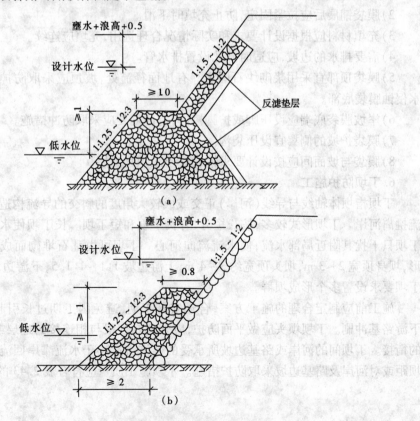

图 2.29 抛石防护示意图(尺寸单位:m)

石笼防护施工质量标准应符合表2.42的规定。

表2.42 石笼防护施工质量标准

项次	检查项目	规定值或允许偏差	检查方法和频率
1	平面位置/mm	符合设计要求	经纬仪:按设计图控制坐标检查
2	长度/mm	不小于设计长度 -300	尺量:每个(段)检查
3	宽度/mm	不小于设计宽度 -200	尺量:每个(段)量8处
4	高度/mm	不小于设计	水准仪或尺量:每个(段)检查8处
5	底面高程/mm	不高于设计	水准仪:每个(段)检查8点

5. 浸水挡土墙和土工膜袋防护施工

(1)浸水挡土墙施工应符合下列规定。

1)浸水挡土墙应选用坚硬未风化且浸水不崩解的石块。

2)应注意浸水挡土墙与岸坡的衔接。

(2)土工膜袋防护施工应符合下列规定。

1)按设计要求整平坡面,放线定位,挖好边界处理沟。

2)膜袋铺展后应拉紧固定,防止充填时下滑。

3)充填材料应根据设计要求和实际情况合理选用,充填应连续。

4)需要排水的边坡,应适时开孔设置排水管。

5)膜袋顶部宜采用浆砌块石固定。有地面径流处,坡顶应采取防护措施,防止地表水侵蚀膜袋底部。

6)岸坡膜袋底端应设压脚或护脚棱体,有冲刷处应采取防冲措施。

7)膜袋护坡的侧翼宜设压袋沟。

8)膜袋与坡面间应按设计要求铺设好土工织物滤层。

6. 丁坝防护施工

丁坝指坝体轴线与导线(河岸)正交或成较大角度的斜交的导流构造,其作用是将水流挑离河岸。丁坝形式较多,按长短分,有长丁坝和短丁坝。长丁坝使水流冲向对岸;短丁坝只干扰其附近局部水流,使水流流向河心。丁坝可由乱石堆砌而成,其横断面为梯形,坝身顶宽 2~3 m,坝头顶宽约 3~4 m,上游边坡 1:1~1:1.5,下游边坡 1:1.5~1:2。丁坝要求设置多个形成坝群。

施工前应制定合理的施工方案,合理安排工期,避免因工期过长引起农田、村庄、上下游路基冲刷。丁坝坝头应做平面防护,应处理好坝根与相连接的地层或其他防护设施的衔接。丁坝间的河岸或路基边坡所承受的容许流速小于水流靠岸回流流速时,应缩短坝距或对河岸及路基边坡采取防护措施。丁坝施工质量应符合表2.43的规定。

第2章 路基工程

表2.43 丁坝施工质量标准

项次	检查项目		规定值或允许偏差	检查方法和频率
1	砂浆强度/MPa		不小于设计强度	每1工作台班2组试件
2	平面位置/mm		30	经纬仪:按设计图控制坐标检查
3	长度/mm		不小于设计长度	尺量:每个检查
4	断面尺寸		不小于设计	尺量:检查8处
5	高程/mm	基底	不大于设计	水准仪:检查8点
		顶面	±30	

7. 顺坝防护施工

顺水坝指坝轴线基本沿导流线边缘布置,使水流较顺缓地改变流向,起疏导水流作用。顺坝坝长与被防护段长度基本相等,构造与丁坝大体相同。当顺水坝较长,距离河岸间距较大时,为防止水流冲走沉积泥沙,在顺水坝与河岸之间设置一道或几道横格,形成格坝。格坝一端与顺坝相连,另一端嵌入河岸。

顺坝防护施工应符合下列规定。

(1)顺坝与上下游河岸的衔接,应使水流顺畅,起点应选择在水流匀顺的过渡段,坝根位置宜设在主流转向点的上方。

(2)坝根嵌入稳定河岸内的距离应符合设计要求,坝根附近河岸应防护加固至上游不受水流冲击处。

(3)顺坝施工质量应符合表2.43的规定。

8. 改移河道施工

沿河路基受水流冲刷严重,或防护工程艰巨,以及路线在短距离内多次跨越弯曲河道时可改移河道。对主河槽改动频繁的变迁性河流或支流较多的河段不宜改河。

改移河道施工应符合下列规定。

(1)改移河道工程应在枯水时期施工。一个旱季不能完成时,应采取防洪措施。

(2)河道开挖应先挖好中段,然后再开挖两端,确认新河床工程已符合要求后,方可挖通其上游河段。

(3)利用开挖新河道的土石填平旧河道时,在新河道未通流前,旧河道应保持适当的流水断面。

(4)通流时,改河上游进口河段的河床纵坡宜稍大于设计坡度。

(5)河床加固设施及导流构造物的施工应合理安排,及时配套完成。

◆路基挡土墙

挡土墙是支承路基填土或山坡土体,以防止其变形失稳的结构物。同时,也是高等级公路重要的结构物。可以利用石料修建干砌或浆砌石料挡土墙,也可以利用水泥及钢筋、砂石材料修建钢筋混凝土挡墙或毛石混凝土挡墙。

1. 一般规定

(1)挡土墙施工前,应做好截、排水及防渗设施。

(2)在岩体破碎、土质松软或地下水丰富地段修建挡土墙,宜避开雨季施工。
(3)明挖基坑应符合下列规定。
1)施工过程中应对地质情况进行核对,与设计不符时,应及时处理。
2)基坑开挖宜分段跳槽进行。
3)坑内积水应随时排干。
4)采用倾斜基底时,基底标高应按设计控制,不得超挖填补。
(4)基底检验合格后,应及时进行下道工序施工。
(5)挡土墙端部伸入路堤或嵌入地层部分应与墙体同时砌筑。挡土墙顶应找平抹面或勾缝,其与边坡间的空隙应用黏土或其他材料夯填封闭。
(6)挡土墙与桥台、隧道洞门连接应协调施工,必要时应加临时支承,确保与墙相接的填方或山体的稳定。

2. 重力式挡土墙施工

重力式挡土墙形式简单、取材容易、施工简便,依靠墙身自重抵御土压力作用,非地震和河滨、水库受水冲刷地区,可采用干砌,其他情况宜采用浆砌。其结构如图 2.30 所示。

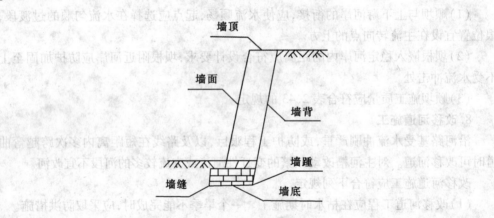

图 2.30 重力式挡土墙结构图

(1)基础施工。
1)施工前应将基底表面风化、松软土石清除。
2)硬质岩石基坑中的基础,宜满坑砌筑。
3)雨季在土质或易风化软质岩石基坑中砌筑基础时,应在基坑挖好后及时封闭坑底。当基底设有向内倾斜的稳定横坡时,应采取临时排水措施,辅以必要坐浆后安砌基础。
4)采用台阶式基础时,台阶与墙体应连在一起同时砌筑,基底及墙趾台阶转折处不得砌成垂直通缝,砌体与台阶壁间的缝隙砂浆应饱满。
5)基坑应随砌筑分层回填夯实,并在表面留 3% 的向外斜坡。
(2)墙身施工。
墙身要分层错缝砌筑,砌出地面后基坑应及时回填夯实,并完成其顶面排水、防渗设施。

砌筑工艺分浆砌、干砌两种。浆砌多用于排水、导流构筑物及挡土墙；干砌多用于护坡、河床铺砌等。

1) 浆砌施工顺序。以分层进行为原则。较长的砌体除分层外，还应分段砌筑，两相邻段的砌筑高差不应超过 1.2 m，分段处宜设置伸缩缝或沉降缝的位置。分层砌筑时，应先角石，后面石或边石，最后才填腹石。角石安好后，向两边的中心进行，然后由边向中。

2) 浆砌片石。可用坐浆法、灌浆法和挤浆法，常以挤浆法为主。如图 2.31 所示，砌体外圈定位行列与转角石应选择尺寸较大、表面较平的石块，浆砌时，长短相间并与里层石块咬紧，上下层竖缝错开，缝宽不大于 4 cm，分层砌筑应将大块石料用于下层，每处石块形状及尺寸应合适。竖缝较宽者可塞以小石子，但不能在石下用高于砂浆层的小石块支垫。排列时，应将石块交错，坐实挤紧，敲除尖锐凸出部分。

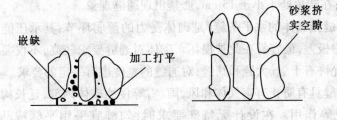

图 2.31 片石砌筑

3) 浆砌块石。多用坐浆法和挤浆法。先铺底层砂浆并打湿石块，安砌底层。分层平砌大面向下，先砌角石，再砌面石，后砌腹石，上下竖缝错开，竖缝距离不得小于 80 mm，砌缝宽度不得大于 30 mm，镶面石的垂直缝应用砂浆填实饱满，不能用稀浆灌注。填腹石也应采用挤浆法，先铺浆，再将石块放入挤紧，垂直缝中应挤入 1/3～1/2 的砂浆，不满部分再分层插入砂浆。厚大砌体，如果不能按石料厚度砌成水平时，可设法搭配成较平的水平层。块石镶面如图 2.32 所示，为使面石与腹石连接紧密可采用丁顺相间、一丁一顺排列，有时也可采用两丁一顺排列。

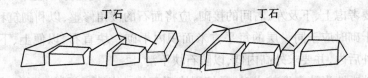

图 2.32 块石砌筑

4) 浆砌料石。先将砌筑层数计算清楚，选择石料，严格控制水平位置和空间高度。按每块石料厚度分层，层间灰缝应呈直线，块间与层间的灰缝应垂直，厚石砌在下面，薄石砌在上面，砌缝横平竖直，缝宽不超过 2 cm，错缝距离大于 10 cm，里层可用块石砌筑，如图 2.33 所示。料石砌筑一般用于要求修饰整齐美观的挡土墙及路缘、拦河坝等。

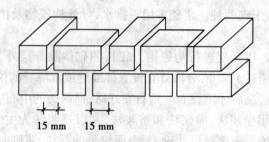

图 2.33 料石砌筑

5)错缝。砌体在段间、层间的垂直灰缝应互相交错,压叠成不规则的灰缝叫错缝,它们相互间的距离,对于片石和块石,每段上、下层及段间的垂直距离不小于 8 cm;对粗料石不小于 10 cm;在转角处不小于 15 cm,严禁出现通缝现象。

6)通缝。通缝指砌体的水平灰缝,是砌体受力的薄弱环节,其承压能力较好,受剪、受扭、抗拉的能力极差,最容易在此被损坏。砌体对通缝要求较高,不仅要求砂浆饱满密实,成缝时还不允许有干缝、大缝和瞎缝,对通缝的宽度也有一定的要求。

7)勾缝。勾缝具有防止有害气体和风、雨、雪等侵蚀砌体内部,延长构筑物使用年限及装饰外形美观等作用。在设计无特殊要求时,勾缝宜采用平缝或凸缝,勾缝宜用 1∶1.5 ~ 1∶2 的水泥砂浆,并应嵌入砌缝内约 2 cm。勾缝前,应先将缝槽清理干净,用水冲洗湿润,勾缝应横平竖直,深浅一致,不应有丢缝、瞎缝、裂纹和黏结不牢等现象,片石砌体的勾缝应保持砌后的自然缝。

8)干砌石料。干砌是不用胶结材料,只靠石块间的摩擦力和挤压力相互作用使砌体的砌石互相咬紧的施工方法。由于它不用砂浆胶结,因此坚固性和整体性较差,施工比较困难,在施工中应注意以下几点。

①石块尺寸须符合规格要求,片石要尽量大,很薄的边口需敲除,露面石需稍加修整。铺砌时大面朝下,应自下而上分层进行,采用"丁""顺""嵌""楔",使片(块)石间嵌挤紧密,空隙处应用大小适宜的石块填塞紧密,但不得在一处集中填塞小碎石,以免影响墙身稳定。要考虑上、下及左、右间的接砌,应将面石的棱角修整,以利砌筑和美观。

②分层干砌时应于同一层的每平方米面积内干砌一块直石,以便上、下层咬接。干砌顺序应先外后内,并要求外高内低,以防石块下滑。

③干砌挡土墙当墙高度较大时,最好用块石砌筑。当墙高超过 5.0 m 或石料质量较差时,可在墙高中部设置厚度不小于 50 cm 的浆砌水平层,以增加墙身的稳定性。

9)墙身施工要点。

①伸缩缝与沉降缝内两侧壁应竖直、平齐,无搭叠,缝中防水材料应按设计要求施工。

②泄水孔应在砌筑墙身过程中设置,确保排水畅通,并应保证墙背反滤、防渗设施的施工质量。

③当墙身的强度达到设计强度的 75% 时,方可进行回填等工作。在距墙背 0.5 ~

1.0 m 以内,不宜用重型振动压路机碾压。

10)砌体挡土墙施工质量标准应符合表 2.44、表 2.45 的规定。

表 2.44 砌体挡土墙施工质量标准

项次	检查项目		规定值或允许偏差	检查方法和频率
1	砂浆强度/MPa		不小于设计强度	每 1 工作台班 2 组试件
2	平面位置/mm		50	经纬仪:每 20 m 检查墙顶外边线 5 点
3	顶面高程/mm		±20	水准仪:每 20 m 检查 2 点
4	垂直度或坡度/%		0.5	吊垂线:每 20 m 检查 4 点
5	断面尺寸		不小于设计	尺量:每 20 m 量 4 个断面
6	底面高程/mm		±50	水准仪:每 20 m 量检查 2 点
7	表面平整度/mm	混凝土块、料石	10	2 m 直尺:每 20 m 检查 5 处,每处检查竖直和墙长两个方向
		块石	20	
		片石	30	

表 2.45 干砌挡土墙施工质量标准

项次	检查项目	规定值或允许偏差	检查方法和频率
1	平面位置/mm	50	经纬仪:每 20 m 检查 5 点
2	顶面高程/mm	±30	水准仪:每 20 m 检查 5 点
3	垂直度或坡度/%	0.5	吊垂线:每 20 m 检查 4 点
4	断面尺寸	不小于设计	尺量:每 20 m 量 4 个断面
5	底面高程/mm	±50	水准仪:每 20 m 检查 2 点
6	表面平整度/mm	50	2 m 直尺:每 20 m 检查 5 处,每处检查竖直和墙长两个方向

3.悬臂式和扶壁式挡土墙

(1)凸榫必须按照设计尺寸开挖,并与墙底板一同灌注混凝土。

(2)现场整体浇筑时,每段墙的底板、面板和肋的钢筋应一次绑扎,宜一次完成混凝土灌注。当采用现场分段浇筑时,应按设计要求进行施工,并预埋好连接钢筋,连接处混凝土面应严格凿毛,并清洗干净。

(3)灌注混凝土后,应按有关规定进行养护。墙体达到设计强度的 75% 以后方可进行墙背填土,并应按设计要求的填料和密实度分层填筑、压实;墙背排水设施应随填土及时施工。

(4)现浇悬臂式和扶壁式挡土墙施工质量标准应符合表 2.46 的规定。

表 2.46 现浇悬臂式和扶壁式挡土墙施工质量标准

项次	检查项目	规定值或允许偏差	检查方法和频率
1	砂浆强度/MPa	不小于设计强度	每工作台班 2 组试件
2	平面位置/mm	30	经纬仪:每 20 m 检查 5 点
3	顶面高程/mm	±20	水准仪:每 20 m 检查 2 点
4	垂直度或坡度/%	0.3	吊垂线:每 20 m 检查 4 点
5	断面尺寸	不小于设计	尺量:每 20 m 量 4 个断面,抽查扶壁 4 个
6	底面高程/mm	±30	水准仪:每 20 m 检查 2 点
7	表面平整度/mm	5	2 m 直尺:每 20 m 检查 3 处,每处检查竖直和墙长两个方向

（5）装配法施工应符合下列规定。
1) 基础混凝土强度达到设计强度 75% 后，方可安装。
2) 预制墙板与基础必须按设计要求连接牢固。
3) 预制墙板预制、安装质量应符合表 2.49 的规定。

4. 锚杆、锚碇板和加筋土挡土墙

（1）锚杆挡土墙。锚杆挡土墙由锚杆和钢筋混凝土墙面（整体板壁或立柱及挡板）组成，依靠锚固在岩层（或土层）内的锚杆的水平拉力承受土压力，维持全墙平衡。基底受力甚小，基础要求不高，节省材料，属轻型结构，比较适宜于路堑高墙，也可用于路肩墙，其结构如图 2.34 所示。

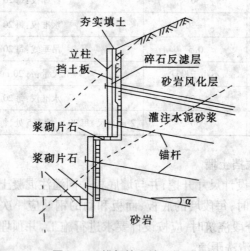

图 2.34 锚杆挡土墙结构图

锚杆挡土墙施工要求如下。
1) 锚杆应按设计尺寸下料、调直、除污、加工。
2) 按照设计要求，在施工前应做锚杆抗拔力验证试验。
3) 钻孔施工应符合下列规定。
① 施工前，应清除岩面松动石块，整平墙背坡面。

②根据设计孔径及岩土性质合理选择钻孔机具。

③孔轴应保持直线,孔位允许偏差为±50 mm,深度允许偏差为-10~+50 mm。

④钻孔后应将孔内粉尘、石碴清理干净。

4)安装普通砂浆锚杆应符合下列规定。

①锚杆应安装在孔位中心。

②锚杆未插入岩层部分,必须按设计要求作防锈处理。

③有水地段安装锚杆,应将孔内的水排出或采用早强速凝药包式锚杆。

④砂浆应随拌随用。

⑤宜先插入锚杆然后灌浆,灌浆应采用孔底注浆法,灌浆管应插至距孔底50~100 mm,并随水泥砂浆的注入逐渐拔出,灌浆压强宜不小于0.2 MPa。

⑥砂浆锚杆安装后,不得敲击、摇动。普通砂浆锚杆在3 d内,早强砂浆锚杆在12 h内,不得在杆体上悬挂重物。必须待砂浆达到设计强度的75%后方可安装肋柱、墙板。

5)安装墙板时,应边安装墙板边进行墙背回填及墙背排水系统施工。

(2)锚碇板挡土墙。

锚碇板挡土墙由锚碇板、钢拉杆和钢筋混凝土墙面(立柱及挡板)组成,借埋置在破裂面后稳定土层内的锚碇板和锚杆拉住墙面,保持墙身稳定。锚碇板挡土墙结构轻便,拼装简易,柔性大,施工快。高路肩墙或路墙,尤其是地基不良时,不适用于路堑挡土墙。其结构见图2.35所示。

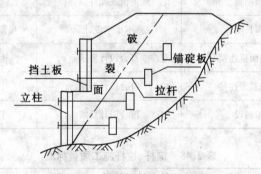

图2.35 锚碇板挡土墙结构图

锚碇板挡土墙施工要点如下。

1)拉杆使用前应按规定取样试验。拉杆埋于土中部分,必须进行防锈处理。

2)吊装时应保证肋柱不前倾。

3)拉杆及锚碇板埋设,应先填土后挖槽就位;挖槽时,锚碇板比设计位置宜高30~50 mm。锚碇板前方超挖部分宜用C10水泥混凝土或灰土回填夯实。严禁直接碾压拉杆和锚碇板。

4)肋柱、锚碇板上的锚头及螺丝杆应做防锈处理和防水封闭。

5)分级平台应按设计要求进行封闭,并设2%的外倾排水坡。

(3)加筋土挡墙的施工要点。

1)安装直立式墙面板应按不同填料和拉筋预设仰斜坡,仰斜坡一般为1:0.02~

1:0.05,墙面不得前倾。

2)拉筋应有粗糙面,并按设计布置呈水平铺设,当局部与填土不密贴时应铺砂垫平。钢拉筋与钢材外露部分应做防锈处理。连续敷设的拉筋接头应置于其尾部;拉筋尾端宜用拉紧器拉紧,各拉筋的拉力应大体均匀,但应避免拉动墙面板。

3)墙背拉筋锚固段填料宜采用粗粒土或改性土等填料,墙背填土必须满足设计压实度要求。

4)填料摊铺、碾压应从拉筋中部开始平行于墙面碾压,先向拉筋尾部逐步进行,然后再向墙面方向进行,严禁平行于拉筋方向碾压。

5)填土分层厚度及碾压遍数,应根据拉筋间距、碾压机具和密实度要求,通过试验确定,严禁使用羊足碾碾压。靠近墙面板1 m范围内,应使用小型机具夯实或人工夯实,不得使用重型压实机械压实。

6)当采用聚丙烯土工带时,拉带应平顺,不得出现打折、扭曲等现象,不得与硬质、棱角填料直接接触。

7)施工过程中随时观测加筋土挡土墙异常变化。

(4)锚杆挡土墙、锚碇板挡土墙、加筋土挡土墙施工质量标准应符合表2.47～2.50的规定。

表2.47 筋带施工质量标准

项次	检查项目	规定值或允许偏差	检查方法和频率
1	筋带长度	不小于设计	尺量:每20 m检查5根(束)
2	筋带与面板连接	符合设计要求	目测:每20 m检查5处
3	筋带与筋带连接	符合设计要求	目测:每20 m检查5处
4	筋带铺设	符合设计要求	目测:每20 m检查5处

表2.48 锚杆、拉杆施工质量标准

项次	检查项目	规定值或允许偏差	检查方法和频率
1	锚杆、拉杆长度	符合设计要求	尺量:每20 m检查5根
2	锚杆、拉杆间距	±20 mm	尺量:每20 m检查5根
3	锚杆、拉杆与面板连接	符合设计要求	目测:每20 m检查5处
4	锚杆、拉杆防护	符合设计要求	目测:每20 m检查10处
5	锚杆抗拔力	抗拔力平均值≥设计值,最小抗拔力≥0.9设计值	抗拔力试验:锚杆数量的1%,并不小于3根

表2.49 面板预制、安装施工质量标准

项次	检查项目	规定值或允许偏差	检查方法和频率
1	混凝土强度/MPa	不小于设计强度	每台班2组试件
2	边长	±5 或 0.5%边长	尺量:每批抽查20%
3	两对角线差/mm	10 或 0.7%最大对角线长	尺量:每批抽查20%
4	厚度/mm	+5,-3	尺量:检查4处,每批抽查20%
5	表面平整度/mm	4 或 0.3%边长	2 m直尺:长、宽方向各测1次,每批抽查20%
6	预埋件位置/mm	5	尺量:检查每件,每批抽查20%
7	每层面板顶高程/mm	±10	水准仪:每20 m抽查5组板
8	轴线偏位/mm	10	挂线、尺量:每20 m量5处
9	面板竖直度或坡度	+0,-0.5%	吊垂线或坡度板:每20 m量5处
10	相邻面板错台/mm	5	尺量:每20 m面板交界处检查5处

注:面板安装以同层相邻两板为一组。

表2.50 锚杆、锚碇板、加筋土挡土墙总体施工质量标准

项次	检查项目		规定值或允许偏差	检查方法和频率
1	墙顶和肋柱平面位置/mm	路堤式	+50,-100	经纬仪:每20 m检查5处
		路肩式	±50	
2	墙顶和柱顶高程/mm	路堤式	±50	水准仪:每20 mm测5点
		路肩式	±30	
3	肋柱间距/mm		±15	尺量:每柱间
4	墙面倾斜度/mm		+0.5%H且不大于+50,-1%H且不小于-100,见注	吊垂线或坡度板:每20 m测4处
5	面板缝宽/mm		10	尺量:每20 m至少检查5条
6	墙面平整度/mm		15	2 m直尺:每20 m测5处,每处检查竖直和墙长两个方向
7	墙背填土:距面板1 m范围内的压实度/%		90	每100 m每压实层测2处,并不得少于2处

注:平面位置和倾斜度"+"指向外,"-"指向内,H为墙高。

2.10 路基病害防治

【基 础】

◆**路基的沉陷**

路基沉陷是指路基在垂直方向产生较大的沉落,从而破坏局部路段,影响交通。路

基沉陷有两种：一种是路堤的沉落；另一种是地基的沉陷，如图2.36所示。

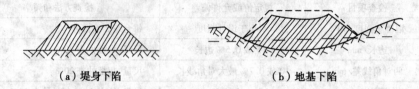

(a) 堤身下陷　　　　(b) 地基下陷

图2.36　路堤的沉陷

1. 路堤的沉落

由于填料（主要填土）选择不当、填筑方法不合理、压实不足，在荷载、水和温度的综合作用下，堤身可能向下沉陷。

2. 地基的沉陷

原地面为软弱土层，如流沙、泥沼或垃圾堆积等，浇筑前未经压实或换土，发生地基下沉、侧面剪裂凸起，引起路堤下陷。

◆翻浆

翻浆是指在有冻胀性土的路段，当冬季负气温时，地下水分连续向上聚流、冻结成冰，导致春融期间，土基含水率过大，强度急剧降低，在行车作用下路面发生弹簧、鼓包、裂缝、冒泥等现象。

1. 翻浆的分类

根据翻浆的破坏程度可分为三个等级，见表2.51。根据导致翻浆水分来源的不同可分为五类，见表2.52。

表2.51　翻浆的分级

翻浆等级	路面变形破坏程度
轻型	路面龟裂、湿润、车辆行驶时有轻微弹簧
中型	大片裂纹、路面松散、局部鼓包、车辙较浅
重型	严重变形、翻浆冒泥、车辙很深

表2.52　导致翻浆的水分来源及分类

翻浆类别	水分来源
地面水类	受季节性积水、结冰融水、排水不良造成的路旁积水和路面渗水
地下水类	受土层滞水、泉水、潜水等地下水影响，土基经常处于潮湿状态
土体水类	雨季施工或过湿的填土路堤，造成路基土含水率过大
气态水类	冬季温差较大，土中水主要以气态成分存在于土基顶部和路面结构层
混合水类	受地面水、地下水、土体水和气态水等两种以上水类综合作用

2. 形成原因

冬季路基开始结冻,不断向深处发展,上下层形成了温度坡差。在负温区内,土中的自由水、毛细水首先结冻,薄膜水逐渐移向冰晶体而结冻,于是该处土粒周围的水膜减薄而有许多表面能剩余,增加了从水膜较厚的土粒处吸湿的能力。土中温度高处的水分便向上移动,补充低温处土粒薄膜水的转移。在正温区内,下层水分移向零度等温线附近,气态水由于冷处比暖处气压小而移向冰晶体,凝成液态水而结冰;毛细水通过毛细作用上升移向冰晶体,部分冻结,部分转变为薄膜水以补给负温区的水分转移,从而导致在土基上层积聚着大量水分。由于气候的变化,零度等温线不断下移,形成一层、两层或多层聚冰层。土基中水分冻结后体积膨胀,由于土质不均匀,使路面冻裂或冻胀隆起。

春季气温回升到 0 ℃ 以上土基开始解冻,由于路面导热性大,路中的融解速度比两侧快,水分不易向下及两侧排泄,土基土层便呈现过湿状态。当融解到聚冰层时,土层的湿度有时会超过液限。土基承载力极低,在车辆通过时,稀软的泥浆便会沿着开裂的路面缝隙挤出或形成较深的鼓包和车辙,此即为翻浆现象。

3. 影响翻浆的因素

(1) 水文。路基填土高度不足;地面排水困难;边沟积水或利用边沟作农田灌渠,路基靠近坑塘;地下水位较高的路段;为水分积聚提供充足的水源。

(2) 气候。多雨的秋天、暖和的冬天、骤热的晚春、春融期降雨等都是加剧湿度偏高和翻浆现象的不利气候。

(3) 土质。砂性土在一般情况下不会发生翻浆,这种土透水性强,毛细水上升高度小,在冻结过程中水分聚流现象极轻。同时,这种土即使含有大量水分也能保持一定的强度。

黏性土毛细水上升虽高,但上升速度慢,因此,只有在水源供给充足并且在土基冻结速度缓慢的情况下,才能形成比较严重的翻浆。

粉性土是最容易翻浆的土,这种土毛细水上升速度快且高,土中水分增多时强度降低很快,容易失去稳定。

(4) 行车。由于行车重复荷载的作用,最后形成和暴露出来的。当其他条件相同时,在翻浆季节,交通量大,车辆超载超限,则加速翻浆发生。

(5) 养护。不及时排泄路基积水,修补裂缝、坑槽,会促成或加剧翻浆的形成。

◆ 滑坡

滑坡的成因很多,主要由水害引起的。因此,重视排水、导水是防止滑坡的主要措施,坍方滑坡的主要类型有。

1. 堆积层滑坡

其主要由于地下水引起的。

2. 残积层滑坡

由于强烈的化学风化作用,使坚硬的基岩风化成土和碎石而形成的。

3. 破碎岩体滑坡

由碎(块)石和黏土混合组成的岩体,失去完整性,且地下水位较多而引起的。

4. 黄土滑坡

由于黄土对水的不稳定而引起的。

5. 黏性土滑坡

水沿裂缝下渗,使土的强度降低而引起的。

◆ 坍方

路基的坍方是山区常见的路基病害,根据其形成的条件及原因一般可分为:剥落、碎落、崩坍和滑坍等形式。

坍方形成的原因主要有。

1. 剥落

剥落是指边坡表土层或风化层表面,在大气的干湿或冷热的循环作用下,表面发生胀缩现象使零碎薄层呈片状,从边坡上剥落下来,而且老的剥落后,新的又不断产生。

2. 碎落

碎落是岩石碎块的一种剥落现象,其规模与危害程度比剥落严重。碎落产生原因:路堑边坡度较陡(大于45°),岩石破碎和风化严重,在胀缩、振动及水的侵蚀和冲刷作用下,块状碎末沿坡面向下滚动。

3. 崩坍

路基边坡上的土体或岩层在自重作用塌落下滚的现象。产生的主要原因:山坡岩层软硬交错,风化程度不同;边坡较高、较陡;边坡下部或坡脚被淘空或挖空,使上部土石失去支撑;大爆破震松了岩层;边坡上部水流的浸入,使边坡土体失去了平衡。

4. 滑坍

路基边坡土体或岩石,沿着一定的滑动面呈整体状向下滑动,其规模与危害程度较碎落更为严重,有时滑动体可达数百立方米,造成严重的堵车。产生的主要原因:边坡较高,大于 $10 \sim 20$ m;边坡坡度较陡,陡于 $50°$;岩层倾向公路路基,岩层倾角在 $50 \sim 70°$ 之间,岩石风化严重;填土不密实,缺少应有的支撑与加固。

◆ 泥石流

泥石流是一种突发性的,含大量泥沙、石块和巨砾的固液两相流体。泥石流对路基的危害主要是通过淤埋、堵塞、撞击、冲刷等造成的,也可通过压缩、堵塞河路使水位骤升,淹没上游沿河路基,或者迫使主河槽改道,引起对岸的冲刷,造成间接水毁。

泥石流的形成主要有以下原因:

(1)流域内有丰富的松散固体物质。

(2)流域中上游有大量的降雨、急剧消融的冰雪或水库、渠道的溃决。

(3)地形陡峻,沟槽纵坡较大。

【实 务】

◆ 路基沉陷的防治

路基沉陷一般可用换土法、灌浆法、粉喷桩法等进行处治。

1. 换土法

换土法是先挖去路基一定范围内的松软土,然后回填分层夯实的砂砾石或素土等强度较高的填土材料,其主要施工要点如下。

(1) 基坑开挖。

(2) 选用良好的填料,严禁用腐蚀土或有草根的土块,应分层填筑、分层夯实,并及时排除流向路基的地面水或处理好地下水。

(3) 填石路堤从下而上,应用由大到小的石块认真填筑,并用石屑或石碴填筑空隙。

(4) 设置路基排水设施。

(5) 原地面为软弱土层时,路堤高度较低的,且可中断行车时,应挖除换上良好的土料,然后按原高度填平夯实;路堤高度较高的,且又不能中断行车时,可采用打砂桩、松木桩或混凝土桩。

2. 灌浆法

灌浆法主要施工要点如下。

(1) 钻孔。对于较深的软土,可采用回转式钻机,较浅则宜采用螺旋结。为防止冒浆,孔径宜小一些,一般为 75~110 mm,垂直偏差小于 1%。

(2) 制浆。根据材料试验确定配比、选择浆体,制浆时应注意以下几点。

1) 按程序加料,准确计量,控制浆量,掌握浆液性能。

2) 浆液应进行充分搅拌,并坚持灌浆前不断的搅拌,防止再次沉淀,影响浆液质量。

(3) 灌浆。灌浆是通过灌浆设备、输浆管路,将浆液注入到目的层中,用于公路软弱地基处治工程的灌浆方法有。

1) 自上而下式孔口封闭灌浆法。这种方法一次只钻成一段灌浆孔,孔口用三角楔止浆塞封口,分段自上而下灌浆,灌浆段高度为 1.5~2.0 m,该方法对于上部中粗砂土层较多的软弱土层较为适用。

2) 自下而上式孔口封闭灌浆法。这种工序一次成孔,孔口用三角楔止浆塞封口,分段自下而上灌浆,灌浆段高度为 1.5~2.0 m,该方法对于黏性土层较多或地层下部分有少量中粗粒砂土层的软弱土层较为适用。

在开始灌浆前,应进行现场灌浆试验,确定单孔灌浆量,然后按照所采用的灌浆工艺施工。在灌浆顺序上,先对边缘帷幕孔施工,再对加固孔施工,并宜按序次施工,即先注第 1 序次孔,再注第 2 序次孔,其次注第 3 序次孔。当灌浆达到设计要求时可终止灌浆。边缘帷幕孔孔距应为一般流浆孔孔距的 1/2,以确保灌浆工程的质量。

在边缘帷幕孔施工后,应根据处置段水文地质情况决定是否进行排水孔施工。在地下水位较高地区,应在处治范围内用钻机钻成 1~3 个排水孔,其目的是将边缘帷幕孔所围范围内的地下水随灌浆施工排出,以便能更有效地保证灌浆质量。当排水孔周围灌浆孔施工时,排水孔内见到灌浆浆液时,可用灌浆浆液灌实排水孔,并封孔。

在灌浆过程中,当地面隆起或地面有跑浆现象时,应停止灌浆,分析其原因,对下一个灌浆段宜减少灌浆量,并检查灌浆设备、封孔装置等,如果仍然有地面隆起或地面跑浆应结束该孔灌浆施工。

3. 粉喷桩法

粉喷桩法主要施工要点如下:

(1)放样定位。

(2)移动钻机,准确对孔。对孔误差不得大于 50 mm。

(3)利用支腿油缸调平钻机,钻机主轴垂直度误差应不大于1%。

(4)启动主电动机,根据施工要求,按Ⅰ、Ⅱ、Ⅲ挡逐级加速的顺序,正转预搅下沉钻至接近设计深度时,应用低速慢钻。钻机应原位钻动 1~2 min。为保持钻杆中间的送风通道的干燥,从预搅下沉开始直到喷粉为止,应在钻杆内连续输送压缩空气。

(5)粉体材料及掺和量:使用粉体材料,除水泥外,还有石灰、石膏及矿渣等,也可使用粉煤灰等作为掺加料。在国内工程中普通硅酸盐水泥,其掺和量常为 180~240 kg/m^3。

(6)提升喷粉搅拌。在确认加固料已喷至孔底时,按 0.5 m/min 的速度反转提升。当提升到设计停灰高程时,应原地慢速搅拌 1~2 min。

(7)重复搅拌。为确保粉体搅拌均匀,须再次将搅拌头下沉到设计深度。提升搅拌时,其速度控制为 0.5~0.8 m/min。

(8)为防止空气污染,在提升喷粉距地面 0.5 m 处应减压或停止喷粉。在施工中,孔口应设喷灰防护装置。

(9)提升喷灰过程中,须有自动计量装置。该装置为控制和检验喷粉桩质量的关键,应予以足够的重视。

(10)钻具提升至地面后,钻机移位对孔,按上述步骤进行下一根桩的施工。

◆翻浆防治

路基一旦发生了翻浆,可适当地选用方法处治,见表2.53,其主要处置方法如下。

表2.53 翻浆防治措施的参考选用

编号	防治措施种类	翻浆类型	翻浆等级	适用地区或条件
1	路基排水	①、②、③	轻、中、重	平原区、丘陵区、山区
2	换土	①、②、③、⑤	中、重	产砂砾、水稳定性良好地段
3	砂填层	①、②、③、⑤	中、重	产砂砾地区
4	掺石灰	①、②、③、④、⑤	轻、中、重	缺砂、石地区
5	煤渣石灰土	①、②、③、④、⑤	中、重	缺砂、石地区,煤渣供应良好
6	透水性隔离层	②、⑤	中、重	产砂、石地区
7	不透水性隔离层	①、②、③、④、⑤	中、重	沥青、油毡纸、塑料薄膜供应良好

续表2.53

编号	防治措施种类	翻浆类型	翻浆等级	适用地区或条件
8	盲沟	①、②、④、⑤	轻、中、重	地下水位较高地段
9	提高路基	①、②、⑤	轻、中、重	平原区、洼地、盆地

注:①地面水类;②地下水类;③土体水类;④气态水类;⑤混合水类。

1. 挖换土

把翻浆路段上的土挖出来,挖到稳定土层,然后把挖出的土摊在路肩翻晒再回填,或换铺一层水稳性较佳的土壤,此法适用于翻浆较严重的路段。

2. 换铺粒料

把翻浆路段上的稀泥挖除,填以碎石、碎砖或炉渣等粒料,表面整平后直接通车,或在下面填一层水稳性较好的干土,再铺上粒料,垫平后通车,此法也适用于翻浆严重地段。

3. 掺石灰

在翻浆土路段上,撒铺适量的石灰,并用木棍或木榔头捣夯,使石灰能掺入路基土中,以形成灰土路,提高路基的水稳性;或在翻浆严重地段,待翻浆结束后可在原路面上,加铺20~25 cm厚的石灰土,再重铺路面,石灰土用6%~8%的石灰剂量(质量比),此法可用于路基已经翻浆破坏了的路段。

4. 挖渗水坑

在翻浆路段的中心线上,顺路向每隔4~6 m挖一个圆坑,其直径为30~40 cm,坑深要挖到冻土层以下10 cm左右,以便把融化的冰水引聚到坑内,再加以掏除。此法适用于土路基层渗透性较好的路段,但要设立交通安全标志,以保行车安全。

5. 设置不透水隔离层

用经过沥青结合料处理的土做成厚度为2~3 cm的不透水隔离层,用油毛毡则为2~3层,或用不易老化的特别塑料薄膜铺在路基全宽上,做贯通式,或只做到路面边缘50~60 cm处的不贯通式。

6. 提高路基

根据实际情况加高路基,使路基上部土层远离地下水或地表积水。路基加高的数值,应根据当地冻土深度、路基土质和水文情况,以路基最小填土高度或临界高度的方法确定,以保证路基处于干燥状态。此法适用于平原区的土路和其他地区取土较易的路段。

◆滑坡的防治

滑坡的防治主要有以下措施。

1. 排水

滑坡体上及以外的地表水,应拦截引离,可采用明沟、渗沟、截水沟等排水构造物;地下水可采用支撑渗沟、截水渗沟及边坡渗沟等措施,如图2.37~2.39所示。

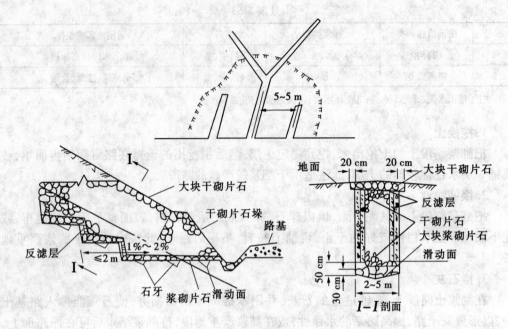

图 2.37 支撑渗沟平面布置图

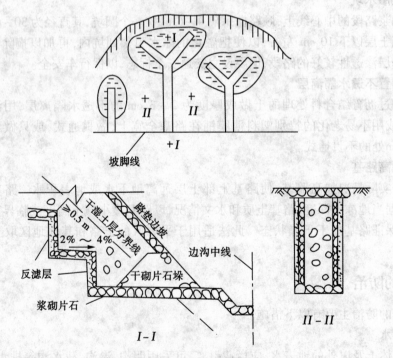

图 2.38 边坡渗沟设计参考图

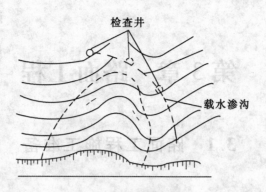

图 2.39 截水渗沟示意图

2. 支挡措施

根据滑坡性质,可采用干砌石垛、重力式防护挡土墙、锚杆及加筋挡土墙等构造物进行处理。

3. 减重

在滑坡体后缘挖除一定数量的滑体,以减小滑体的下滑力。此法常与其他方法配合使用。减重的弃土,应尽可能堆填在滑坡前缘,以稳定滑坡;减重后的坡面,应注意整平、防渗及排水。

◆ 崩塌的防治

崩塌的防止措施主要有。

1. 加固边坡

对于土质路基,可种草或植树;对于风化的软质岩层,可修建干砌或浆砌片石护墙。同时,还应及时清除滑塌的土石方。

2. 支挡构造物

支挡构造物主要防治公路上方的危石、危岩等,应根据岩层和地形情况,采取嵌补、支顶、支撑、支护等构造物进行加固。

3. 拦截构造物

在小型崩塌地段,如果基岩破坏严重,可采用落石槽、落石平台、拦石墙、拦石堤等构造物。

◆ 泥石流的防治

泥石流的防止措施主要有。

1. 水土保持措施

在易发生泥石流地区植树造林,平整填洼,修筑截水沟、边坡渗沟等排水工程,设置支挡工程。

2. 跨越措施

以桥梁、明洞、涵洞、渡槽等形式跨越泥石流区域。

第3章 路面工程

3.1 路面工程施工准备

【基　础】

◆路面的结构层次

路面由行车道、路缘石、硬路肩、土路肩及中央分隔带等组成。其构造如图3.1所示。路面结构层自上而下可分为面层、基层、垫层,有时在面层下还设有联结层,路面结构组成如图3.2所示。

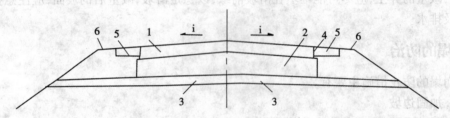

i—路拱横坡度;1—面层;2—基层;3—垫层;4—路缘石;5—加固路肩;6—土路肩

图3.1　路面结构层次划分示意图

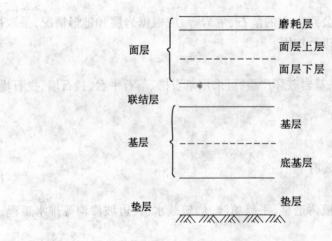

图3.2　路面结构组成

1. 面层

面层是路面结构层最上面一层。它直接承受车轮荷载的水平力、垂直力和冲击力作用和大气变化等自然因素影响的结构层，可由 1～3 层组成。沥青路面的表面层应根据使用要求设置抗滑耐磨、密实稳定的沥青层；中面层、下面层应根据公路等级、沥青层厚度、气候条件等选择适当的沥青结构层。

面层应具备较高的结构强度和抗变形能力，较好的水稳定性和温度稳定性，而且应当耐磨、不透水（目前，我国高等级公路所采用的结构特点），其表面还应有良好的抗滑性和平整度。

2. 联结层

联结层是指为加强面层与基层的共同作用或减少基层裂缝对面层的影响，而设在基层上的结构层，为面层的组成部分。对于交通繁重的道路和高速公路，不论哪一种基层，一般都要设联结层才能保证面层有较好的使用效果。否则路面会出现早期开裂，联结层所用的材料一般是沥青碎石或贯入式沥青。

3. 基层

基层是设置在面层之下，并与面层一起将车轮荷载的反复作用传递到底基层、垫层、土基，起主要承重作用的层次。

对基层材料的要求主要是应具有足够的抗压强度、密度、耐久性和扩散应力的能力（即应有较好的板体性）。一般对耐磨性不予严格要求，由于基层本身不能阻挡地表水和地下水的侵入，因此基层结构应具有足够的水稳性。

底基层是设置在基层之下，是起次要承重作用的层次，与面层、基层一起承受车轮荷载反复作用，因此底基层材料的强度指标要求可比基层材料略低。

基层、底基层根据公路等级或交通量的需要设置一层或两层。当基层或底基层较厚需要分两层施工时，可分别称为上基层、下基层，或上底基层、下底基层。

4. 垫层

在特殊需要的路段，设置在基层或底基层与路基之间，起着稳定加强路基、改善基层或底基层工作条件作用的结构层，总称为垫层。所谓特殊需要是指垫层往往是为排水、隔水、隔热、防冻、防污等不同目的而设置的，通常设在路基处于潮湿和过湿及有冰冻翻浆的路段。铺设在地下水位较高地区能起隔水作用的垫层称为隔离层；铺设在冰冻较深地区能起防冻作用的垫层称为防冻层等等。垫层还能扩散由基层传下来的应力，以减小路基的应力和变形，而且它也能阻止路基土挤入基层中，从而保证了基层的结构稳定性。

◆路面的分类

按路面力学特性可分为柔性路面、刚性路面和半刚性路面。

1. 柔性路面

柔性路面指刚度较小、抗弯拉强度较低，主要靠抗压、抗剪强度来承受车辆荷载作用的路面。主要包括用除水泥混凝土外的基层材料、各类沥青面层、块石面层或碎（砾）石面层所组成的路面结构。柔性路面刚度小，形变模量较小，在荷载作用下产生的垂直变形（即弯沉）较大，路面结构本身抗弯拉强度较低。车辆荷载通过路面各结构层向下传递到土基,使土基受到较大的单位压力,因此土基的强度和稳定性对路面结构整体强度有较大的影响。

2. 刚性路面

刚性路面指面层板体刚度较大,抗弯拉强度较高的路面。主要指素混凝土路面、钢筋混凝土路面、钢纤维混凝土路面、碾压混凝土路面等。其特点是它的强度很高,尤其是它的抗弯、抗拉强度,较之其他各种路面材料要高得多,它的弹性模量也大大高于基层和土基的相应模量和强度,因此呈现出较大的刚性。水泥混凝土是一种脆性材料,所以,水泥混凝土路面在车轮荷载作用下弯沉变形极小,荷载通过混凝土板的扩散作用传递到基础上的单位压力要比柔性路面小得多。

3. 半刚性路面

用石灰或水泥稳定或处治碎(砾)石以及各种含有水硬性结合料的工业废渣修筑成的一类路面结构层称为半刚性结构层。这类结构由于不耐磨,故主要用作基层。这类材料在前期具有柔性路面的力学性质,因其作为沥青路面的基层,因而把采用这类基层的路面结构称为半刚性基层沥青路面。由于这类材料具有良好的应力扩散能力,且水稳性好,造价低,因此目前主要干线几乎全采用半刚性基层材料。

◆路面基本要求

不同等级的公路对路面的使用品质具有不同的要求,主要表现在一定设计年限内允许通过的交通量,以及要求路面提供相应标准的服务水平。

1. 强度和刚度

路面结构应具有足够的强度,以抵抗车轮荷载引起的各个部位的各种应力,如拉应力、压应力、剪应力等,保证不发生拉断、压碎、剪切等各种破坏。

路基路面整体结构或各个结构层应具有足够的刚度,使得在车轮荷载下不发生过量的变形,保证不发生车辙、波浪或沉陷等各种病害。

这里的强度,应该包括修建路面的原材料如水泥、砂石等及复合材料,如水泥混凝土、沥青混凝土和路面结构的强度。

2. 稳定性

路面结构是暴露在大自然之中的构造物,它将直接受到高温、低温、太阳、空气、水和风的作用、影响,使其技术品质和力学性能发生变化,路面结构的稳定性应包括以下内容与要求。

(1)具有足够的高温稳定性。夏季高温条件下,沥青路面的材料或结构如果没有足够的抗高温的能力,则会发生泛油、面层发软,甚至产生车辙、推挤和波浪,结构使用功能将下降;水泥路则可能开裂、拱起。

(2)具有足够的低温稳定性。冬季低温时,沥青路面的材料或结构如果没有足够的抗低温的能力,则会由于收缩或变脆而开裂。

(3)具有足够的大气稳定性(抗老化能力)。太阳的照射、空气中氧气的氧化作用等都会对路面结构和材料产生作用,如果路面材料和结构没有足够的抵抗大气作用的能力,则沥青材料会出现老化而失去其原有技术品质,导致沥青路面开裂、剥落,甚至大面积松散破坏。

(4) 具有足够的水温稳定性。雨季由于雨水多,如果路面材料和结构没有足够的抗水能力,则其强度就会下降,甚至出现剥离、松散等破坏,砂石路面将会大量出现坑洞、松散、主集料外露等破坏;在冬春季节,水温因素的综合作用下,将会出现冻胀翻浆,造成严重后果。

3. 表面性能

表面性能指路面表面的平整度和粗糙度,平整度用路面纵向凹凸量的偏差值表示,而粗糙度则用路面与轮胎的摩擦系数和路表纹理深度表示。

不平整的路面表面会增大行车阻力,并使车辆产生附加的冲击作用和振动作用,造成行车颠簸,影响行车速度、行车安全和舒适性,会加剧路面和汽车机件的损坏与轮胎磨耗并增大汽油的消耗。因此,要求路面具有与公路等级相应的足够的平整度。

如果路面没有足够的抗滑性能,将带来一系列的问题,甚至引起翻车和人员伤亡事故。没有足够的抗滑能力,在雨天高速行车,或紧急制动或突然启动,或爬坡、转弯时,车轮容易产生空转或打滑,致使行车速度降低、油耗增多。因此,路面表面应具有足够的抗滑性能,即具有足够的粗糙度。

4. 耐久性

耐久性主要是指路面在设计规定的年限内满足各级公路相应的承载能力、舒适性、安全性的要求。路面承受行车荷载和自然因素的多次重复作用,路面使用性能将逐年下降,强度与刚度将逐年衰变,路面材料的技术性能也会由于老化衰变,从而导致路面结构的损坏。

5. 低扬尘性

汽车在砂石路面上行驶,由于车身后面所产生的真空吸力的作用,将使面层表面或其中的细粒料被吸起而尘土飞扬,导致路面松散、脱落和坑洞等破坏,扬尘还会加速汽车机件的损坏,造成污染,影响行车视距和旅客的舒适及沿线居民的卫生条件,沿线近处的农作物也会出现减产。

【实 务】

◆组织准备

组织准备包括路面工程项目的施工组织机构和施工劳动组织两方面。

1. 建立施工组织机构

根据路面工程及项目的特点,组建技术配备精良、设备先进齐全、生产快速高效的施工组织管理机构,建立工程项目分工责任制,完善工程质量分级管理体系。

2. 建立劳动组织体系

根据确定的工程施工进度、工期计划安排及劳动力的调配,合理地组织安排施工环节和施工过程,严格劳动纪律,严把工程质量关,实施奖惩制度,最大限度地创造最佳效益。

◆物资准备

1. 材料准备

路面自采材料和外运材料,经检验和选择按需要的规格和数量运到现场,堆放位置应根据实施性组织计划合理的设计。

2. 机械设备准备

根据实施性施工组织计划,一次或分批配齐足够的施工机械和工具。机械设备的配置,应考虑到施工的要求。

◆技术准备

1. 熟悉设计文件

组织技术人员领会设计文件的意图,熟悉设计文件中的各项技术指标,仔细考虑其技术经济的合理性和施工的可行性。对设计文件中有错误、疑问或设计不妥之处,应及时联系建设业主、设计单位和工程监理单位,到实地现场调查了解,选择合理的解决方案。对于一些不确定因素如阴雨、交通干扰等,技术人员应心中有数,充分的考虑相应的施工环节。

2. 编制施工方案

根据设计文件中的施工组织设计和建设业主在承包合同中的具体要求,结合工程项目特点、具体施工条件及工程承包单位的情况,编制具体、可行的实施性组织计划,并在路面开工前 28 d 报送建设业主和监理工程师批准。

3. 技术咨询

施工前,技术人员应对操作规程和技术规范有统一认识,对于采用的新技术、新工艺应组织专家(包括建设业主和工程监理单位)进行充分论证,以免施工时出现工程事故。

4. 施工放样

路面施工前,应根据路线控制点或导线点恢复路中线,钉设边线桩和中心桩。一般曲线段为 10~15 m,直线段桩距为 20~25 m,并在两侧路肩边缘外 0.3~0.5 m 处设置指示桩。此外,还应测量原路基顶面的断面高程,在两侧的指示桩上标记路面基层(底基层)的顶面标高位置线。路面面层的测量放样应根据图纸放出路中心线及路边坡,同时应设胀缝、曲线起终点和纵坡转折点等中心桩,并相应在路边各设一对边桩。

5. 试验路段铺筑

(1)承包人在各结构层施工前均应铺筑长度为 100~200 m 的试验路段。用滑模摊铺机摊铺水泥混凝土路面的试验路段长度不小于 200 m。

(2)在试验路段开始铺筑至少 14 d 之前,承包人应提出铺筑试验路段的施工方案并报送监理工程师审批。施工方案的内容包括机械设备、试验人员、施工工序和施工工艺等详细说明。

(3)铺筑试验路段的目的是为了验证材料的质量和稳定性,检验承包人所采用的机械是否能满足备料、运输、摊铺、拌和和压实的要求和工作效率,以及施工组织和施工工艺的合理性和适应性。

(4)试验路段确认的压实方法、压实机械类型、工序、压实系数、碾压遍数和压实厚度、最佳含水量等均作为正式施工现场控制的依据。

(5)此项试验应在监理工程师监督下进行,如果试验路段经监理工程师批准验收,可作为永久工程的一部分,按合同规定的项目计量支付;否则,应清除重新进行试验,费用由承包人自负。

◆现场准备

施工现场的准备直接影响到工程质量和工程进度,应做好以下工作。

1."三通一平"

根据施工方向、生活场所、运输路线、水电供应及料场等临时设施,做好相应区域的通水、通电、通路及场地平整的工作。

2. 下承层检测与整修

(1)路面施工前,应根据《公路路面基层施工技术规范》(JTJ 034—2000)对原有路基进行严格的检查,测定其顶面的强度。如果不合格,则必须采取措施进行处理,并应及时向工程监理单位和建设业主做书面汇报。路基应稳定、密实、均质,对路面结构提供均匀的支撑。对桥头、软基、高填方、填挖方交界等处的路基段,应进行连续沉降观测,并采取切实有效的措施保证路基的稳定性。

(2)垫层、基层除应符合《公路水泥混凝土路面设计规范》(JTG D40—2002)和《公路路面基层施工技术规范》(JTJ 034—2000)的规定外,尚应符合下列技术要求。

1)(上)基层纵、横坡一般可与面层一致,但横坡可略大 0.15% ~ 0.20%,并不得小于路面横坡。

2)硬路肩厚度薄于面板时,应设排水基层或排水盲沟,缘石和软路肩底部应有渗透排水措施。

3)面层铺筑前,宜至少提供足够机械连续施工 10 d 以上的合格基层。

(3)沥青类路面面层施工时,其基层表面应清洁、干燥和无任何松散的石料、杂质和灰尘。对粘在路面上和不能用扫帚清除的杂质,应用其他方法清除;被油料严重玷污的地方,应用有效的方法将油污清除干净。对某些表面凹洼,且在大于铺筑沥青混凝土允许误差 2 倍的地方,须先填补沥青混凝土,并在主层铺筑前将其予以压实,且应达到现有表层的标高。

(4)水泥混凝土面板施工前,以基层顶面的当量回弹模量值或已计算回弹弯沉作为指标检查基层强度,并对基层进行全面的破损检查,当基层产生纵横向断裂、隆起或碾坏时,应采取有效措施进行彻底修复。

3. 混合料拌和场场地准备

承包人应按合同规定及监理工程师要求,对基层拌和场和沥青拌和站场地进行硬化处理及搭设遮雨棚。

(1)基层与水泥混凝土拌和场面积应满足施工需要,场地硬化宜采用水泥稳定土,下承层应做适当处理和补强,并设置纵、横向排水沟和盲沟,以利场区排水。

(2)沥青拌和站场地应进行硬化,硬化面积应满足施工需要。场地硬化宜采用水泥稳定土等强度大于 3 MPa 的结构,进出场地的道路宜采用水泥混凝土路面(厚 150 mm),下承层应做处理和补强,并设置纵、横向排水沟和盲沟,以利场区排水。

(3)承包人应在路面集料堆放场地为路面细集料搭设遮雨棚,遮雨棚宜采用钢结构,净高不宜低于 6 m,棚顶应具有防风、防雨、防老化功能,遮雨棚面积应满足工程需要。

4.交通管理

对施工范围内的公路交叉口、部分设施设置施工标志,进行交通管制,对附近人群应进行施工安全宣传。

3.2 路面基层(底基层)施工

【基 础】

◆半刚性基层(底基层)

1.结构简介

半刚性基层或稳定土基层的含义是指采用一定的技术措施,在土中掺入适量的稳定剂(如水泥、石灰或沥青等),按照一定的技术,经拌和、压实、养护成型的路面基层。

(1)半刚性基层的特点。半刚性基层的整体性好、水稳性好、承载力高、刚度大,且较为经济。目前,已广泛地应用于各等级公路的路面基层。(底基层)

(2)稳定材料及稳定方法。稳定材料及稳定土采用不同的稳定剂或稳定方法,从而形成不同的稳定土路面,见表 3.1。

表 3.1 稳定材料及稳定土的主要方法

稳定的方法	使用的稳定材料	适宜稳定的土	稳定土的主要技术性质
压实	—	各类土	强度与稳定性略有提高
盐溶液	氯化钙、氯化镁、氯化钠等盐类	级配改善后的土	较高的强度与稳定性和一定程度的抗冻性,不耐磨,整体性强
无机结合料	各类水泥、熟石灰粉与磨细生石灰、硅酸钠(水玻璃)	经级配改善或未改善的高液限黏土类、中液限黏土类、低液限黏土类、粉土类	不透水、一定的强度、水稳定性抗冻性、拌和稍困难些
有机结合料	黏稠或液体沥青、煤沥青、乳化沥青、沥青膏浆等	经级配改善或未改善的中液限黏土类、低液限黏土类	—
综合法	以石灰、水泥、沥青中的一种为主,掺入其他结合料等	各类土	较高的强度与稳定性
工业废料	炉渣、矿渣和粉煤灰等	高液限黏土类、中液限黏土类	较高的强度与稳定性
高分子聚合物人合成树脂		各类土	较高的强度与稳定性

(3)半刚性基层(底基层)路面性能

半刚性基层(底基层)路面性能的比较见表 3.2。

表3.2 半刚性基层(底基层)路面性能比较

类型	种类	强度形成	影响强度及稳定性因素
石灰稳定类	石灰土、石灰砂砾土、石灰碎石土	石灰与细粒土的相互作用	土质、石灰的质量与剂量、养生条件与龄期
水泥稳定类	水泥稳定土、水泥稳定砂砾、水泥稳定砂砾土、水泥稳定碎石土	水泥与细粒土的相互作用	土质、水泥性能与剂量、水
综合稳定类	石灰粉煤灰类(二灰、二灰土、二灰砂、二灰砂砾、二灰碎石)水泥石灰稳定土	石灰、水泥(粉煤灰)与砂、土的相互作用	土质、石灰及水泥的性能与剂量、养生条件

2. 常用材料要求

(1)土。

1)要易于粉碎,便于碾压成型。

2)最大粒径:用做底基层时,不超过50 mm(方孔筛,下同);用做基层时,不超过40 mm,颗粒组成应满足表3.3的要求。水泥稳定类作底基层时,土的均匀系数应大于5,实际中宜大于10。

表3.3 半刚性基层(底基层)土的颗粒组成范围

筛孔尺寸/mm	二级及二级以下公路 质量通过百分率/%		筛孔尺寸/mm	高速公路及一级公路 质量通过百分率/%	
	底基层	基层		底基层	基层
53	100	—	—	—	—
37.5	—	90~100	37.5	100	100
26.5	—	66~100	31.5	90	100
19	—	54~100	26.5	—	90~100
9.5	—	39~100	19	67~90	72~89
4.75	50~100	50~100	9.5	45~68	47~67
2.36	—	20~70	4.75	50~100	29~50	29~49
1.18	—	14~57	2.36	18~38	17~35
0.6	17~100	8~47	0.6	17~100	8~22	8~22
0.075	0~50	0~30	0.075	0~30	0~7	0~7
0.002	0~30	—	—	—	—

注:集料中0.5 mm以下细粒土有塑性指数时,小于0.075 mm的颗粒含量不应超过5%;细粒土无塑性指数时,小于0.075 mm的颗粒含量不应超过7%。

3)硫酸盐、有机质含量。水泥稳定时,有机质含量不应大于2%,硫酸盐含量不应大于0.25%;有机质含量超过2%以及塑性指数偏高的土必须先用石灰进行处理,才可用水泥稳定;石灰稳定类的土的有机质含量不应超过10%,硫酸盐含量不应超过0.8%。

4)液性、塑性指数。水泥稳定类时,土的液限不宜超过40%,塑性指数不宜超过17;

水泥稳定砂时,可在砂中掺入少量塑性指数小于12的黏性土(亚黏土),以便于碾压;石灰稳定类时,塑性指数宜为15~20;综合稳定类时,塑性指数宜为12~20。

(2)压碎值,所用碎石的集料压碎值应符合表3.4的要求。

表3.4 所用碎石的集料压碎值

公路等级		压碎值规定
基层	高速公路和一级公路	不大于30%
	二级和二级以下公路	不大于35%
底基层	高速公路和一级公路	不小于30%
	二级和二级以下公路	不大于40%

(3)水泥。技术指标满足要求的硅酸盐水泥、矿渣水泥或火山灰水泥都可用于稳定土,但应选用初凝时间3 h以上和终凝时间较长(宜在6 h以上)的水泥。不得使用早强水泥、快凝水泥以及受潮变质水泥,宜采用强度等级为32.5或42.5的水泥。

(4)石灰。石灰质量应符合Ⅲ级以上的生石灰或消石灰的技术指标,实际使用时,应尽量缩短石灰的存放时间,石灰在野外堆放时间较长时,应妥善覆盖保管,不应遭日晒雨淋。

使用等外石灰、贝壳石灰、珊瑚石灰等,应通过试验;如果稳定土混合料的强度符合规范的要求,也可使用,高等级公路的基层(底基层)宜采用磨细生石灰。

(5)粉煤灰。粉煤灰是火力发电厂燃烧煤粉产生的粉状灰渣,其主要成分 SiO_2、Al_2O_3 和 Fe_2O_3 的总含量应大于70%,烧失量不应超过20%,比表面积宜大于2 500 cm^2/g,但比表面积越大,对水分敏感性也越大,压实也不容易。因此,作为水泥外加剂时,宜选用细颗粒的粉煤灰;作为石灰粉煤灰土混合料时,宜选用粗颗粒的粉煤灰,以求容易碾压稳定。

干粉煤灰和湿粉煤灰都可应用。干粉煤灰如果堆在空地上应洒水以防止飞扬造成污染。湿粉煤灰的含水率不宜超过35%。使用时,应将凝固的粉煤灰打碎或过筛,同时清除有害杂质。

(6)煤渣。煤渣是煤经锅炉燃烧后的残渣,其主要成分是二氧化硅和三氧化二铝,其松干重度为6.86~10.78 kN/m^3,煤渣的最大粒径不应大于30 mm,以粗细搭配而略有级配为佳。使用时,应预先筛除大于30 mm的颗粒,由于颗粒过大日后易被行车压碎,使基层形成开裂。煤渣的含煤量宜少,最好低于20%,且不宜含杂质。

(7)水,无有害物质的人或牲畜饮用的水均可使用。

◆级配型基层(底基层)

1.结构简介

用粒径大小不同的粗细碎(砾)石集料和砂(石屑)各占一定比例,并加入一部分塑性指数较高的土所形成的混合料,当其颗粒组成符合密级配要求时,即称为级配型碎(砾)基层或底基层。

级配碎石中的碎石一般是由预先筛分成几个(如四个)大小不同粒级的碎石组配而

成,也可以用未筛分碎石和石屑组配而成。未筛分碎石指控制最大粒径(仅过一个规定筛孔的筛)后,由碎石机轧制的未经筛分的碎石料。它的理论颗粒组成为 $0 \sim D$ (D 为最大粒径),并具有较好的级配。未筛分随时可直接用作基层。石屑指碎石场孔径 5 mm 筛下的筛余料,其实际颗粒组成常为 $0 \sim 10$ mm,并具有良好的级配。

级配砾石可直接采用符合级配要求的天然砂砾,级配不符合要求的天然砂砾,需要筛除超尺寸颗粒或需要掺加另一种(或几种)砂或砂砾,经过计算确定各自的用量,使掺配的混合料符合级配要求。

由于级配砾(碎)石是用颗粒大小相间的材料掺配而成,经过压实后,能形成密实的结构,具有一定的水稳性和力学强度,因此级配碎石可用于各级公路的基层和底基层。

级配砾(碎)石基层(底基层)施工时的平整度较易控制,在就地取材的前提下,造价也较低廉。

级配砾(碎)石基层(底基层)的路拱坡度一般为 2.5%~3.5%,最小厚度为 6 cm,松铺系数为 1.3~1.4。当在潮湿路段作为沥青路面的基层时,应掺加一定剂量的石灰,以改变其水稳性。

级配型碎(砾)基层或底基层,其强度和稳定性取决于粒料之间的黏结力和内摩阻力的大小,即很大程度上取决于碎(砾)石的类型、最大粒径、细料的含量及密实度以及塑性指数等。

砂砾基层所用材料为天然砂砾,其并不完全符合级配的要求,但由于可以就地取材,且造价低廉,施工简易,一般含土少,水稳性好,因此可作为沥青路面的基层和底基层。如果天然砂砾符合级配要求,则可成为天然级配料,其使用范围和要求均与级配砾石相同;如果不符合级配,可用做底基层,并应按干湿类型适当控制细料含量和塑性指数。

由于天然砂砾材料的整体性较差,整体强度不高,因此采用一定剂量的无机结合料稳定砂砾,以提高天然砂砾材料的整体强度,改善天然砂砾材料的路用性能,且早期强度较低而后期强度增长较快。

2. 常用材料要求

级配碎(砾)石可用于各级公路基层和底基层,施工时应遵守下列规定。

1)颗粒组成应是一根顺滑的曲线。
2)配料组成必须准确。
3)塑性指数应符合规定要求。
4)混合料必须拌和均匀,没有颗粒离析现象。
5)在最佳含水率时进行碾压,直到达到下列按重型击实试验法确定的要求压实度。

中间层　　　100%

基层　　　　98%

底基层　　　96%

(1)石料的强度要求。

1)石料应具有足够的强度,且不低于Ⅳ级。
2)以压碎值控制,即石料强度不低于表 3.5 的规定为宜。

表 3.5 级配碎石、级配碎砾石和级配砾石所用石料的集料压碎值

公路等级		压碎值规定/%
基层	高速公路和一级公路	不大于 26
	二级公路	不大于 30
	二级以下公路	不大于 35
底基层	高速公路和一级公路	不大于 30
	二级公路	不大于 35
	二级以下公路	不大于 40

(2) 集料的最大粒径和颗粒形状。

1) 最大粒径。当级配碎石用做二级和二级以下公路的基层时,其最大粒径应控制在 37.5 mm 以内;当级配碎石用做高速公路和一级公路的基层以及半刚性路面的中间层时,其最大粒径宜控制在 31.5 mm 以下。级配砾石用做基层时,砾石的最大粒径不应超过 37.5 mm;用做底基层时,砾石的最大粒径不应超过 53 mm。

2) 颗粒形状。级配碎石和级配砾石中细长及扁平颗粒含量不应超过 20%,并不含有害杂质。

(3) 颗粒级配和塑性指数。当用作基层和底基层时,级配碎石和级配砾石的颗粒组成和塑性指数要满足表 3.6、表 3.7 中的有关规定,同时,级配曲线宜为圆滑曲线。在塑性指数偏大的情况下,为保证级配集料基层和底基层的稳定性,要严格控制小于 0.5 mm 以下的细料含量与塑性指数:在年降雨量小于 600 mm 的中干和干旱地区,地下水位对土基没有影响时,乘积不应大于 120;在潮湿多雨地区,乘积不应大于 100。

表 3.6 基层级配碎石混合料的颗粒组成和塑性指数

筛孔尺寸/mm	基层 质量通过百分率/%	
	二级及二级以下公路	高速公路及一级公路
37.5	100	—
31.5	90~100	100
19	73~88	85~100
9.5	45~68	52~74
4.75	29~54	29~54
2.36	17~37	17~37
0.6	8~20	8~20
0.075	0~7	0~7
液限/%	<28	<28
塑性指数	<6(或9)	<6(或9)

续表 3.6

底基层

筛孔尺寸/mm	质量通过百分率/%	
	二级及二级以下公路	高速公路及一级公路
53	100	—
37.5	85~100	100
31.5	69~88	83~100
19	40~65	54~84
9.5	19~43	29~59
4.75	10~30	17~45
2.36	8~25	11~35
0.6	6~18	6~21
0.075	0~10	0~10
液限/%	<28	<28
塑性指数	<6(或9)	<6(或9)

注:潮湿多雨地区塑性指数不大于6,其他地区塑性指数宜小于9。

表 3.7 底基层级配砾石混合料的颗粒组成和塑性指数

基层

筛孔尺寸/mm	质量通过百分率/%	
	二级及二级以下公路	高速公路及一级公路
37.5	100	—
31.5	90~100	100
19	73~88	85~100
9.5	49~69	52~74
4.75	29~54	29~54
2.36	17~37	17~37
0.6	8~20	8~20
0.075	0~7	0~7
液限/%	<28	<28
塑性指数	<6(或9)	<6(或9)

底基层

筛孔尺寸/mm	质量通过百分率/%
	各级公路
53	100

续表3.7

底基层

筛孔尺寸/mm	质量通过百分率/%
	各级公路
37.5	80~100
31.5	81~94
19	—
9.5	40~100
4.75	25~85
2.36	
0.6	8~45
0.075	0~15
液限/%	<28
塑性指数	<6(或9)

注:潮湿多雨地区塑性指数不大于6,其他地区塑性指数宜小于9。

(4)细料。

1)石屑、砂。砂的颗粒尺寸应该合适,必要时应筛除其中的超尺寸颗粒,粗砂应有较好的级配,一般情况下,应尽可能选用中砂或粗砂。

2)土。土的塑性指数越高,含量越多,则黏结越牢固,但干燥时容易收缩裂开,潮湿时水稳性差。当用于基层时,含土量和塑性指数可适当降低,黏土中不应含有草根、杂质,不得使用腐殖土。

(5)砂砾。对于天然沙砾的颗粒组成应予适当控制,以便其稳定成型。砾石的最大粒径以不大于6 cm为宜,厚度一般采用10~20 cm,最小厚度为6 cm。其颗粒组成中,大于20 mm粗集料要占40%以上,0.5 mm以下细料含量应小于15%。

◆嵌锁型基层(底基层)

1.结构简介

嵌锁型基层(底基层),是用加工轧制的碎(砾)石做主集料,并以石屑和石碴嵌缝,用黏土或石灰土泥浆灌缝,按嵌挤原理压实形成的路面结构层,也称碎(砾)石基层(底基层),按施工方法及所用填充结合料的不同,分泥结碎石、泥灰结碎石、水结碎石和干压碎石,后两种又统称为填隙碎石基层(底基层)。

嵌锁型基层(底基层)的强度主要依靠碎石之间的嵌挤锁结作用及填充结合料的黏结作用。嵌挤力的大小主要取决于石料的内摩擦角;黏结作用的大小取决于填充结合料本身的内聚力及其与矿料之间的黏附力大小。整体稳定性取决于石料的强度、尺寸、形状、均匀性、表面粗糙度以及施工时的压实程度等。

嵌锁型基层(底基层)的优点是投资不高,盛产石料地区可就地取材,并随交通量的增加进行分期修建和改善,还可在分期修建过程中作为其他路面的基层。其缺点是平整度差,易扬尘,在行车和自然因素影响下,易产生松散、磨损、磨耗层脱落露骨等病害,因此维修养护工作量大,而且适应的交通量较小。

嵌锁型基层(底基层)对材料的基本要求是:碎石应具有较高的韧性、强度和抗磨耗能力,以不低于Ⅲ级、表面粗糙、带有棱角、近于立方体的碎石为好。

(1)泥结碎石。泥结碎石是以碎石做集料,黏土做填充料和结合料,经压实形成的结构层。

泥结碎石基层(底基层)的厚度一般为 8~20 cm,常用厚度为 8~12 cm,当厚度超过 15 cm 时,一般应分两层铺筑,上层的厚度为总厚度的 0.35~0.4 倍,一般采用 6~15 cm。

泥结碎石基层(底基层),使用于三、四级公路,地方道路应用较广,它具有施工简便、造价低的优点。

(2)泥灰结碎石。泥灰结碎石是以碎石做集料,用一定数量的石灰土填充空隙做黏结料形成的结构层。它针对泥结碎石基层(底基层)水稳性不好的缺点,利用填充料中的石灰达到提高路面水稳定性的目的。

(3)填隙碎石。用单一尺寸的粗碎石做主集料,形成嵌锁结构,起承受和传递车轮荷载的作用,用石屑做填隙料,填满碎石间的孔隙,增加密实度和稳定性,这种材料称作填隙碎石。填隙碎石可用作各等级公路的底基层和二级以下公路的基层,一层压实厚度可取碎石最大粒径的 1.5~2.0 倍,即 10~12 cm,适于盛产石料地区。施工方法分干法和湿法两种。将碎石材料撒铺后直接压实而成的结构层,称为干压碎石;经洒水碾压而成的称为水结碎石。适量洒水,可降低碎石颗粒间的摩擦力,提高压实效果。同时水结碎石在压实过程中会产生一部分磨碎的石粉,它可起黏结作用。

2. 常用材料要求

嵌锁型基层(底基层)对材料的基本要求是:碎石应具有较高的韧性、强度和抗磨耗能力,以不低于Ⅲ级、表面粗糙、带有棱角、近于立方体的碎石为好。

(1)泥(灰)结碎石基层(底基层)。泥结碎石作为基层(底基层),由于含一定数量的黏土,水稳定性较差,不宜做沥青路面基层。如果做沥青路面基层时,应控制用于干燥路段,在中湿和潮湿路段填充黏结料黏土中应掺一定剂量的石灰,做成泥灰结碎石,提高其稳定性。

泥灰结碎石路面中的黏土质量、规格要求均与泥结碎石基层(底基层)相同,石灰质量不低于Ⅲ级,土和石灰的总含量与石料重量百分比应小于 20%,其中石灰剂量占土重的 8%~12%。施工程序与质量要求均与泥结碎石基层(底基层)相同。泥灰结碎石多用在中湿与潮湿路段作为沥青路面的基层。

对材料的具体要求有。

1)采用机轧碎石或天然碎石,应坚硬且尽量接近立方体并具有棱角。

2)扁平、细长颗粒含量不宜超过 20%。

3)碎石的颗粒组成范围应满足表 3.8 的要求。

表3.8　泥(灰)结碎石的碎石颗粒组成范围

编号	通过下列筛孔/mm 的质量百分比/%					
	63	53	37.5	19	9.5	4.75
1	100	—	0~15	0~5	—	—
2	—	100	—	0~5	0~5	—
3	—	—	100	0~15	0~5	—
4	—	—	—	85~100	—	0~5
5	—	—	—	—	85~100	0~5

4)黏土的塑性指数一般为18~27,且不得含有腐殖质和其他杂质。

5)石灰质量不得低于Ⅲ级,土和石灰的总含量不应大于20%(与石料质量比),石灰剂量占土重的8%~12%。

(2)填隙碎石。

1)用做基层时,碎石的最大粒径不应超过53 mm;用做底基层时,碎石的最大粒径不应超过63 mm。

2)扁平、长条和软弱颗粒的含量不应超过15%。

3)粗碎石的颗粒组成应满足表3.9中的有关规定。

表3.9　填隙碎石粗碎石的颗粒组成范围

编号	标称尺寸/mm	通过下列筛孔/mm 的质量百分比/%							
		63	53	37.5	31.5	26.5	19	16	9.5
1	30~60	100	25~60	—	0~15	—	0~5	—	—
2	25~50	—	100	—	25~50	0~15	—	0~5	—
3	20~40	—	—	100	35~70	—	0~15	—	0~5

4)轧制碎石中5 mm以下的石屑作为填隙料,宜满足表3.10的要求。

表3.10　填隙料的颗粒组成范围

筛孔尺寸/mm	9.5	4.75	2.36	0.6	0.075	塑性指数
通过百分率/%	100	85~100	50~70	30~50	0~10	小于6

5)粗碎石的压碎值,用做基层时不大于26%;用做底基层时不大于30%。

【实　务】

◆水泥稳定土的施工

1. 施工技术与质量控制

(1)拌和与运输。

1)水泥稳定混合料的拌和应采用厂拌法。

2)承包人应将机械设备的选型、拌和设备的位置、布置与设计等,在任何机械安装前提交给监理工程师审查批准。土料和稳定材料应按配合比(体积或重量比)准确配料,充分拌和并达到均匀,此时控制重点是检查无机结合料的剂量、最佳含水量的控制以及拌和方法等。

3)所有拌和设备,在拌和过程中,应均匀地注入稳定材料,并按体积或重量比例加水,且应有方法让监理工程师易于核对每一批的水量和连续式拌和机的水流量,其加水时间或水输入拌和机的位置均须得到监理工程师的同意。

4)运输混合料的车辆应根据需要配置并装载均匀,及时将混合料运至现场;当在远离施工地点拌和材料时,应保证混合料均匀,混合料运送时应加以覆盖,以防水分蒸发散失。

(2)摊铺与整形。

1)混合料摊铺必须采用监理工程师批准的机械进行,并按试验路段所得的松铺系数进行摊铺,检验材料层的松铺厚度是否符合预定要求,松铺厚度=压实厚度×松铺系数。应力求在要求的宽度上均匀摊铺。

2)混合料在路基上的摊铺量,应能保证在摊铺的宽度内达到压实厚度。混合料应确保不受污染,不再挖掘掺入新料,否则要换置新的混合料,这在施工过程时要特别注意。

3)摊铺时混合料的含水量宜高于最佳含水量0.5%~1.0%,以补偿摊铺及碾压过程中水分的散失。

4)铺筑好的混合料在经过整平、调整好路拱后,进行压实作业。

5)无机结合料稳定类结构层应用12 t以上的压路机碾压,当用12~15 t压路机碾压时,每层的压实厚度不超过15 cm;当用18~20 t压路机碾压时,每层的压实厚度不超过20 cm;对于稳定中粒土和粗粒土,当采用能量大的振动压路机时,每层的压实厚度应根据试验确定(即试验路段确定),压实厚度超过上述规定时应分层铺筑,但每层最小压实厚度不得小于10 cm。

(3)碾压。

1)混合料的碾压应按试验路段确认的施工工艺、施工方法、压实速度和遍数进行压实,并连续碾压达到规定的压实度。

2)压实作业应遵循"先轻后重、先静后动、先慢后快、先边后中、先内后外"的原则,即直线段由两侧路肩向路中心进行碾压,平曲线路面由内侧路肩向外侧路肩进行碾压。

3)碾压过程中,混合料的表面应始终保持潮湿,如果表面水分散失太快,应及时补洒少量的水。如有"弹簧"、松散、起皮等现象,应及时翻开重新拌和,或用其他方法处理,使之达到质量要求。对于水泥稳定类,在施工过程中,从加水拌和到碾压终了的延迟时间不应超过规定值。

4)在碾压结束之前,再对所压基层进行一次检查,使其纵向顺适,路拱和超高符合设计要求。

5)严禁压路机在已完成的或正在碾压的路段上掉头和紧急制动,以保证水泥稳定土层表面不受破坏。施工接缝和压路机掉头,应按《公路路面基层施工技术规范》(JTJ 034—2000)的规定处理。

6)压实作业完成后,从外观看,表面应无移动,无碾压痕迹、裂缝、隆起或松散材料。

(4)养护及交通管制。碾压完成后应立即进行养护,养护时间不应少于7 d,养护方法可根据具体情况采用洒水或沥青乳液等。养护期间应封闭交通,不能封闭时,须经监理工程师批准,并将车速限制在30 km/h以下,且应禁止重型车辆通行。

(5)气候条件。雨季施工应特别注意天气变化,工地气温低于5 ℃时不应进行施工,避免水泥和混合料受雨淋。降雨时应停止施工,但已摊铺的混合料应尽快碾压密实。

(6)抽样试验。混合料应在施工现场每天取样一次或每2 000 m² 取样一次,并按《公路工程无机结合料稳定材料试验规程》(JTJ E51—2009)标准方法进行各项试验;在已完成的铺筑层上按《公路路基路面现场测试规程》(JTG E60—2008)进行压实度试验。基层应取芯样检验其整体性。所有的试验结果均报监理工程师审批,所发生的一切费用由承包人自负。

2. 施工质量检验与质量标准

水泥稳定类基层(底基层)的实测项目与质量标准见表3.11、表3.12。

表3.11 水泥稳定土基层(底基层)实测项目与质量标准

项次	检查项目		规定值或允许偏差				检查方法和频率	权值
			基层		底基层			
			高速公路、一级公路	其他公路	高速公路、一级公路	其他公路		
1△	压实度/%	代表值	—	95	95	93	按(JTG F80/1—2004)附录B检查,每200 m每车道2处	3
		极值	—	91	91	89		
2	平整度/mm			12	12	15	3 m直尺:每200 m测2处×10尺	2
3	纵断高程/mm		+5 −15	+5 −15	+5 −20		水准仪:每200 m测4个断面	1
4	宽度/mm		符合设计要求		符合设计要求		尺量:每200 m测4个断面	1
5△	厚度/mm	代表值	−10	−10	−12		按(JTG F80/1—2004)附录H检查,每200 m每车道1点	2
		极值	−20	−25	−30			
6	横坡/%		±0.5	±0.3	±0.5		水准仪:每200 m测4个断面	1
7△	强度/MPa		符合设计要求		符合设计要求		按(JTG F80/1—2004)附录G检查	3

表3.12 水泥稳定粒料基层和底基层实测项目与质量标准

项次	检查项目		规定值或允许偏差				检查方法和频率	权值
			基层		底基层			
			高速公路、一级公路	其他公路	高速公路、一级公路	其他公路		
1△	压实度/%	代表值	98	97	96	95	按(JTG F80/1—2004)附录B检查,每200 m每车道2处	3
		极值	94	93	92	91		

续表 3.12

项次	检查项目		规定值或允许偏差				检查方法和频率	权值
			基层		底基层			
			高速公路、一级公路	其他公路	高速公路、一级公路	其他公路		
2	平整度/mm		8	12	12	15	3 m 直尺：每 200 m 测 2 处×10 尺	2
3	纵断高程/mm		+5 -10	+5 -15	+5 -20	+5 -20	水准仪：每 200 m 测 4 个断面	1
4	宽度/mm		符合设计要求	符合设计要求			尺量：每 200 m 测 4 个断面	1
5△	厚度/mm	代表值	-8	-10	-10	-12	按（JTG F80/1—2004）附录 H 检查，每 200 m 每车道 1 点	2
		极值	-15	-20	-25	-30		
6	横坡/%		±0.3	±0.5	±0.3	±0.5	水准仪：每 200 m 测 4 个断面	1
7△	强度/MPa		符合设计要求		符合设计要求		按（JTG F80/1—2004）附录 G 检查	3

在基层、底基层施工过程中，承包人应按合同与规范要求项目、频率进行质量自检，并经监理工程师的批准。

◆石灰粉煤灰稳定土的施工

石灰粉煤灰稳定土，可以利用常规的施工设备进行拌和、摊铺和碾压，其施工要点是混合料的组成成分要拌和均匀，摊铺到合适的厚度，压实至规定的密实度。

目前，工程中采用集中拌和法与路拌法。

1. 集中拌和法

为保证配料准确，拌和均匀，应尽可能采用中心站集中拌和法，其生产工艺流程如图 3.3 所示。

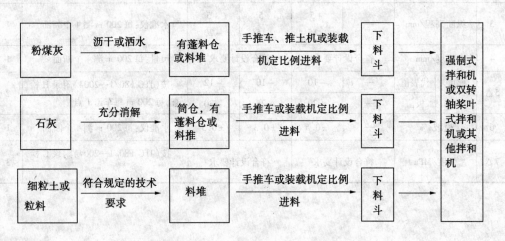

图 3.3 石灰粉煤灰稳定土生产工艺流程图

(1)拌和。可在中心站采用强制式拌和机、双转轴桨叶式拌和机,也可用路拌机械在场地上分批集中拌和。

1)土块、粉煤灰块要粉碎。

2)配料要准确。

3)含水率要略大于最佳含水率。

4)拌和要均匀。

5)石灰应储藏在筒仓中,粉煤灰可露天覆盖堆放,含水率宜为15%~20%。

(2)运输。可以用普通的自卸车运料,并适当覆盖,以防水分损失或沿路飞扬。

(3)摊铺。混合料运到现场后,应尽可能用机械摊铺,应注意摊铺均匀,保证一定的平整度。

(4)压实。可用轮胎压路机、振动压路机等进行压实。轻型压路机初压后,可用重型钢轮压路机进行碾压,并在终压前,用平地机进行整平。

一般压实厚度为15~18 cm,重型振动压路机可以达20~25 cm。若设计厚度较大,应分层摊铺压实,上下层的施工间隔时间不宜过长,最好在同一天铺筑。下层不应有松散材料,摊铺上层时,下层的表面应保持潮湿。

石灰粉煤灰稳定类基层(底基层)的实测项目与质量标准见表3.13、表3.14。

表3.13 石灰、粉煤灰稳定土基层和底基层实测项目与质量标准

项次	检查项目		规定值或允许偏差				检查方法和频率	权值
			基层		底基层			
			高速公路、一级公路	其他公路	高速公路、一级公路	其他公路		
1△	压实度/%	代表值	—	95	95	93	按(JTG F80/1—2004)附录B检查,每200 m每车道2处	3
		极值	—	91	91	89		
2	平整度/mm		—	12	12	15	3 m直尺:每200 m测2处×10尺	2
3	纵断高程/mm		—	+5 −15	+5 −15	+5 −20	水准仪:每200 m测4个断面	1
4	宽度/mm		符合设计要求		符合设计要求		尺量:每200 m测4个断面	1
5△	厚度/mm	代表值	—	−10	−10	−12	按(JTG F80/1—2004)附录H检查,每200 m每车道1点	2
		极值	—	−20	−25	−30		
6	横坡/%		—	±0.5	±0.3	±0.5	水准仪:每200 m测4个断面	1
7△	强度/MPa		符合设计要求		符合设计要求		按(JTG F80/1—2004)附录G检查	3

表3.14 石灰、粉煤灰稳定粒料基层和底基层实测项目与质量标准

项次	检查项目		规定值或允许偏差				检查方法和频率	权值
			基层		底基层			
			高速公路、一级公路	其他公路	高速公路、一级公路	其他公路		
1△	压实度/%	代表值	98	97	96	95	按(JTG F80/1—2004)附录B检查,每200 m每车道2处	3
		极值	94	93	92	91		
2	平整度/mm		8	12	12	15	3 m直尺:每200 m测2处×10尺	2
3	纵断高程/mm		+5 −10	+5 −15	+5 −20	+5 −20	水准仪:每200 m测4个断面	1
4	宽度/mm		符合设计要求		符合设计要求		尺量:每200 m测4个断面	1
5△	厚度/mm	代表值	−8	−10	−10	−12	按(JTG F80/1—2004)附录H检查,每200 m每车道1点	2
		极值	−15	−20	−25	−30		
6	横坡/%		±0.3	±0.5	±0.3	±0.5	水准仪:每200 m测4个断面	1
7△	强度/MPa		符合设计要求		符合设计要求		按(JTG F80/1—2004)附录G检查	3

2. 路拌法

路拌法一般用于二级和二级以下公路的施工,施工过程中,应注意混合料的均匀性和粗细颗粒的离析现象。

(1)下承层的准备。用石灰粉煤灰处理原路上的集料时,应检验集料是否合格,并能满足混合料的级配要求。如果原路上集料中的细料是黏土矿物,可先用石灰处理,增加混合料的和易性。

施工步骤如下。

1)翻挖原路上的土集料,必要时进行粉碎。
2)整平按要求的宽度和厚度摊铺的土料层,以便摊铺石灰和粉煤灰。
3)撒布拌和均匀的石灰和粉煤灰混合料。
4)拌和混合料,并使混合料具有一定的含水率。
5)整平混合料达到要求的厚度。
6)压实达到规定的密实度。

(2)撒布石灰和粉煤灰。

1)对于密实式石灰粉煤灰混合料,应先将石灰和粉煤灰拌和均匀后,再撒铺到粒料层上。若需作短时间堆放,应处在干燥状态。对于悬浮式混合料,应先撒布粉煤灰再撒布石灰。

2)粉煤灰宜在含水率15%~25%状态下撒布。

3)石灰和粉煤灰应摊铺均匀。

(3)拌和。一般采用转轴式拌和机进行拌和,如宝马拌和机;也可使用平地机进行拌和,但应注意避免出现离析现象。对于没有专用拌和机械的次要公路,可采用四或五铧

犁配合旋转耕作机或缺口圆盘耙进行拌和。拌和过程中,拌和层底部不得留有"素土"或"素粒料"夹层。

(4)压实。与集中拌和法施工相同。

(5)养生。养生期一般为 7 d,若石灰粉煤灰作为底基层,需养生 10~14 d,再铺筑上面的结构层。

(6)透层或下封层。石灰(水泥)粉煤灰集料基层养生结束后,宜开放交通一段时间,以磨去表面的二灰薄层,露出集料颗粒,清扫表面浮土,然后喷撒透层沥青或做下封层。

做透层时,宜采用浓度较稀的慢裂型沥青乳液。做下封层时应分两次喷洒乳液,第一次喷洒较稀的沥青乳液,用量 $1.0\ kg/m^2$,待干后再喷洒正常的乳液,用量 $1.0\sim1.2\ kg/m^2$,然后撒布一层粒径 $4.75\sim9.5\ mm$ 的碎石,并用 16 t 轮胎压路机碾压 2~3 遍。

◆级配碎(砾)石的施工

1. 施工技术与质量控制

(1)在已经过加工的路基上恢复中线,直线段 20~25 m 设一桩,平曲线每 10 m 设一桩,并在两侧路面边缘外设指示桩。

(2)进行高程测量,并在两侧指示桩上用红漆标出基层的边缘设计高程及松铺厚度标记。所进行的测量,其精度要符合规范要求。

(3)级配碎石层施工时,应遵守下列规定。

1)颗粒组成应是一根顺滑的曲线。

2)配料必须准确。

3)塑性指数应符合规定。

4)混合料必须拌和均匀,没有粗细颗粒离析现象。

5)在最佳含水量时进行碾压,直到达到按重型击实试验法确定的要求压实度。

中间层　　　100%

基层　　　　98%

底基层　　　96%

6)应使用 12 t 以上的三轮压路机碾压,每层的压实厚度不应超过 18 cm;用重型振动压路机和轮胎压路机碾压时,每层的压实厚度可达 20 cm。

7)级配碎石基层未洒透层沥青或未铺封层时,禁止开放交通,以保护表层不受破坏。

(4)级配碎石用作较薄沥青层与半刚性基层之间的中间层以及二级以上公路的基层时,应采用集中厂拌法拌制混合料,并可采用摊铺机摊铺级配碎石混合料。

(5)级配碎石中心站集中厂拌法施工,应遵守下列规定。

1)级配碎石混合料可以在中心站用多种机械进行集中拌和,如强制式拌和机、卧式双转轴桨叶式拌和机、普通水泥混凝土拌和机等。

2)对于高速公路和一级公路的级配碎石基层和中间层,宜采用不同粒级的单一尺寸碎石和石屑,按预定配合比在拌和机内拌制级配碎石混合料。

3)不同粒级的碎石和石屑等细集料应隔离,分别堆放。

4)细集料应有覆盖,防止雨淋。

5)在正式拌制级配碎石混合料之前,必须先调试所用的厂拌设备,使混合料的颗粒组成和含水量都能达到规定的要求。

6)在采用未筛分碎石和石屑时,如未筛分碎石和石屑的颗粒组成发生明显变化,应重新调试设备。

7)将级配碎石用于高速公路和一级公路时,应用沥青混凝土摊铺机或其他碎石摊铺机摊铺碎石混合料。

8)摊铺机后面应设专人消除粗细集料离析现象。

9)级配碎石用于二级和二级以下公路时,如没有摊铺机,也可用自动平地机(或摊铺箱)摊铺混合料。

(6)自动平地机摊铺级配碎石。级配碎石基层,如果没有摊铺机,也可用自动平地机(或摊铺箱)摊铺混合料,其具体要求如下。

1)根据摊铺层的厚度和要求达到的压实干密度,计算每车混合料的摊铺面积。

2)将混合料均匀地卸在路幅中央,路幅宽时,也可将混合料卸成两行。

3)用平地机将混合料按松铺厚度摊铺均匀。

4)设一个三人小组跟在平地机后面,及时消除粗细集料离析现象。对粗集料"窝"和粗集料"带",应添加细集料,并拌和均匀;对于细集料"窝",应添加粗集料,并拌和均匀。

(7)级配碎石基层的整形。用平地机摊铺级配碎石基层混合料后的整形应按下列步骤进行。

1)混合料拌和均匀后,应立即用平地机初步整形。在直线段,平地机由两侧向路中心进行刮平;在平曲线段,平地机由内侧向外侧进行刮平。必要时,再返回刮一遍。

2)用拖拉机、平地机或轮胎压路机立即在初平的路段上快速碾压一遍,以暴露潜在的不平整。

3)再用平地机按1)进行整形,整形前应用齿耙将轮迹低洼处表层5 cm以上耙松,并按2)再碾压一遍。

4)对于局部低洼处,应用齿耙将其表面层5 cm以上耙松,并用新拌的混合料进行找平。

5)再用平地机整形一次。应将高处料直接刮出路外,不应形成薄层贴补现象。

6)每次整形都应达到规定的坡度和路拱,并应特别注意接缝处必须顺适平整。

7)当用人工整形时,应用锹和耙先将混合料摊平,用路拱板进行初步整形。用拖拉机初压1~2遍后,根据实测的松铺系数,确定纵横断面的标高,并设置标记和挂线。利用锹耙按线整形,再用路拱板校正成型。如为水泥土,在拖拉机初压之后,可用重型框式路拱板(拖拉机牵引)进行整形。

8)在整形过程中,严禁任何车辆通行,并保持无明显的粗细集料离析现象。

(8)级配碎石基层的碾压。级配碎石应在最佳含水量时遵循先轻后重的原则进行碾压,并碾压至要求的压实度。用振动压路机、三轮压路机进行碾压。

1)整形后,当混合料的含水量等于或略大于最佳含水量时,立即用12 t以下三轮振动压路机或轮胎压路机进行碾压。直线和不设超高的平曲线段,由两侧路肩开始向路中心碾压;在设超高的平曲线段,由内侧路肩向外侧路肩进行碾压。碾压时,后轮应重叠1/2轮宽;后轮必在超过两段的接缝处。后轮压完路面全宽时,即为一遍。碾压一直进行到要求的密实度为止。一般需碾压6~8遍,应使表面无明显轮迹。压路机的碾压速度,头两遍以采用1.5~1.7 km/h为宜,以后采用2.0~2.5 km/h。

2) 路面的两侧应多压2~3遍。

3) 严禁压路机在已完成的或正在碾压的路段上调头或紧急刹车。

4) 凡含土的级配碎石层,都应进行滚浆碾压,一直压到碎石层中无多余细土泛到表面为止。滚到表面的浆(或事后变干的薄土层)应清除干净。

(9) 集中厂拌法施工时横向接缝的处理。

1) 用摊铺机摊铺混合料时,靠近摊铺机当天未压实的混合料,可与第二天摊铺的混合料一起碾压,但应注意此部分混合料的含水量。必要时,应人工补充洒水,使其含水量达到规定的要求。

2) 用平地机摊铺混合料时,两作业段的衔接处应搭接拌和。第一段拌和后,留5~8 m不进行碾压,第二段施工时,前段留下未压部分与第二段一起拌和整平后进行碾压。

(10) 纵向接缝。施工中应避免纵向接缝。如摊铺机的摊铺宽度不够,必须分两幅摊铺时,宜采用两台摊铺机一前一后相隔5~8 m同步向前摊铺混合料。在仅有一台摊铺机的情况下,可先在一条摊铺带上摊铺一定长度后,再到另一条摊铺带上摊铺,然后一起进行碾压。

在不能避免纵向接缝的情况下,纵缝必须垂直相接,不应倾斜接,并按下述方法处理:

1) 在前一幅摊铺时,在靠后一幅的一侧应用方木或钢模板做支撑,方木或钢模板的高度与级配碎石层的压实厚度相同。

2) 在摊铺后一幅之前,将方木或钢模板除去。

3) 如在摊铺前一幅时未用方木或钢模板支撑,靠边缘的30cm左右难于压实,而且形成一个斜坡,在摊铺后一幅时,应先将未完全压实部分和不符合路拱要求部分挖松并补充洒水,待后一幅混合料摊铺后一起进行整平和碾压。

2. 施工质量检验与质量标准

级配碎(砾)石基层(底基层)的实测项目与质量标准见表3.15。

表3.15 级配碎(砾)石基层和底基层实测项目与质量标准

项次	检查项目		规定值或允许偏差				检查方法和频率	权值
			基层		底基层			
			高速公路、一级公路	其他公路	高速公路、一级公路	其他公路		
1△	压实度/%	代表值	98	98	96	96	每200 m每车道2处	3
		极值	94	94	92	92		
2	平整度/mm		8	12	12	15	每200 m每车道2处×10尺	3
3	纵断高程/mm		+5 −10	+5 −15	+5 −15	+5 −20	每200 m测4个断面	2

续表 3.15

项次	检查项目		规定值或允许偏差				检查方法和频率	权值
			基层		底基层			
			高速公路、一级公路	其他公路	高速公路、一级公路	其他公路		
4	弯沉值/0.01 mm		符合设计要求				按(JTG F80/1—2004)附录 I 检查	1
5	宽度/mm		符合设计要求				每200 m 测4个断面	1
6	厚度/mm	代表值	-8	-10	-10	-12	每200 m 每车道1点	2
		极值	-15	-20	-25	-30		
7	横坡/%		±0.3	±0.5	±0.3	±0.5	每200 m 测4个断面	1

3.3 水泥混凝土路面施工

【基 础】

◆ **普通混凝土路面**

普通混凝土路面是指除接缝区和局部范围(边缘和角隅)外,面层内均不配置钢筋的混凝土路面。与沥青路面类型路面相比,普通混凝土路面具有强度高、耐久性好、稳定性好、有利于夜间行车等优点,但也存在大量的接缝施工、修复困难、开放交通较迟等缺点。

混凝土面层是由一定厚度的混凝土板所组成,它具有热胀冷缩的性质,因此需要设置横向接缝(横向缩缝、施工缝、胀缝)和纵向接缝。横向接缝是垂直于行车方向的接缝,间距一般为 4~6 m(即板长);纵向接缝是指平行于混凝土路面行车方向的接缝,间距为 3.0~4.5 m。

水泥混凝土的弹性模量为 $(25~40) \times 10^3$ MPa。它属于脆性材料,抗弯拉强度比抗压强度低得多。为使水泥混凝土路面能够经受车轮荷载的多次重复作用,抵抗温度翘曲应力,并对地基变形有较强的适应能力,混凝土面板必须具有足够的厚度和抗弯拉强度。

◆ **钢筋混凝土路面**

当混凝土板的平面尺寸较大,或者预计路基或基层有可能产生不均匀沉降;或者板下埋设有地下设施等情况时,宜采用钢筋混凝土路面。

钢筋混凝土路面是指板内配置有纵横向钢筋(或钢丝)网的混凝土路面。设置钢筋网的主要目的是控制裂缝缝隙的张开量,把开裂的板拉在一起,使板依靠断裂面上的集料嵌锁作用而保证结构强度,并非增加板的抗弯强度。因此,钢筋混凝土面层所需的厚度与素(无筋)混凝土面层厚度相同。配筋是按混凝土收缩时将板块拉在一起所需的拉力确定。最大的拉应力出现在板中央开裂时,它等于由该处到最近的板边缘范围内面层和基层之间的摩阻力。

为使板内应力尽可能分散,宜采用小直径钢筋。纵横向钢筋宜采用相同直径。网筋的最小间距应为集料最大粒径的2倍,有关规定见表3.16。钢筋的搭接长度,根据经验,宜为直径的24倍以上。由于钢筋的主要作用是使裂缝密闭,它在板内的竖向位置并不太重要,只要有足够的保护层以防锈蚀即可。通常设在顶面下1/3~1/2板厚范围内。外侧钢筋中心到接缝或自由边的距离为0.1 m。

表3.16 钢筋最小直径和最大间距

钢筋类型	普通钢筋	螺纹钢筋
最小直径/mm	7	10
纵向最大间距/m	0.15	0.35
横向最大间距/m	0.30	0.75

钢筋混凝土板的缩缝间距(即板长)一般为13~22 m,最大不宜超过30 m。缩缝内必须设置传力杆,其他接缝构造与素混凝土路面相同。

◆ 连续配筋混凝土路面

连续配筋混凝土路面的特点是一般不设横缝(施工缝和特定情况下必设的胀缝除外)且配筋量很大的混凝土面层。这种面层会在温度和湿度变化引起的内应力作用下产生许多横向裂缝,裂缝的间距为1.0~3.0 m,缝隙的平均宽度为0.2~0.5 mm。但是,由于配置了许多纵向连续钢筋,这些横向裂缝不至于张开而使杂物侵入或使混凝土剥落,因此不会影响行车的使用品质。

确定纵向钢筋用量的控制因素使裂缝缝隙的宽度,缝隙过宽易使杂物和水侵入。配筋量多,可使缝隙宽度和间距减小。由于缝隙间距同缝隙宽度有直接关联,钢筋用量可按规定的裂缝间距来确定。虽然有好几种理论公式可用以计算钢筋用量,但通常都是根据经验确定,一般认为保持裂缝完整无损所需配筋量为混凝土板断面积的0.6%~0.8%。在美国一般气候区最小钢筋用量取0.6%,在寒冷地区取0.7%。钢筋间距最大0.23 m,最小0.1 m。钢筋直径应按规定选用。钢筋的埋置深度,在顶面下1/3~1/2板厚范围内。搭接长度至少0.5 m或钢筋直径的30倍,所有搭接均需错开。

横向钢筋的用量很小,其配筋率约为纵向钢筋的1/10~1/5,主要目的是保持纵向钢筋的间距,纵横向钢筋均需采用螺纹钢筋,以保证钢筋和混凝土之间具有足够的握裹力。

连续配筋混凝土板内的钢筋并非按承受荷载应力进行设计的。因此,它的厚度仍可采用无筋混凝土路面板的计算方法确定。由于不考虑温度应力的组合,可适当降低厚度,例如,按无筋混凝土面板计算厚度的85%~90%取用。

连续配筋混凝土面层在浇筑中断时需设置施工缝。施工缝采取平缝形式,并用长度为1 m的拉杆增强。拉杆的直径与间距同纵向钢筋,以使施工缝两侧的混凝土板块加固成连续的整体。

由于连续配筋的混凝土路面没有接缝(施工缝除外),因此,在长板的端部、桥头连接处,或者与其他路面纵向街头处都要设置胀缝,以便为混凝土的膨胀留有余地。

◆组合式混凝土路面

新建道路的混凝土面板一般按单层式建造，只有当缺乏品质良好的材料时，才考虑采用双层式混凝土路面板，即利用品质较好的材料铺筑板的上层，而用当地品质较差的材料修筑板的下层，以降低造价。在改建旧混凝土路面时，有时在其上加铺一层新混凝土面层，这样也形成双层式混凝土路面结构。根据双层混凝土路面上下层板之间结合程度的不同，有分离式、结合式和部分结合式三种形式。

1. 分离式

上下层混凝土板之间铺以厚 $1\sim2$ cm 以上的沥青砂或双层油毡作为隔离材料，以达到分离的目的。这种分离措施，可防止下层板的接缝和裂缝反射到上层板内。因此分离式双层混凝土路面板不要求上下层板的接缝对齐。当下层板严重破碎时，也可采用这种形式。新铺混凝土面层的厚度不宜小于 12 cm。施工立模时可采用预制混凝土块顶撑模板的方法固定模板，也可采用穿孔插钎固定模板。

2. 结合式

上下层混凝土板牢固结合成为一整体，新建路面时，上下层混凝土连续施工，即可做成结合式。改建路面时，将下层板表面凿毛、洗净晾干，并喷刷高等级水泥浆（水灰比 $0.4\sim0.5$）或环氧树脂等黏结剂，随即浇筑新混凝土面层。对于这种结合形式，下层板的裂缝和接缝将会反射到上层板内，因此要求上下层板的接缝必须对齐，并采用同样的接缝形式和缝隙宽度，这种结合形式适用于下层板完整无裂缝或虽有一些裂缝但不再发展的情况。支立模板时，可采用混凝土块顶撑或利用旧路面板的接缝钻孔插入钢钎固定的方法。

3. 部分结合式

改建路面时，先对原有混凝土板表面进行清理后再浇筑上层板。由于上下层板之间存在部分结合，下层板的裂缝与接缝通常仍会反射到上层板内，因此上下层板的接缝位置应相同，但其形式和宽度不要求完全相同。旧面层的结构损坏不太严重并已经修复时，可采用这种结合形式。

◆钢纤维混凝土路面

钢纤维混凝土路面是在混凝土中掺入一些不锈钢、低碳钢或玻璃钢的纤维，使其成为一种均匀而多向配筋的混凝土。试验表明，钢纤维与混凝土的握裹力高达 4 MPa。施工时一般在混凝土中掺入 $1.5\%\sim2.0\%$（体积比）的钢纤维，过多则混凝土和易性不好。钢纤维长度宜为 $25\sim60$ mm，直径 $0.25\sim1.25$ mm，过长则与混凝土拌和易成团，过短则混凝土强度增高不多，长度与直径的最佳比值为 50:70。

钢纤维混凝土路面的抗疲劳强度、抗冲击能力和防止裂缝的能力要好于普通混凝土路面。同时钢纤维混凝土路面厚度可以减薄 $30\%\sim50\%$，而缩缝间距可以增至 $15\sim30$ m，可以不设胀缝和纵缝。

作为一种新型的路面材料，钢纤维混凝土路面具有广泛的发展前途，它具有薄板、少缝、养护费用少、使用寿命长等特点，尤其是作为旧混凝土路面的罩面更为适宜。

◆水泥混凝土预制块铺砌路面

块料由高强水泥混凝土材料预制而成,水泥含量为 350~380 kg/m³,水灰比为 0.35,最大集料尺寸为 8~16 mm,抗压强度约为 60 MPa,块料承受磨耗的面积一般小于 0.03 m²,厚度至少 6 cm,形状有矩形、嵌锁形(不规则形状)两类。这种路面结构由面层、砂整平层和基层组成,基层类型同普通混凝土路面。

混凝土预制块铺砌的路面具有结构简单,价格低廉,能承受较大的单位压力,出现较大变形也不会破坏块料,便于修复等优点,因此,比较广泛地用于铺筑人行道、堆场(尤其是集装箱码头堆场)、停车场、街区道路、次要道路、一般公路的路面等。

◆碾压混凝土路面

碾压混凝土是一种含水率低,通过振动碾压施工工艺达到高强度、高密度的水泥混凝土。碾压混凝土路面与普通水泥混凝土路面相比能节省大量的水泥,且施工速度快,强度高,养生时间短,具有很好的社会经济效益。

根据我国碾压混凝土路面的施工水平,全厚式碾压混凝土路面的平整度难以达到规定的要求。国外也没有直接用作车辆高速行驶的路面面层。因此,碾压混凝土路面一般适用于二级及其以下等级的公路。

碾压混凝土的集料最大粒径以 20 mm 为宜。当碾压混凝土分两层摊铺时,其下层集料最大粒径可采用 40 mm。

【实 务】

◆混凝土拌和物的搅拌

1.搅拌设备

(1)搅拌场的拌和能力配置应符合下列规定。

1)采用滑模、轨道、碾压、三辊轴机组摊铺时,搅拌场配置的混凝土总拌和生产能力可按式(3.1)计算,并按总拌和能力确定所要求的搅拌楼数量和型号。

$$M - 60\mu bhV_t \tag{3.1}$$

式中:M——搅拌楼总拌和能力(m^3/h);

b——摊铺宽度(m);

V_t——摊铺速度(m/min)(≥1 m/min);

h——面板厚度(m);

μ——搅拌楼可靠性系数,1.2~1.5,根据下述具体情况确定:搅拌楼可靠性高,μ 可取较小值;反之,μ 取较大值;拌和钢纤维混凝土时,μ 应取较大值;坍落度要求较低者,μ 应取较大值。

2)不同摊铺方式所要求的搅拌楼最小生产容量应满足表 3.17 的规定。一般可配备 2~3 台搅拌楼,最多不宜超过 4 台,搅拌楼的规格和品牌尽可能统一。

表3.17 混凝土路面不同摊铺方式的搅拌楼最小配置容量

单位:m³/h

摊铺方式 摊铺宽度	滑模摊铺	轨道摊铺	碾压混凝土	三辊轴摊铺	小型机具
单车道3.75~4.5 m	≥100	≥75	≥75	≥50	≥25
双车道7.5~9 m	≥200	≥150	≥150	≥100	≥50
整幅度≥12.5 m	≥300	≥200	≥200	—	—

(2)搅拌楼的配备应符合表3.18的规定。应优先选配间歇式搅拌楼,也可使用连续式搅拌楼。

表3.18 与公路等级相适应的机械装备

摊铺机械装备	高速公路	一级公路	二级公路	三级公路	四级公路
滑模摊铺机	√	√	√	▲	○
轨道摊铺机	▲	√	√	√	○
三辊轴机组	○	▲	√	√	√
小型机组	×	○	▲	√	√
碾压混凝土机械	×	○	√	√	▲
计算机自动控制强制搅拌楼(站)	√	√	√	▲	○
强制搅拌楼(站)	×	○	▲	√	√

注:1.符号含义:√应使用;▲有条件使用;○不宜使用;×不得使用。
2.各等级公路均不得使用体积计量、小型自落滚筒式搅拌机,严禁使用人工控制加水量。
3.碾压混凝土亦可用于高速公路、一级公路复合式路面的下面层和贫混凝土基层。

2.拌和技术要求

(1)每台搅拌楼在投入生产前,必须进行标定和试拌。在标定有效期满或搅拌楼搬迁安装后,均应重新标定。施工中应每15 d校验一次搅拌楼计量精确度。搅拌楼配料计量偏差不得超过表3.19的规定。不满足时,应分析原因,排除故障,确保拌和计量精确度。采用计算机自动控制系统的搅拌楼时,应使用自动配料生产,并按需要打印每天(周、旬、月)对应路面摊铺桩号的混凝土配料统计数据及偏差。

表3.19 搅拌楼的混凝土拌和计量允许偏差

单位:%

材料名称	水泥	掺和料	钢纤维	砂	粗集料	水	外加剂
高速公路、一级公路每盘	±1	±1	±2	±2	±2	±1	±1
高速公路、一级公路累计每车	±1	±1	±1	±2	±2	±1	±1
其他公路	±2	±2	±2	±3	±3	±2	±2

(2)应根据拌和物的粘聚性、均质性及强度稳定性试拌确定最佳拌和时间。一般情况下,单立轴式搅拌机总拌和时间宜为80~120 s,全部原材料到齐后的最短纯拌和时间

不宜短于 40 s;行星立轴和双卧轴式搅拌机总拌和时间为 60~90 s,最短纯拌和时间不宜短于 35 s;连续双卧轴搅拌楼的最短拌和时间不宜短于 40 s。最长总拌和时间不应超过高限值的 2 倍。

(3)混凝土拌和过程中,不得使用沥水、夹冰雪、表面沾染尘土和局部曝晒过热的沙石料。

(4)外加剂应以稀释溶液加入,其稀释用水和原液中的水量,应从拌和加水量中扣除。使用间歇搅拌楼时,外加剂溶液浓度应根据外加剂掺量、每盘外加剂溶液筒的容量和水泥用量计算得出。连续式搅拌楼应按流量比例控制加入外加剂。加入搅拌锅的外加剂溶液应充分溶解,并搅拌均匀。有沉淀的外加剂溶液,应每天清除一次稀释池中的沉淀物。

(5)拌和引气混凝土时,搅拌楼一次拌和量不应大于其额定搅拌量的 90%,纯拌和时间应控制在含气量最大或较大时。

(6)粉煤灰或其他掺和料应采用与水泥相同的输送、计量方式加入。粉煤灰混凝土的纯拌和时间应比不掺的延长 10~15 s。当同时掺用引气剂时,宜通过试验适当增大引气剂掺量,以达到规定含气量。

(7)拌和物质量检验与控制应符合下列要求。

1)搅拌过程中,拌和物质量检验与控制应符合表 3.20 的规定。低温或高温天气施工时,拌和物出料温度宜控制在 10~35 ℃。并应测定原材料温度、拌和物的温度、坍落度损失率和凝结时间等。

表 3.20 混凝土拌和物的质量检验项目和频率

检查项目	检查频度	
	高速公路、一级公路	其他公路
水灰比及稳定性	每 5 000 m² 抽检 1 次,有变化随时测	每 5 000 m³ 抽检 1 次,有变化随时测
坍落度及其均及性	每工班测 3 次,有变化随时测	每工班测 3 次,有变化随时测
坍落度损失率	开工、气温较高和有变化随时测	开工、气温较高和有变化随时测
振动黏度系数	试拌、原材料和配合比有变化时测	度拌、原材料和配合比有变化时测
钢纤维体积率	每工班测 2 次,有变化随时测	每工班测 1 次,有变化随时测
含气量	每工班测 2 次,有抗冻要求不少于 3 次	每工班测 1 次,有抗冻要求不少于 3 次
泌水率	必要时测	必要时测
视密度	每工班测 1 次	每工班测 1 次
温度、凝结时间、水化发热量	冬、夏季施工,气温最高、最低时,每工班至少测 1~2 次	冬、夏季施工。气温最高、最低时,每工班至少测 1 次
离析	随时观察	随时观察
VC 值及稳定性、压实度、松铺系数	碾压混凝土做复合式路面底层时,检查频率与其他公路相同	每工班测 3~5 次,有变化随时测

2)拌和物应均匀一致,有生料、干料、离析或外加剂、粉煤灰成团现象的非均质拌和物严禁用于路面摊铺。一台搅拌楼的每盘之间,各搅拌楼之间,拌和物的坍落度最大允许偏差为±10 mm。拌和坍落度应为最适宜摊铺的坍落度值与当时气温下运输坍落度损失值两者之和。

◆ 混凝土拌和物的运输

(1)机械摊铺系统配套的运输车数量,可按式(3.2)计算。

$$N = 2n\left(1 + \frac{S\gamma_c m}{V_q g_q}\right) \tag{3.2}$$

式中:N——汽车辆数(辆);
n——相同产量搅拌楼台数;
S——单程运输距离(km);
γ_c——混凝土密度(t/m³);
m——一台搅拌楼每小时生产能力(m³/h);
V_q——车辆的平均运输速度(km/h);
g_q——汽车载重能力(t/辆)。

(2)可选配车况优良、载重量5~20 t的自卸车,自卸车后挡板应关闭紧密,运输时不漏浆撒料,车厢板应平整光滑。远距离运输或摊铺钢筋混凝土路面及桥面时,宜选配混凝土罐车。

(3)运输到现场的拌和物必须具有适宜摊铺的工作性。不同摊铺工艺的混凝土拌和物从搅拌机出料到运输、铺筑完毕的允许最长时间应符合表3.21的规定,不满足时应通过试验、加大缓凝剂或保塑剂的剂量。

表3.21 混凝土拌和出料到运输、铺筑完毕允许最长时间

施工气温*/℃	到运输完毕允许最长时间/h		到铺筑完毕允许最长时间/h	
	滑模、轨道	三轴、小机具	滑模、轨道	三轴、小机具
5~9	2.0	1.5	2.5	2.0
10~19	1.5	1.0	2.0	1.5
20~29	1.0	0.75	1.5	1.25
30~35	0.75	0.50	1.25	1.0

(4)混凝土拌和物的运输除应满足上述规定外,尚应符合下列技术要求。

1)运送混凝土的车辆装料前,应清净厢罐,洒水润壁,排干积水。装料时,自卸车应挪动车位,防止离析,搅拌楼卸料落差应不大于2 m。

2)混凝土运输过程中应防止漏浆、漏料和污染路面,途中不得随意耽搁。自卸车运输应减小颠簸,防止拌和物离析,车辆起步和停车应平稳。

3)超过表3.21规定摊铺允许最长时间的混凝土不得用于路面摊铺。混凝土一旦在车内停留超过初凝时间,应采取紧急措施处置,严禁混凝土硬化在车厢(罐)内。

4)烈日、大风、雨天和低温天远距离运输时,自卸车应遮盖混凝土,罐车宜加保温隔热套。

5)使用自卸车运输混凝土最远运输半径不宜超过 20 km。

6)运输车辆在模板或导线区调头或错车时,严禁碰撞模板或基准线,一旦碰撞,应告知测工重新测量纠偏。

7)车辆倒车及卸料时,应有专人指挥。卸料应到位,严禁碰撞摊铺机和前场施工设备及测量仪器。卸料完毕,车辆应迅速离开。

8)碾压混凝土卸料时,车辆应在前一辆车离开后立即倒向摊铺机,并在机前 10～30 cm 处停住,不得撞击沥青摊铺机。然后换成空挡,并迅速升起料斗卸料,靠摊铺机推动前进。

◆ 混凝土面层铺筑

1. 滑模机械铺筑

(1)基准线设置。

1)滑模摊铺混凝土路面的施工应设置基准线。基准线设置形式有单向坡双线式、单向坡单线式和双向坡双线式三种。

2)基准线宽度除应保证摊铺宽度外,尚应满足两侧 650～1 000 mm,横向支距的要求。

3)基准线桩纵向间距。直线段应不大于 10 m,竖、平曲线路段视曲线半径大小应加密布置,最小 2.5 m。

4)线桩固定时,基层顶面到夹线臂的高度宜为 450～750 mm。基准线桩夹线臂夹口到桩的水平距离宜为 300 mm,基准线桩应钉牢固。

5)单根基准线的最大长度不宜大于 450 m。

6)基准线拉力应不小于 1 000 N。

7)基准线的设置精确度应符合表 3.22 规定。

表 3.22 基准线的设置精确度要求

项目	中线平面偏位/mm	路面宽度偏差/mm	面板厚度/mm		纵断高程偏差/mm	横坡偏差/%	连接纵缝高差/mm
			代表值	极值			
规定值	≤10	≤+15	≥-3	≥-8	±5	±0.10	±1.5

注:在基准线上单车道一个横断面测 3 点、双车道测 5 点测定板厚,其平均值为该断面平均析厚。断面平均板厚不应薄于其代表值;极小值不应薄于极值。每 200 m 测 10 个断面,其均值为该路段平均板厚,路段平均板厚不应小于设计板厚。不满足上述要求,不得摊铺面板。

8)基准线设置后,严禁扰动、碰撞和振动,一旦碰撞变位,应立即重新测量纠正。多风季节施工,应缩小基准线桩间距。

(2)摊铺准备。

1)所有施工设备和机具均应处于良好状态,并全部就位。

2)基层、封层表面及履带行走部位应清扫干净。摊铺面板位置应洒水湿润,但不得积水。

3)横向连接摊铺时,前次摊铺路面纵缝的溜肩胀宽部位应切割顺直。侧边拉杆应校正扳直,缺少的拉杆应钻孔锚固植入,纵向施工缝的上半部缝壁应满涂沥青。

(3)布料。

1)滑模摊铺机前的正常料位高度应在螺旋布料器叶片最高点以下,亦不得缺料。卸料、布料应与摊铺速度相协调。

2)当坍落度在 10~50 mm 时,布料松铺系数宜控制在 1.08~1.15 之间。布料机与滑模摊铺机之间施工距离宜控制在 5~10 m。

3)摊铺钢筋混凝土路面、桥面或搭板时,严禁任何机械开上钢筋网。

(4)铺筑作业。

1)操作滑模摊铺机应缓慢、匀速、连续不间断地作业,严禁料多追赶,然后随意停机等待,间歇摊铺。摊铺速度应根据拌和物稠度、供料多少和设备性能控制在 0.5~3.0 m/min 之间,一般宜控制在 1 m/min 左右。拌和物稠度发生变化时,应先调振捣频率,后改变摊铺速度。

2)应随时调整松方高度板控制进料位置,开始时宜略设高些,以保证进料。正常摊铺时应保持振捣仓内料位高于振捣棒 100 mm 左右,料位高低上下波动宜控制在 ±30 mm 之内。

3)正常摊铺时,振捣频率可在 6 000~11 000 r/min 之间调整,宜采用 9 000 r/min 左右。应防止混凝土过振、欠振或漏振。应根据混凝土的稠度大小,随时调整摊铺的振捣频率或速度。摊铺机起步时,应先开启振捣棒振捣 2~3 min,再缓慢平稳推进。摊铺机脱离混凝土后,应立即关闭振捣棒组。

4)滑模摊铺机满负荷时可铺筑的路面最大纵坡为:上坡 5%;下坡 6%。上坡时,挤压底板前仰角宜适当调小,并适当调轻抹平板压力;下坡时,前仰角宜适当调大,并适当调大抹平板压力,板底不小于 3/4 长度接触路表面时抹平板压力适宜。

5)滑模摊铺机施工的最小弯道半径应不小于 50 m;最大超高横坡不宜大于 7%。

6)单车道摊铺时,应视路面设计要求配置一侧或双侧打纵缝拉杆的机械装置。2 个以上车道摊铺时,除侧向打拉杆的装置外,还应在假纵缝位置配置拉杆自动插入装置。

7)软拉抗滑构造时表面砂浆层厚度宜控制在 4 mm 左右,硬刻槽路面的砂浆表层厚度宜控制在 2~3 mm。

8)养护 5~7 d 后,方允许摊铺相邻车道。

2. 模板及其架设与拆除

(1)模板技术要求。

1)公路混凝土路面板、桥面板和加铺层的施工模板应采用刚度足够的槽钢、轨模或钢制边侧模板,不应使用木模板、塑料模板等其他易变形的模板。模板的精确度应符合表 3.23 的规定。钢模板的高度应为面板设计厚度,模板长度宜为 3~5 m。需设置拉杆时,模板应设拉杆插入孔。每米模板应设置 1 处支撑固定装置,见图 3.4(a)、(b)。模板垂直度用垫木楔方法调整。

表3.23 模板(加工矫正)允许偏差

施工方工	高度偏差/mm	局部变形/mm	垂直边夹角/°	顶面平整度/mm	侧面平整度/mm	纵向变形/mm
三辊轴机组	±1	±2	90±2	±1	±2	±2
轨道摊铺机	±1	±2	90±1	±1	±2	±1
小型机具	±2	±3	90±3	±2	±3	±3

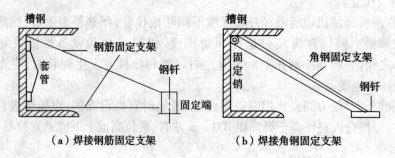

(a)焊接钢筋固定支架　　(b)焊接角钢固定支架

图3.4 (槽)钢模板焊接钢筋或角钢固定示意图

2)横向施工缝端模板应按设计规定的传力杆直径和间距设置传力杆插入孔和定位套管。两边缘传力杆到自由边距离不宜小于150 mm。每米设置1个垂直固定孔套,工作缝端模侧立面见图3.5。

3)模板或轨模数量应根据施工进度和施工气温确定,并应满足拆模周期内周转需要。一般情况下,模板或轨模总量不宜少于3～5 d摊铺的需要。

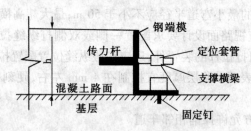

图3.5 工作缝端模侧立面

(2)模板安装。

1)支模前在基层上应进行模板安装及摊铺位置的测量放样,每20 m应设中心桩;每100 m宜布设临时水准点;核对路面标高、面板分块、胀缝和构造物位置,测量放样的质量要求和允许偏差应符合相应规范的规定。

2)纵横曲线路段应采用短模板,每块模板中点应安装在曲线切点上。

3)轨道摊铺应采用长度为3 m的专用钢制轨模,轨模底面宽度宜为高度的80%,轨道用螺栓、垫片固定在模板支座上,模板应使用钢钎与基层固定。轨道顶面应高于模板20～40 mm,轨道中心至模板内侧边缘距离宜为125 mm,见图3.6。

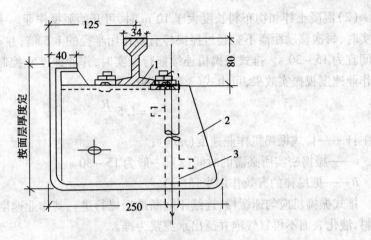

1—轨道;2—模板;3—钢钎
图 3.6 轨道模板(尺寸单位:mm)

4)模板应安装稳固、顺直、平整,无扭曲,相邻模板连接应紧密平顺,不得有底部漏浆、前后错茬、高低错台等现象,模板应能承受摊铺、振实、整平设备的负载行进、冲击和振动时不发生位移,严禁在基层上挖槽,嵌入安装模板。

5)模板安装检验合格后,与混凝土拌和物接触的表面应涂脱模剂或隔离剂;接头应粘贴胶带或塑料薄膜等密封。

(3)模板拆除及矫正。

1)当混凝土抗压强度不小于8.0 MPa方可拆模。当缺乏强度实测数据时,边侧模板的允许最早拆模时间宜符合表 3.24 的规定。达不到要求,不能拆除端模时,可空出一块面板,重新起头摊铺,空出的面板待两端均可拆模后再补做。

表 3.24 混凝土路面板的允许最早拆模时间

单位:h

昼夜平均气温/℃	-5	0	5	10	15	20	25	≥30
硅酸盐水泥、R 型水泥	240	120	60	36	34	28	24	18
道路、普通硅酸盐水泥	360	168	72	48	36	30	24	18
矿渣硅酸盐水泥	—	—	120	60	50	45	36	24

2)拆模不得损坏板边、板角和传力杆、拉杆周围的混凝土,也不得造成传力杆和拉杆松动或变形。模板拆卸宜使用专用拔楔工具,严禁使用大锤强击拆卸模板。

3)拆下的模板应将粘附的砂浆清除干净,并矫正变形或局部损坏,矫正精度应符合表 3.23 的要求。

3. 三辊轴机组铺筑

(1)应有专人指挥车辆均匀卸料。布料应与摊铺速度相适应,不适应时应配备适当的布料机械。坍落度为 10~40 mm 的拌和物,松铺系数为 1.12~1.25。坍落度大时取低值,坍落度小时取高值。超高路段,横坡高侧取高值,横坡低侧取低值。

(2)混凝土拌和物布料长度大于10 m时,可开始振捣作业。密排振捣棒组间歇插入振实时,每次移动距离不宜超过振捣棒有效作用半径的1.5倍,并不得大于500 mm,振捣时间宜为15~30 s。排式振捣机连续拖行振实时,作业速度宜控制在4 m/min以内。具体作业速度视振实效果,可由式(3.3)计算。

$$V = 1.5 \frac{R}{t} \tag{3.3}$$

式中:V——排式振捣机作业速度(m/s);

t——振捣密实所必需的时间(s),一般为15~30 s;

R——振捣棒的有效作用半径(m)。

排式振捣机应匀速缓慢、连续不间断地振捣行进。其作业速度以拌和物表面不露粗集料,液化表面不再冒气泡并泛出水泥浆为准。

(3)面板振实后,应随即安装纵缝拉杆。单车道摊铺的混凝土路面,在侧模预留孔中应按设计要求插入拉杆;一次摊铺双车道路面时,除应在侧模孔中插入拉杆外,还应在中间纵缝部位,使用拉杆插入机在1/2板厚处插入拉杆,插入机每次移动的距离应与拉杆间距相同。

(4)三辊轴整平机作业。

1)三辊轴整平机按作业单元分段整平,作业单元长度宜为20~30 m,振捣机振实与三辊轴整平两道工序之间的时间间隔不宜超过15 min。

2)三辊轴滚压振实料位高差宜高于模板顶面5~20 mm,过高时应铲除,过低应及时补料。

3)三辊轴整平机在一个作业单元长度内,应采用前进振动、后退静滚方式作业,宜分别2~3遍,最佳滚压遍数应经过试铺确定。

4)在三辊轴整平机作业时,应有专人处理轴前料位的高低情况,过高时,应辅以人工铲除,轴下有间隙时,应使用混凝土找补。

5)滚压完成后,将振动辊轴抬离模板,用整平轴前后静滚整平,直到平整度符合要求,表面砂浆厚度均匀为止。

6)表面砂浆厚度宜控制在(4±1) mm,三辊轴整平机前方表面过厚、过稀的砂浆必须刮除丢弃。

(5)应采用3~5 m刮尺,在纵、横两个方向进行精平饰面,每个方向不少于两遍。也可采用旋转抹面机密实精平饰面两遍。刮尺、刮板、抹面机、抹刀饰面的最迟时间不得迟于表3.21规定的铺筑完毕允许最长时间。

4. 轨道摊铺机铺筑

(1)布料。

1)使用轨道摊铺机前部配备的螺旋布料器或可上下左右移动的刮板布料,料堆不得过高过大,亦不得缺料。可使用挖掘机、装载机或人工辅助布料。螺旋布料器前的拌和物应保持在面板以上100 mm左右,布料器后宜配备松铺高度控制刮板。也可使用有布料箱的轨道摊铺机精确布料,箱式轨道摊铺机的料斗出料口关闭时,装进拌和物并运到布料位置后,轻轻打开料斗出料口,待拌和物堆成"堤状",左右移动料斗布料。

2)轨道摊铺时的适宜坍落度按振捣密实情况宜控制在 20~40 mm 之间。不同坍落度时的松铺系数 K 可参考表 3.25 确定,并按此计算出松铺高度。

表 3.25　松铺系数 K 与坍落度 S_L 的关系

坍落度 S_L/mm	松铺系数 K
5	1.30
10	1.25
20	1.22
30	1.19
40	1.17
50	1.15
60	1.12

3)当施工钢筋混凝土路面时,宜选用(两台)箱型轨道摊铺机分两层两次布料,可在第一层布料完成后,将钢筋网片安装好,再进行表面第二层布料,然后一次振实;也可两次布料两次振实,中间安装钢筋网。采用双层两遍摊铺钢筋混凝土路面时,下部混凝土的布料与摊铺长度应根据钢筋网片长度和第一层混凝土凝结情况而定,且不宜超过 20 m。

(2)振实作业。

1)轨道摊铺机应配备振捣棒组,振捣方式有斜插连续拖行及间歇垂直插入两种,当面板厚度超过 150 mm 坍落度小于 30 mm 时,必须插入振捣;连续拖行振捣时,宜将作业速度控制在 0.5~1.0 m/min 之间,并随着坍落度的大小而增减。间歇振捣时,当一处混凝土振捣密实后,将振捣棒组缓慢拔出,再移动到下一处振实,移动距离不宜大于 500 mm。

2)轨道摊铺机应配备振动板或振动梁对混凝土表面进行振捣和修整,振动梁的振捣频率宜控制在 50~100 Hz,偏心轴转速调节到 2 500~3 500 r/min。经振捣棒组振实的混凝土,宜使用振动板振动提浆,并密实饰面,提浆厚度宜控制在 (4±1) mm。

(3)整平饰面。

1)往复式整平滚筒前的混凝土堆积物应涌向横坡高的一侧,保证路面横坡高端有足够的料找平。

2)及时清理因整平推挤到路面边缘的余料,以保证整平精度和整平机械在轨道上的作业行驶。

3)轨道摊铺机上宜配备纵向或斜向抹平板。纵向抹平板随轨道摊铺机作业行进可左右贴表面滑动并完成表面修整;斜向修整抹平板作业时,抹平板沿斜向左右滑动,同时随机身行进,完成表面修整。

(4)精平饰面操作。精平饰面操作要求与"3.三辊轴机组铺筑"中(5)相同。

5. 小型机具铺筑

(1)摊铺。

1)混凝土拌和物摊铺前,应对模板的位置及支撑稳固情况,传力杆、拉杆的安设等进行全面检查、修复破损基层,并洒水润湿。用厚度标尺板全面检测板厚与设计值相符,方可开始摊铺。

2)专人指挥自卸车,尽量准确卸料。

3)人工布料应用铁锹反扣,严禁抛掷和搂耙。人工摊铺混凝土拌和物的坍落度应控制在 5~20 mm 之间,拌和物松铺系数宜控制在 $K=1.10~1.25$ 之间,料偏干,取较高值;反之,取较低值。

4)因故造成 1 h 以上停工或达到 2/3 初凝时间,致使拌和物无法振实时,应在已铺筑好的面板端头设置施工缝,废弃不能被振实的拌和物。

(2)插入式振捣棒振实。

1)在待振横断面上,每车道路面应使用 2 根振捣棒,组成横向振捣棒组,沿横断面连续振捣密实,并应注意路面板底、内部和边角处不得欠振或漏振。

2)振捣棒在每一处的持续时间,应以拌和物全面振动液化,表面不再冒气泡和泛水泥浆为限,不宜过振,也不宜少于 30 s。振捣棒的移动间距不宜大于 500 mm;至模板边缘的距离不宜大于 200 mm,应避免碰撞模板、钢筋、传力杆和拉杆。

3)振捣棒插入深度宜离基层 30~50 mm,振捣棒应轻插慢提,不得猛插快拔,严禁在拌和物中推行和拖拉振捣棒振捣。

4)振捣时,应辅以人工补料,应随时检查振实效果、模板、拉杆、传力杆和钢筋网的移位、变形、松动、漏浆等情况,并及时纠正。

(3)振动板振实。

1)在振捣棒已完成振实的部位,可开始振动板纵横交错两遍全面提浆振实,每车道路面应配备 1 块振动板。

2)振动板移位时,应重叠 100~200 mm,振动板在一个位置的持续振捣时间应不少于 15 s。振动板须由两人提拉振捣和移位,不得自由放置或长时间持续振动。移位控制以振动板底部和边缘泛浆厚度 $(3±1)$ mm 为限。

3)缺料的部位,应辅以人工补料找平。

(4)振动梁振实。

1)每车道路面宜使用 1 根振动梁。振动梁应具有足够的刚度和质量,底部应焊接或安装深度 4 mm 左右的粗集料压实齿,保证 $(4±1)$ mm 的表面砂浆厚度。

2)振动梁应垂直路面中线沿纵向拖行,往返 2~3 遍,使表面泛浆均匀平整。在振动梁拖振整平过程中,缺料处应使用混凝土拌和物填补,不得用纯砂浆填补;料多的部位应铲除。

(5)整平饰面。

1)每车道路面应配备 1 根滚杠(双车道两根)。振动梁振实后,应拖动滚杠往返 2~3 遍提浆整平。第一遍应短距离缓慢推滚或拖滚,以后应较长距离匀速拖滚,并将水泥浆始终赶在滚杠前方,多余水泥浆应铲除。

2)拖滚后的表面宜采用 3 m 刮尺,纵横各 1 遍整平饰面,或采用叶片式或圆盘式抹面机往返 2~3 遍压实整平饰面,抹面机配备每车道路面不宜少于 1 台。

3)在抹面机完成作业后,应进行清边整缝,清除粘浆,修补缺边、掉角,应使用抹刀将抹面机留下的痕迹抹平,当烈日曝晒或风大时,应加快表面的修整速度,或在防雨篷遮阴下进行。精平饰面后的面板表面应无抹面印痕,致密均匀,无露骨,平整度应达到规定要求。

6. 碾压混凝土面层施工

(1)基准线设置要求应符合上述 1.(1)中的规定。

(2)碾压混凝土路面铺筑松铺系数应根据混凝土配合比、施工机械由试铺确定,采用高密实度摊铺机时,松铺系数宜控制在 1.05~1.15 之间。

(3)摊铺作业。

1)摊铺前应洒水湿润基层。

2)摊铺作业应均匀、连续,摊铺过程中不得随意变换速度或停顿。

3)摊铺速度可按式(3.4)计算确定,并宜控制在 0.6~1.0 m/min 范围内。

$$V = \frac{MK}{60bh} \tag{3.4}$$

式中:V——摊铺速度(m/min);

M——搅拌机产量(m^3/h);

b——摊铺宽度(m);

h——成形后的路面厚度(m);

K——效率系数,一般为 0.85~0.95,搅拌机为 1 台选低值,多台可取高值。

4)螺旋分料器转速应与摊铺速度相适应,保证两边缘料位充足。

5)拉杆设置应与摊铺同步进行,并根据设计间距设醒目的定位标记,保证准确打入拉杆。

6)铺筑弯道路段时,应及时调整左右两侧分料器的转速,保证两侧供料均衡;弯道超高路面摊铺应确保超高部位的供料充足。

7)摊铺过后,应立即对所摊铺混凝土表面进行检查,局部缺料部位,应及时补料。局部粗料集中的部位,应采用湿筛砂浆进行弥补。

(4)碾压段长度以 30~40 m 为宜。直线段碾压时,压路机应从外侧向路中心碾压;平曲线有超高路段,由低侧向高侧、自内向外碾压,压完全宽为 1 遍;碾压作业应均匀、速度稳定;并按初压、复压和终压三个阶段进行。

1)初压应采用钢轮压路机或振动压路机静压,静压重叠量宜为 1/4~1/3 钢轮宽度,初压遍数宜为 2 遍。

2)复压应采用振动压路机振动碾压,重叠量宜为 1/3~1/2 振动碾宽度。振动压路机起步、倒车和转向均应缓慢柔顺,严禁振动压路机中途急停、急拐、紧急起步及快速倒车。复压遍数按检测达到规定压实度进行控制,一般宜为 2~6 遍。

3)终压应采用轮胎压路机静压。终压遍数应以弥合表面微裂纹和消除轮迹为停压标准,一般宜为 2~8 遍。

4)初压、复压和终压作业应密切衔接配合、一气呵成,中间不应停顿、等候和拖延,也不得相互干扰。宜尽量缩短全部碾压作业完成时间。如有局部晒干和风干迹象,应及时喷雾。压实后表面应及时覆盖,并洒水养生。

(5)横向施工缝设置形式宜为"台阶式",其施工工序如下。

1)在施工终点处设纵向斜坡,作为压路机碾压过渡段;碾压结束后,将平整度合格部位以外斜坡刨除。

2)第二天摊铺开始,后退 150~200 mm 切割施工缝,切割深度宜为 80~100 mm,将切缝外侧混凝土刨除,形成台阶。

3)涂刷水泥浆后,纵向连接摊铺新路面,硬化后切施工缝。

(6)在邻近构造物、小半径平曲线两端和凹形竖曲线纵坡变换处应至少各设 2 条胀缝。其余路段可不设置胀缝。胀缝形式可为混凝土枕垫式(图3.7)或钢板枕垫式(图3.8)两种。

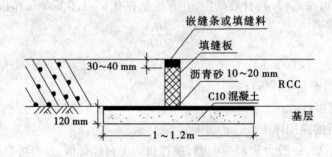

图 3.7　混凝土枕垫式胀缝

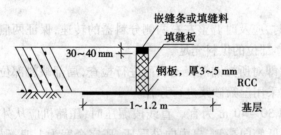

图 3.8　钢板枕垫式胀缝

(7)碾压混凝土路面纵向缩缝中应设拉杆,面板尺寸可与普通混凝土路面相同,也可略大,但最大不宜超过 6 m×8 m。纵、横向缩缝应采用硬切缝,硬切缝及填缝要求与普通混凝土路面相同。面层抗滑构造可采用硬刻槽或缓凝裸露集料法制作,三、四级公路和基层可不做抗滑处理。

(8)碾压混凝土路面铺筑质量除应符合表3.20、表3.26 和表3.27 的规定外,尚应符合下列要求。

1)应严格控制 VC 值、松铺系数、离析和碾压遍数,保证碾压作业完成后的整个混凝土路面板厚度一致、均匀密实,密实度必须达到配合比设计的规定值,板厚和匀质性可用钻芯检验。

2)碾压成形后的面板应达到公路等级所规定的平整度。

3)碾压终了后的面板表面不应有可见微裂纹或轮迹。

表3.26 混凝土路面的检验项目、方法和频率

项次	检查项目	检验方法和频率	
		高速公路、一级公路	其他公路
1	弯拉强度	每班留2~4组试件,日进度<500 m取2组;≥500 m取3组;≥1 000 m取4组,测f_{cs}、f_{min}、c_v	每班留1~3组试件,日进度<500 m取1组;≥500 m取2组;≥1 000 m取3组,测f_{cs}、f_{min}、c_v
	钻芯劈裂强度	每车道每3 km钻取1个芯样,硬路肩为1个车道,测平均f_{cs}、f_{min}、c_v、板厚h	每车道每3 km钻取1个芯样,硬路肩为1个车道,测平均f_{cs}、f_{min}、c_v、板厚h
2	板厚度	路面摊铺宽度为每100 m左右各2处,连接摊铺每100 m单边1处,参考芯样	路面摊铺宽度内每100 m左右各1处,连接摊铺每100 m单边1处,参考芯样
3	3 m直尺平整度	每半幅车道100 m检查2处10尺	每半幅车道200 m检查2处10尺
	动态平整度	所有车道连续检测	所有车道连续检测
4	抗滑构造深度	铺砂法:每幅200 m检查2处	铺砂法:每幅200 m检查1处
5	相邻板高差	尺测:每200 m纵横缝2条,每条3处	尺测:每200 m纵横缝2条,每条2处
6	连接摊铺纵缝高差	尺测:每200 m纵向工作缝2条,每处间隔2 m检查3尺,共9尺	尺测:每200 m纵向工作缝2条,每处间隔2 m检查3尺,共6尺
7	接缝顺直度	20 m拉线测:每200 m检查66条	20 m拉线测:每200 m检查4条
8	中线平面偏位	经纬仪:每200 m检查6点	经纬仪:每200 m检查4点
9	路面宽度	尺测:每200 m检查6处	尺测:每200 m检查4处
10	纵断高程	水准仪:每200 m检查6点	水准仪:每200 m检查4点
11	横坡度	水准仪:每200 m检查6个断面	水准仪:每200 m检查4个断面
12	断板率	数断板面板块占总块数比例	数断板面板块占总块数比例
13	脱皮裂纹露石块边掉角	量实际面积,并计算与面积比	量实际面积,并计算与面积比
14	路缘石顺直度和高度	20 m拉线测:每200 m检查4处	20 m拉线测:每200 m检查2处
15	灌缝饱满度	尺测:每200 m接缝测6处	尺测:每200 m接缝测4处
16	切缝深度	尺测:每200 m检查6处	尺测:每200 m检查4处
17	胀缝表面缺陷	每条观察填缝及啃边断角	每条观察填缝及啃边断角
18	胀缝板连浆	每条胀缝板安装时测量	每条胀缝板安装时测量
	胀缝板倾斜	尺测:每块胀缝板每条两侧	尺测:每块胀缝板每条两侧
	胀缝板弯曲和位移	尺测:每块胀缝板每条3处	尺测:每块胀缝板每条3处
19	传力杆偏斜	钢筋保护层仪:每车道4根	钢筋保护层仪:每车道3根

注:路面钻芯劈裂强度应换算为实际面板弯拉强度进行质量评定。

表 3.27 各级公路混凝土路面铺筑质量要求

项次	检查项目		允许值	
			高速公路、一级公路	其他公路
1	弯拉强度[①]/MPa		100%符合《公路水泥混凝土路面施工技术规范》附录 A.1 的规定	
2	板厚度/mm		代表值≥-5;极值≥-10,c_v 值符合设计规定	
3	平整度	σ/mm	≤1.2	≤2.0
		IRI/(m·km^{-1})	≤2.0	≤3.2
		3 m 直尺最大间隙 Δh/mm	≤3(合格率应≥90%)	≤5(合格率应≥90%)
4	抗滑构造深度/mm	一般路段	0.70~1.10	0.50~0.90
		特殊路段[②]	0.80~1.20	0.60~1.00
5	相邻板高差/mm		≤2	≤3
6	连接摊铺纵缝高差/mm		平均值≤3;极值≤5	平均值≤5;极值≤7
7	接缝顺直度/mm		≤10	
8	中线平面偏位/mm		≤20	
9	路面宽度/mm		≤±20	
10	纵断高程/mm		±10	±15
11	横坡度/%		±0.15	±0.25
12	断板率/%		≤2	≤4
13	脱皮印痕裂纹露石缺边掉角/%		≤0.2	≤0.3
14	路缘石顺直度和高度/mm		≤20	≤20
15	灌缝饱满度/mm		≤2	≤3
16	切缝深度/mm		≥50	≥50
17	胀缝表面缺陷		不应有	不宜有
18	胀缝板连浆/mm		≤20	≤30
	胀缝板倾斜/mm		≤20	≤25
	胀缝板弯曲和位移/mm		≤10	≤15
19	传力杆偏斜/mm		≤10	≤13

注:①路面钻芯劈裂强度应换算为实际面板弯拉强度进行质量评定。
②特殊路段指高速公路、一级公路的立交、平交、变速车道等处;其他公路系指急弯、陡坡、交叉口或集镇附近。

◆接缝施工

1. 纵缝施工

(1)当一次铺筑宽度小于路面和硬路肩总宽度时,应设纵向施工缝,位置应避开轮迹,并重合或靠近车道线,构造可采用平缝加拉杆型。当所摊铺的面板厚度大于等于 260 mm 时,也可采用插拉杆的企口型纵向施工缝。采用滑模施工时,纵向施工缝的拉杆可用摊铺机的侧向拉杆装置插入。采用固定模板施工方式时,应在振实过程中,从侧模预留孔中手工插入拉杆。

（2）当一次铺筑宽度大于4.5 m时,应采用假缝拉杆型纵缝,即锯切纵向缩缝,纵缝位置应按车道宽度设置,并在摊铺过程中用专用的拉杆插入装置插入拉杆。

（3）钢筋混凝土路面、桥面和搭板的纵缝拉杆可由横向钢筋延伸穿过接缝代替。钢纤维混凝土路面切开的假纵缝可不设拉杆,纵向施工缝应设拉杆。

（4）插入的侧向拉杆应牢固,不得松动、碰撞或拔出。若发现拉杆松脱或漏插,应在横向相邻路面摊铺前,钻孔重新植入。当发现拉杆可能被拔出时,宜进行拉杆拔出力(握裹力)检验。

2.横向缩缝施工

（1）每天摊铺结束或摊铺中断时间超过30 min时,应设置横向施工缝,其位置宜与胀缝或缩缝重合,确有困难不能重合时,施工缝应采用设螺纹传力杆的企口缝形式。横向施工缝应与路中心线垂直。横向施工缝在缩缝处采用平缝加传力杆型,见图3.9。在胀缝处其构造与胀缝相同,见图3.10。

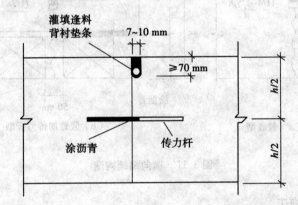

图3.9 横向施工缝构造示意图

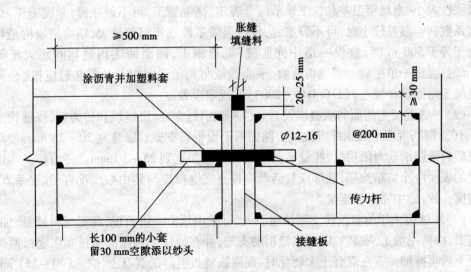

图3.10 胀缝构造示意图

(2)普通混凝土路面横向缩缝宜等间距布置,不宜采用斜缝。不得不调整板长时,最大板长不宜大于6.0 m;最小板长不宜小于板宽。

(3)在中、轻交通的混凝土路面上,横向缩缝可采用不设传力杆假缝型,如图3.11(a)。

(4)在特重和重交通公路、收费广场、邻近胀缝或路面自由端的3条缩缝应采用假缝加传力杆型。缩缝传力杆的施工方法可采用前置钢筋支架法或传力杆插入装置(DBI)法,支架法的构造见图3.11(b)。钢筋支架应具有足够的刚度,传力杆应准确定位,摊铺之前应在基层表面放样,并用钢钎锚固,宜使用手持振捣棒振实传力杆高度以下的混凝土,然后机械摊铺。传力杆无防粘涂层一侧应焊接,有涂料一侧应绑扎。用DBI法置入传力杆时,应在路侧缩缝切割位置作标记,保证切缝位于传力杆中部。

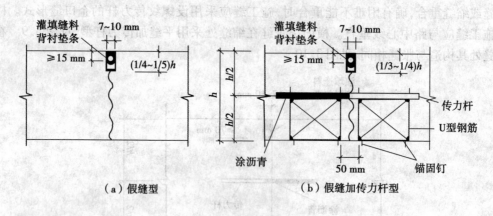

图3.11 横向缩缝构造

3. 胀缝设置与施工

(1)普通混凝土路面、钢筋混凝土路面和钢纤维混凝土路面的胀缝间距视集料的温度膨胀性大小、当地年温差和施工季节综合确定:高温施工,可不设胀缝;常温施工,集料温缩系数和年温差较小时,可不设胀缝;集料温缩系数或年温差较大,路面两端构造物间距大于等于500 m时,宜设一道中间胀缝;低温施工,路面两端构造物间距大于等于350 m时,宜设一道胀缝。邻近构造物、平曲线或与其他道路相交处的胀缝应按《公路水泥混凝土路面设计规范》(JTG D40—2003)的规定设置。

(2)普通混凝土路面的胀缝应设置胀缝补强钢筋支架、胀缝板和传力杆,胀缝构造如图3.10。钢筋混凝土和钢纤维混凝土路面可不设钢筋支架。胀缝宽20~25 mm,使用沥青或塑料薄膜滑动封闭层时,胀缝板及填缝宽度宜加宽到25~30 mm。传力杆一半以上长度的表面应涂防粘涂层,端部应戴活动套帽。胀缝板应与路中心线垂直,缝壁垂直,缝隙宽度一致,缝中完全不连浆。

(3)胀缝应采用前置钢筋支架法施工,也可采用预留一块面板,高温时再铺封。前置法施工,应预先加工、安装和固定胀缝钢筋支架,并在使用手持振捣棒振实胀缝板两侧的混凝土后再摊铺。宜在混凝土未硬化时,剔除胀缝板上部的混凝土,嵌入(20~25) mm × 20 mm的木条,整平表面,胀缝板应连续贯通整个路面板宽度。

4. 灌缝

混凝土板养生期满后,应及时灌缝。路面胀缝和桥台隔离缝等应在填缝前,凿去接缝板顶部嵌入的木条,涂黏结剂后,嵌入胀缝专用多孔橡胶条或灌进适宜的填缝料,当胀缝的宽度不一致或有啃边、掉角等现象时,必须灌缝。

(1)应先采用切缝机清除接缝中夹杂的砂石、凝结的泥浆等,再使用压力大于等于0.5 MPa的压力水和压缩空气彻底清除接缝中的尘土及其他污染物,确保缝壁及内部清洁、干燥,缝壁检验以擦不出灰尘为灌缝标准。

(2)使用常温聚氨酯和硅树脂等填缝料时,应按规定比例将两组分材料按1 h灌缝量混拌均匀后使用。

(3)使用加热填缝料时应将填缝料加热至规定温度。加热过程中应将填缝料融化,搅拌均匀,并保温使用。

(4)灌缝的形状系数宜控制在2左右,灌缝深度宜为15~20 mm,最浅不得小于15 mm,见图3.12。先挤压嵌入直径9~12 mm多孔泡沫塑料背衬条,再灌缝。灌缝顶面热天应与板面齐平;冷天应填为凹液面,中心低于板面1~2 mm。填缝必须饱满、均匀、厚度一致并连续贯通,填缝料不得缺失、开裂和渗水。

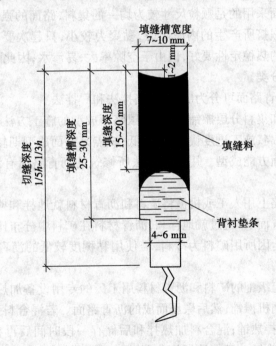

图3.12 缩缝切缝、填缝(槽)、垫条细部尺寸

(5)常温施工式填缝料的养生期,低温天宜为24 h,高温天宜为12 h;加热施工式填缝料的养生期,低温天宜为2 h,高温天宜为6 h,在灌缝料养生期间应封闭交通。

3.4 沥青路面施工

【基　础】

◆沥青路面的分类

1. 按强度构成原理分类

按强度构成原理可将沥青路面分为密实和嵌挤两大类。密实类沥青路面的集料级配按最大密实原则设计，颗粒尺寸多样，其强度和稳定性主要取决于混合料的黏聚力和内摩阻力。密实类沥青路面按其空隙率的大小可分为闭式和开式两种：闭式混合料中含有较多的小于 0.5 mm 和 0.074 mm 的矿料颗粒，空隙率小于 6%，混合料致密而耐久，但热稳定性较差。开式混合料中小于 0.5 mm 的矿料颗粒含量较少，空隙率大于 6%，热稳定性好于闭式混合料。

嵌挤类沥青路面采用的是颗粒尺寸较为均一的集料，路面的强度和稳定性主要依靠集粒颗粒之间相互嵌挤所产生的内摩阻力，黏聚力较小，只起次要的作用。嵌挤类沥青路面比密实类路面的热稳定性要好，但由于空隙率大，易渗水，因此耐久性较差。

2. 按施工工艺分类

按施工工艺，沥青路面可分为层铺法、路拌法和厂拌法。

层铺法即沥青和集料分层撒铺，然后碾压路面成型的施工方法。其主要优点是工艺和设备简便、功效较高、施工进度快、造价较低；缺点是路面成型期较长，需要经过炎热季节行车碾压之后路面方能成型。用这种方法所修筑的沥青路面有沥青表面处治和沥青贯入式两种。

路拌法是指在路上用人工或机械将矿料和沥青材料就地拌和摊铺，碾压密实而成的沥青面层。路拌沥青面层，通过就地拌和，沥青材料在矿料中分布比层铺法均匀，可以缩短路面的成型期。但因所用矿料为冷料，需使用黏稠度较低的沥青材料，故混合料的强度较低。

厂拌法是将规定级配的矿料和沥青材料用工厂的专用设备加热拌和，并在一定的时间内运到工地用摊铺机摊铺，然后碾压而成的沥青路面。若混合料是拌和后立即趁热运到路上摊铺，称为热拌热铺；混合料加热拌和后储存一段时间后再在常温下运到路上摊铺压实，则称为热拌冷铺。厂拌法所用集料清洁、级配准确，且为热料拌和，沥青黏稠度高，用量准确，因而混合料质量高，寿命长，但修建费用也较高。若所用矿料为开级配，拌和后混合料的空隙率大于 10%，混合料被称为厂拌沥青碎石；若矿料是按最佳密实级配原则配制，空隙率小于 10%，则称为沥青混凝土。

3. 按沥青路面的技术特性分类

根据沥青路面的技术特性，沥青面层可分为沥青混凝土、热拌沥青碎石、乳化沥青碎石混合料、沥青贯入式、沥青表面处治五种类型，此外，近年沥青玛脂碎石也得到广泛应用。

沥青表面处治路面是指用沥青和集料按层铺法或拌和法铺筑而成的厚度不超过3 cm的沥青路面。沥青表面处治的厚度一般为1.5～3.0 cm。层铺法可分为单层、双层、三层。单层表处厚度为1.0～1.5 cm,双层表处厚度为1.5～2.5 cm,三层表处厚度为2.5～3.0 cm。沥青表面处治适用于三级、四级公路的面层、旧沥青面层上加铺罩面或抗滑层、磨耗层等。

沥青贯入式路面是指用沥青贯入碎(砾)石做面层的路面。沥青贯入式路面的厚度一般为4～8 cm。当沥青贯入式的上部加铺拌和的沥青混合料时,也称为上拌下贯式,此时拌和层的厚度宜为3～4 cm,其总厚度为7～10 cm。沥青贯入式碎石路面用作二级及二级以下公路的沥青面层。

沥青碎石路面是指用沥青碎石做面层的路面,沥青碎石的配合比设计应根据实践经验和马歇尔试验的结果,并通过施工前的试拌和试铺确定,沥青碎石有时也用作联结层。

沥青混凝土路面是指用沥青混凝土作面层的路面,其面层可由单层或双层或三层沥青混合料组成,各层混合料的组成设计应根据其层厚和层位、气温和降雨量等气候条件、交通量和交通组成等因素确定,以满足对沥青面层使用功能的要求,沥青混凝土常用作高等级公路的面层。

乳化沥青碎石混合料适用于做三级、四级公路的沥青面层、二级公路养护罩面及各级公路的调平层,国外也用作为柔性基层。

沥青玛脂碎石路面是指用沥青玛脂碎石混合料作面层或抗滑层的路面。沥青玛脂碎石混合料(简称SMA)是以间断级配为骨架,用改性沥青、矿粉及木质纤维素组成的沥青玛脂为结合料,经拌和、摊铺、压实而形成的一种构造深度较大的抗滑面层。它具有抗滑耐磨、空隙率小、抗疲劳、高温抗车辙、低温抗开裂的优点,是一种全面提高密级配沥青混凝土使用质量的新材料,适用于高速公路、一级公路和其他重要公路的表面层。

◆常用材料要求

1. 沥青材料

沥青路面所用的沥青材料有石油沥青、煤沥青、液体石油沥青和沥青乳液等。各类沥青路面所用沥青材料的强度等级,应根据路面的类型、施工条件、地区气候条件、施工季节和矿料性质与尺寸等因素而定。煤沥青不宜做沥青面层用,一般仅作为透层沥青使用。选用乳化沥青时,对于酸性石料、潮湿的石料,及低温季节施工宜选用阳离子乳化沥青,对于碱性石料或与掺入的水泥、石灰、粉煤灰共同使用时,宜选用阴离子乳化沥青。

对热拌热铺沥青路面,由于沥青材料和矿料均须加热拌和,并在热态下铺压,故可采用稠度较高的沥青材料;而热拌冷铺沥青路面,所用沥青材料的稠度可较低。对浇灌类沥青路面,若采用的沥青材料过稠,难以贯入碎石中,过稀又易流入路面底部。因此,这类路面宜采用中等稠度的沥青材料。当地气候寒冷、施工气温较低、矿料粒径偏细时,宜采用稠度较低的沥青材料。但炎热季节施工时,由于沥青材料的温度散失较慢,则可用稠度较高的沥青材料。对于路拌类沥青路面,一般仅采用稠度较低的沥青材料,道路石油沥青应符合表3.28规定的技术要求。

表 3.28 道路石油沥青的适用范围

沥青等级	适用范围
A 级沥青	各个等级的公路,适用于任何场合和层次
B 级沥青	高速公路、一级公路沥青下面层及以下的层次,二级及以下公路的各个层次用作改性沥青、乳化沥青、改性乳沥青、稀释沥青的基层质沥青
C 级沥青	三级及以下公路的各个层次

2. 粗集料

沥青路面所用的粗集料有碎石、破碎砾石、筛选砾石、钢渣、矿渣等。

碎石系由各种坚硬岩石轧制而成。沥青路面所用的碎石应具有足够的强度和耐磨性能,根据路面的类型和使用条件选定石料的等级。

碎石应是均质、洁净、坚硬、无风化的,并应不含过量小于 0.075 mm 的颗粒(小于 2%),吸水率小于 2%~3%。颗粒形状接近立方体并有多棱角,细长或扁平的颗粒(长边与短边或长边与厚度比大于 3)含量应小于 15%,压碎值应不大于 20%~30%。

碎石与沥青材料的黏附性大小,对沥青混合料的强度和耐久性有极大影响,应优先选用同沥青材料有良好粘附性的碱性碎石。碎石与沥青材料的粘附性用水煮法测定时,一般公路不小于 3 级,高等级公路应不小于 4 级。

筛选砾石由天然砾石筛选而得。由于天然砾石是各种岩石经自然风化而成不同尺寸的粒料,强度极不均匀,而且多是圆滑形状,因此,筛选砾石仅适用于交通量较小的路面面层下层、基层或联结层的沥青混合料中使用,不宜用于防滑面层。在交通量大的沥青路面面层,若使用砾石拌制沥青混合料,则在砾石中至少应掺有 50%(按质量计算)大于 5 mm 的碎石或经轧制的砾石。沥青贯入式路面用砾石时,主层矿料中亦应掺有 30%~40% 以上的碎石或轧制砾石。

轧制砾石系由天然砾石轧制并经筛选而得,要求大于 5 mm 颗粒中 40%(按质量计)以上至少有一个破碎面。用于沥青贯入式面层时,主层矿料中要有 30%~40%(按质量计)以上颗粒至少有两个破碎面。

路面抗滑表层粗集料应选用坚硬、耐磨、抗冲击性好的碎石,不得使用筛选砾石、矿渣及软质集料。用于高速公路、一级公路沥青路面表面层及各类抗滑表层的粗集料应符合规定的石料磨光值要求。为了保证石料与沥青之间有较好的黏结性能,经检验属于酸性岩石的石料,用于高速公路、一级公路和城市快速路、主干路时,宜使用针入度较小的沥青,必要时可在沥青中掺加抗剥离剂,或用干燥的磨细消石灰或生石灰粉、水泥作为填料的一部分,其用量宜为矿料总量的 1%~2%。将粗集料用石灰浆处理后使用也可以有效地提高石料与沥青之间的黏结力。各种沥青路面对石料等级的要求列于表 3.29。

表 3.29 沥青面层粗集料质量技术要求

指标	单位	高速公路、一级公路		其他等级公路
		表面层	其他层次	
石料压碎值 不大于	%	26	28	30
洛杉矶磨耗损失 不大于	%	28	30	35
表观相对密度 不大于	—	2.60	2.50	2.45
吸水率 不大于	%	2.0	3.0	3.0
坚固性 不大于	%	12	12	—
针片状颗粒含量(混合料) 不大于	%	15	18	20
其中粒径大于 9.5 mm 不大于	%	12	15	—
其中粒径小于 9.5 mm 不大于	%	18	20	—
水洗法 <0.075 mm 颗粒含量 不大于	%	1	1	1
软石含量 不大于	%	3	5	5

3. 细集料

粗细集料通常以 2.36 mm 作为分界,沥青面层的细集料可采用天然砂、机制砂及石屑。其规格应符合表 3.30 的要求。细集料应洁净、干燥、无风化、无杂质,并有适当的颗粒级配。热拌沥青混合料的细集料宜采用优质的天然砂或机制砂,在缺砂地区,也可以用石屑。但高速公路、一级公路和城市快速路、主干路沥青混凝土面层及抗滑表层的石屑用量不宜超过天然砂及机缺砂的用量。细集料应与沥青有良好的黏结能力,与沥青黏结性能很差的天然砂及用花岗岩、石英岩等酸性石料破碎的机制砂或石屑不宜用于高速公路、一级公路和城市快速路、主干路沥青面层。当需要使用时,应采用抗剥离措施。

表 3.30 沥青面层用天然砂规格

筛孔尺寸/mm	通过各筛孔的质量百分率/%		
	粗砂	中砂	细砂
9.5	100	100	100
4.75	90~100	90~100	90~100
2.36	65~95	75~90	85~100
1.18	35~65	50~90	75~100
0.6	15~30	30~60	60~84
0.3	5~20	8~30	15~45
0.15	0~10	0~10	0~10
0.075	0~5	0~5	0~5

4. 填料

沥青混合料的填料宜采用石灰岩或岩浆岩中的强基性岩石等憎水性石料经磨细得到的矿粉,原石料中的泥土杂质应除净。矿粉要求干燥、洁净,其质量应符合表 3.31 的技术要求。当采用水泥、石灰、粉煤灰做填料时,其用量不宜超过矿料总量的 2%。

表3.31 沥青面层用矿粉质量技术要求

指标		高速公路、一级公路	其他等级公路
视密度/(t·m^{-3})	不小于	2.50	2.45
含水率/%	不大于	1	1
黏度范围	<0.6 mm/%	100	100
	<0.15 mm/%	90~100	90~100
	<0.075 mm/%	75~100	70~100
外观		无团料结块	
亲水系数		<1	

【实 务】

◆热拌沥青混凝土路面施工

1. 施工准备

(1)铺筑沥青层前,应检查基层或下卧沥青层的质量,不符要求的不得铺筑沥青面层。旧沥青路面或下卧层已被污染时,必须清洗或铣刨处理后方可铺筑沥青混合料。

(2)石油沥青加工及沥青混合料施工温度应根据沥青标号及黏度、气候条件、铺装层的厚度。

2. 混合料拌制

(1)沥青混合料拌和时间根据具体情况经试拌确定,以沥青均匀裹覆集料为度。间歇式拌和机每盘的生产周期不宜少于45 s(其中干拌时间不少于5~10 s),改性沥青和SMA混合料的拌和时间应适当延长。

(2)拌和厂拌和的沥青混合料应均匀一致、无花白料、无结团成块或严重的粗细料分离现象,不符合要求时不得使用,并应及时调整。

(3)出厂的沥青混合料应逐车用地磅称重,并按现行试验方法测量运料车中沥青混合料的温度,签发一式三份的运料单,一份存拌和厂,一份交摊铺现场,一份交司机。

3. 混合料运输

(1)运料车进入摊铺现场时,轮胎上不得沾有泥土等可能污染路面的脏污,否则宜设水池洗净轮胎后进入工程现场。沥青混合料在摊铺地点凭运料单接收,若混合料不符合施工温度要求,或已经结成团块、已遭雨淋的不得铺筑。

(2)摊铺过程中运料车应在摊铺机前100~300 mm处停住,空档等候,由摊铺机推动前进开始缓缓卸料,避免撞击摊铺机。在有条件时,运料车可将混合料卸入转运车经二次拌和后向摊铺机连续均匀地供料。运料车每次卸料必须倒净,尤其是对改性沥青或SMA混合料,如有剩余,应及时清除,防止硬结。

(3)SMA与OGFC混合料在运输、等候过程中,如发现有沥青结合料沿车厢板滴漏时,应采取措施予以避免。

4. 混合料摊铺

(1) 热拌沥青混合料应采用沥青摊铺机摊铺,在喷洒有粘层油的路面上铺筑改性沥青混合料或 SMA 时,宜使用履带式摊铺机。摊铺机的受料斗应涂刷薄层隔离剂或防黏结剂。

(2) 热拌沥青混合料应采用机械摊铺。对高速公路、一级公路和城市快速路、主干路宜采用两台以上摊铺机成梯队作业,进行联合摊铺。相邻两幅之间应有重叠,重叠宽度宜为 5~10 cm。相邻两台摊铺机宜相距 10~30 m,且不得造成前面摊铺的混合料冷却。当混合料供应能满足不间断摊铺时,也可采用全宽度摊铺机一幅摊铺。

(3) 摊铺机开工前应提前 0.5~1 h 预热熨平板不低于 100 ℃。铺筑过程中应选择熨平板的振捣或夯锤压实装置具有适宜的振动频率和振幅,以提高路面的初始压实度。熨平板加宽连接应仔细调节至摊铺的混合料没有明显的离析痕迹。

(4) 摊铺机必须缓慢、均匀、连续不间断地摊铺,不得随意变换速度或中途停顿,以提高平整度,减少混合料的离析。摊铺速度宜控制在 2~6 m/min 的范围内,对改性沥青混合料及 SMA 混合料宜放慢至 1~3 m/min。当发现混合料出现明显的离析、波浪、裂缝、拖痕时,应分析原因,予以消除。

(5) 热拌沥青混合料的最低摊铺温度根据铺筑层厚度、气温、风速及下卧层表面温度选用,且不得低于表 3.32 的要求。每天施工开始阶段宜采用较高温度的混合料。

表 3.32 沥青混合料的最低摊铺温度

下卧层的表面温度 /℃	相应于下列不同摊铺层厚度的最低摊铺温度/℃					
	普通沥青混合料			改性沥青混合料或 SMA 沥青混合料		
	<50 mm	(50~80) mm	>80 mm	<50 mm	(50~80) mm	>80 mm
<5	不允许	不允许	140	不允许	不允许	不允许
5~10	不允许	140	135	不允许	不允许	不允许
10~15	145	138	132	165	155	150
15~20	140	135	130	158	150	145
20~25	138	132	128	153	147	143
25~30	132	130	126	147	145	141
>30	130	125	124	145	140	139

(6) 沥青混合料的松铺系数应根据实际混合料类型、施工机械和施工工艺等,通过试铺试压方法或根据以往的实践经验确定,也可按表 3.33 选用。

表 3.33 沥青混合料的松铺系数

种类	机械摊铺	人工摊铺
沥青混凝土混合料	1.15~1.35	1.25~1.50
沥青碎石混合料	1.15~1.30	1.20~1.45

5. 混合料压实与成型

(1) 沥青混凝土的压实层最大厚度不宜大于 100 mm,沥青稳定碎石混合料的压实层厚度不宜大于120 mm,但当采用大功率压路机且经试验证明能达到压实度时允许增大到150 mm。

(2)压路机应以慢而均匀的速度碾压,压路机的碾压速度应符合表3.34的规定。压路机的碾压路线及碾压方向不应突然改变而导致混合料推移。碾压区的长度应大体稳定,两端的折返位置应随摊铺机前进而推进,横向不得在相同的断面上。

表3.34 压路机碾压速度

单位:km/h

压路机类型	初压		复压		终压	
	适宜	最大	适宜	最大	适宜	最大
钢筒式压路机	2~3	4	3~5	6	3~6	6
轮胎压路机	2~3	4	3~5	6	4~6	8
振动压路机	2~3（静压或振动）	3（静压或振动）	3~4.5（振动）	5（振动）	3~6（静压）	6（静压）

(3)沥青混合料的压实应按初压、复压和终压(包括成型)三个阶段进行。初压应在紧跟摊铺机后碾压,并保持较短的初压区长度,以尽快使表面压实,减少热量散失。对摊铺后初始压实度较大,经实践证明采用振动压路机或轮胎压路机直接碾压无严重推移而有良好效果时,可免去初压,直接进入复压工序。初压后应检查平整度、路拱,有严重缺陷时进行修整乃至返工。

(4)复压应紧跟在初压后开始,且不得随意停顿。压路机碾压段的总长度应尽量缩短,通常不超过60~80 m。宜采用重型的轮胎压路机,也可采用振动压路机和钢筒式压路机,碾压时宜安排每一台压路机做全幅碾压,防止不同部位的压实度不均匀。碾压遍数应经试压确定,并不宜少于4~6遍。复压后路面达到要求的压实度,并无显著轮迹。

(5)终压应紧接在复压后进行,如经复压后已无明显轮迹时可免去终压。终压可选用双轮钢筒式压路机或关闭振动的振动压路机碾压不宜少于2遍,至无明显轮迹为止。

6. 接缝处理

(1)沥青路面的施工必须接缝紧密、连接平顺,不得产生明显的接缝离析。上、下层的纵缝应错开150 mm(热接缝)或300~400 mm(冷接缝)以上。相邻两幅及上、下层的横向接缝均应错位1 m以上。接缝施工应用3m直尺检查,确保平整度符合要求。

(2)摊铺时采用梯队作业的纵缝应采用热接缝,将已铺部分留下100~200 cm宽暂不碾压,作为后续部分的基准面,然后做跨缝碾压以消除缝迹。

(3)当半幅施工或因特殊原因而产生纵向冷接缝时,宜加设挡板或加设切刀切齐,也可在混合料尚未完全冷却前用镐刨除边缘留下毛茬的方式,但不宜在冷却后采用切割机做纵向切缝。加铺另半幅前应涂洒少量沥青,重叠在已铺层上50~100 mm,再铲走铺在前半幅上面的混合料,碾压时由边向中碾压留下100~150 mm,再跨缝挤紧压实。或者先在已压实路面上上行走碾压新铺层150 mm左右,然后压实新铺部分。

(4)斜接缝的搭接长度与层厚有关,宜为0.4~0.8 m。搭接处应洒少量沥青,混合料中的粗集料颗粒应予剔除,并补上细料,搭接平整,充分压实。阶梯形接缝的台阶经铣刨而成,并洒粘层沥青,搭接长度不宜小于3 m。

(5)平接缝宜趁尚未冷透时用凿岩机或人工垂直刨除端部层厚不足的部分,使工作缝成直角连接。当采用切割机制作平接缝时,宜在铺设当天混合料冷却但尚未结硬时进行。刨除或切割不得损伤下层路面。切割时留下的泥水必须冲洗干净,待干燥后涂刷粘层油。铺筑新混合料接头应使接茬软化,压路机先进行横向碾压,再纵向碾压成为一体,充分压实,连接平顺。

◆沥青表面处治

1. 一般规定

(1)沥青表面处治适用于三级及三级以下公路的沥青面层。各种封层适用于加铺薄层罩面、磨耗层、水泥混凝土路面上的应力缓冲层、各种防水和密水层、预防性养护罩面层。

(2)沥青表面处治宜选择在干燥和较热的季节施工,并在最高温度低于15 ℃时期到来以前半个月及雨季前结束。

2. 施工要点

(1)沥青表面处治可采用道路石油沥青、乳化沥青、煤沥青铺筑,沥青标号应按相关规范规定选用。沥青表面处治的集料最大粒径应与处治层的厚度相等,其规格和用量宜按表3.35选用。沥青表面处治施工后,应在路侧另备S12(5~10 mm)碎石或S14(3~5 mm)石屑、粗砂或小砾石(2~3)m^3/1 000 m^2作为初期养护用料。

表3.35 沥青表面处治材料规格和用量

沥青种类	类型	厚度/mm	集料/(m^3/1 000 m^2)			沥青或乳液用量/(kg·m^{-2})			
			第一层 规格 用量	第二层 规格 用量	第三层 规格 用量	第一次	第二次	第三次	合计用量
石油沥青	单层	1.0	S12 7~9	—	—	1.0~1.2	—	—	1.0~1.2
		1.5	S10 12~14	—	—	1.4~1.6	—	—	1.4~1.6
	双层	1.5	S10 12~14	S12 7~8	—	1.4~1.6	1.0~1.2	—	.4~2.8
		2.0	S9 16~18	S12 7~8	—	1.6~1.8	1.0~1.2	—	2.6~3.0
		2.5	S8 18~20	S12 7~8	—	1.8~2.0	1.0~1.2	—	2.8~3.2
	三层	2.5	S8 18~20	S10 12~14	S12 7~8	1.6~1.8	1.2~1.4	1.0~1.2	3.8~4.4
		3.0	S6 20~22	S10 12~14	S12 7~8	1.8~2.0	1.2~1.4	1.0~1.2	4.0~4.6
乳化沥青	单层	0.5	S14 7~9	—	—	0.9~1.0	—	—	0.9~1.0
	双层	1.0	S12 9~11	S14 4~6	—	1.8~2.0	1.0~1.2	—	2.8~3.2
	三层	3.0	S6 20~22	S10 9~11	S12 4~6 S14 3.5~4.5	2.0~2.2	1.8~2.0	1.0~1.2	4.8~5.4

注:1. 煤沥青表面处治的沥青用量可比石油沥青用量增加15%~20%;
   2. 表中的乳液用量按乳化沥青的蒸发残留物含量60%计算,如沥青含量不用应予折算;
   3. 在高寒地区及干旱风沙大的地区,可超出高限5%~10%。

(2)清扫基层,撒布第一层沥青。在清扫干净的碎(砾)石路面上铺筑沥青表面处治时,应喷洒透层油。沥青的撒布温度根据气温及沥青标号选择,石油沥青宜为130~170 ℃,煤沥青宜为80~120 ℃,乳化沥青在常温下洒布,加温洒布的乳液温度不得超过60 ℃。前后两车喷洒的接茬处用铁板或建筑纸铺1~1.5 m,使搭接良好。分几幅浇洒时,纵向搭接宽度宜为100~150 mm,撒布第二、三层沥青的搭接缝应错开。

(3)撒布主层沥青后应立即用集料撒布机或人工撒布第一层主集料。撒布集料后应及时扫匀,达到全面覆盖、厚度一致、集料不重叠,也不露出沥青的要求。局部有缺料时适当找补,积料过多的将多余集料扫出。两幅搭接处,第一幅撒布沥青应暂留100~150 mm宽度不撒布石料,待第二幅一起撒布。

(4)撒布主集料后,不必等全段撒布完,立即用6~8 t钢筒双轮压路机从路边向路中心碾压3~4遍,每次轮迹重叠约300 mm。碾压速度开始不宜超过2 km/h,以后可适当增加。

(5)第二、三层的施工方法和要求应与第一层相同,但可以采用8 t以上的压路机碾压。

(6)采用双层式或单层式沥青表面处治浇洒沥青及撒布集料的次数相应减少。

◆沥青贯入式路面施工

1.一般规定

(1)沥青贯入式路面适用于三级及三级以下公路,也可作为沥青路面的联结层或基层。

(2)沥青贯入式路面的厚度宜为4~8 cm,但乳化沥青的厚度不宜超过5 cm。当贯入层上部加铺拌和的沥青混合料面层成为上拌下贯式路面时,拌和层的厚度宜不小于1.5 cm。

(3)沥青贯入式路面的最上层应撒布封层料或加铺拌和层。沥青贯入层作为联结层使用时,可不撒表面封层料。

(4)沥青贯入式路面宜选择在干燥和较热的季节施工,并宜在日最高温度降低至15 ℃以前半个月结束,使贯入式结构层通过开放交通碾压成型。

2.施工准备

(1)沥青贯入式路面施工前,基层必须清扫干净。当需要安装路缘石时,应在路缘石安装完成后施工,路缘石应予遮盖。

(2)乳化沥青贯入式路面必须浇洒透层或粘层沥青。沥青贯入式路面厚度小于或等于5 cm时,也应浇洒透层或粘层沥青。

3.施工要点

(1)采用碎石摊铺机、平地机或人工摊铺主层集料,铺筑后严禁车辆通行。

(2)碾压主层集料。撒布后应采用6~8 t的轻型钢筒式压路机自路两侧向路中碾压,碾压速度宜为2 km/h,每次轮迹重叠约30 cm,碾压一遍后检验路拱和纵向坡度,当不符合要求时,应调整找平后再压。然后用重型的钢轮压路机碾压,每次轮迹重叠1/2左右,宜碾压4~6遍,直至主层集料嵌挤稳定,无显著轮迹为止。

(3)浇洒第一层沥青。浇洒方法应按相关规范进行。采用乳化沥青贯入时,为防止乳液下漏过多,可在主层集料碾压稳定后,先撒布一部分上一层嵌缝料,再浇洒主层沥青。

(4)采用集料撒布机或人工撒布第一层嵌缝料。撒布后尽量扫匀,不足处应找补。当使用乳化沥青时,石料撒布必须在乳液破乳前完成。

(5)立即用 8～12 t 钢筒式压路机碾压嵌缝料,轮迹重叠轮宽的 1/2 左右,宜碾压 4～6 遍,直至稳定为止。碾压时随压随扫,使嵌缝料均匀嵌入。因气温较高使碾压过程中发生较大推移现象时,应立即停止碾压,待气温稍低时再继续碾压。

(6)按上述方法浇洒第二层沥青、撒布第二层嵌缝料,然后碾压,再浇洒第三层沥青。

(7)按撒布嵌缝料方法撒布封层料。

(8)采用 6～8 t 压路机作最后碾压,宜碾压 2～4 遍,然后开放交通。

◆冷拌沥青混合料路面施工

冷拌沥青混合料适用于三级及三级以下的公路的沥青面层、二级公路的罩面层施工,以及各级公路沥青路面的基层、连接层或整平层。冷拌改性沥青混合料可用于沥青路面的坑槽冷补。

(1)冷拌沥青混合料宜采用拌和厂机械拌和及沥青摊铺机摊铺的方式。缺乏厂拌条件时也可采用现场路拌及人工摊铺方式,冷拌沥青混合料施工应注意防止混合料离析。

(2)当采用阳离子乳化沥青拌和时,宜先用水使集料湿润,若湿润后仍难于与乳液拌和均匀时,应改用破乳速度更慢的乳液,或用 1%～3% 浓度的氯化钙水溶液代替水润湿集料表面。

(3)混合料适宜的拌和时间应根据实际情况调节并通过试拌确定,矿料中加进乳液后的机械拌和时间不宜超过 30 s,人工拌和时间不宜超过 60 s。

(4)已拌好的混合料应立即运至现场进行摊铺,并在乳液破乳前结束。在拌和与摊铺过程中已破乳的混合料,应予废弃。

(5)乳化沥青冷拌混合料摊铺后宜采用 6 t 左右的轻型压路机初压 1～2 遍,使混合料初步稳定,再用轮胎压路机或钢筒式压路机碾压 1～2 遍。当乳化沥青开始破乳、混合料由褐色转变成黑色时,改用 12～15 t 轮胎压路机碾压,将水分挤出,复压 2～3 遍后停止,待晾晒一段时间,水分基本蒸发后继续复压至密实为止。当压实过程中有推移现象时应停止碾压,待稳定后再碾压。当天不能完全压实时,可在较高气温状态下补充碾压。当缺乏轮胎压路机时,也可采用钢筒式压路机或较轻的振动压路机碾压。

(6)乳化沥青混合料路面的上封层应在压实成型、路面水分完全蒸发后加铺。

(7)乳化沥青混合料路面施工结束后宜封闭交通 2～6 h,并注意做好早期养护。开放交通初期,应设专人指挥,车速不得超过 20 km/h,不得刹车或掉头。

(8)冷拌沥青混合料施工遇雨应立即停止铺筑,以防雨水将乳液冲走。

3.5 路面病害处治

【基 础】

◆水泥混凝土路面常见病害

1. 裂缝

裂缝包括横向裂缝、纵向裂缝、斜向裂缝和交叉裂缝,横向、纵向、斜向裂缝是指通底的裂缝,将板块分割为两块或三块,初期可能未贯通板面,但终将发展为贯通板面;交叉裂缝是裂缝相互交叉,将板分割为三块以上(又称为破碎板),产生裂缝的主要原因有:

(1)土基和基层强度不够。
(2)水的浸入及过大的竖向位移的重复作用,使基层受到侵蚀产生脱空。
(3)重复荷载应力、收缩应力及翘曲应力等综合作用。
(4)接缝拉开后,丧失传荷能力,在板的周边产生过大的荷载应力。
(5)水泥质量差、不稳定;粗细集料质量差。
(6)施工操作不当,养生不好。

2. 板角断裂

板角断裂是一条垂直通底且与板角两边接缝相交的裂缝,从板角到裂缝两端点间的距离分别等于或小于端点所在板长的一半。其损坏原因通常是由于板角处受连续荷载作用、基础支撑强度不足和翘曲应力等因素综合作用而产生。

3. 接缝材料破损

水泥混凝土路面的接缝材料分为横缝和纵缝接缝料。横缝又分为胀缝(真缝)和缩缝(假缝)两种。胀缝在使用中随气温而变化,气温上升时填缝料会被挤出;当气温下降时,填缝料不能恢复,使缝中形成空隙,泥、砂、石屑等杂物侵入,成为再次胀伸时的障碍,且雨雪水也能沿此空隙渗入,损坏基层和垫层,造成路面板接缝处的变形和破坏;缩缝的变化较小,但经过若干次收缩,能把假缝折断成真缝。填缝料自身老化形成的破损类似于胀缝。施工、养护不规范,切缝、清缝不及时或没有达到规定的深度,也是造成接缝破损的原因。

4. 错台

错台是指接缝处相邻面板产生垂直高差,产生错台的主要原因有:

(1)在温度和湿度的梯度作用下,板在接缝处产生翘曲。
(2)路面板在车辆轴载的作用下,造成接缝处板块不均匀下沉。
(3)横缝处未设传力杆。
(4)施工操作不当。

5. 边、角剥落

水泥混凝土路面的边、角剥落指接缝两侧各 60 cm 宽度内或板角 15 cm 范围内的碎裂,其产生原因有。
(1)接缝落入坚硬的杂物,板在膨胀时产生了超应力,边缘被硬物挤碎。
(2)重交通荷载的重复作用。
(3)接缝处混凝土强度低。
(4)传力杆设计或施工不当。

6. 表面裂纹与层状剥落

表面裂纹是指浅而细或发丝状的网状裂纹,仅产生在路面表层,在车辆荷载作用下它会发展为深度 6~12 mm 的表层层状剥落。其产生的主要原因是过度抹面养护不及时、水灰比过大、用盐化冰雪、冻融循环、集料质量低劣、水泥中的碱(氧化钠及氧化钾)与集料中的某些特定矿物质发生碱硅反应等。

7. 唧泥

唧泥是指车辆通过时基层细料和水一起从板接缝处挤出,逐渐使基础失去支撑能力,在荷载的重复作用下,最终将产生板断裂的现象。其产生原因主要是填缝料损坏、路面排水不良、雨水下渗。

8. 拱起

拱起是指横缝两侧的板体发生明显抬高的现象。其产生的主要原因是缝被硬物阻塞,或胀缝设置不当,使板受热时不能自由伸缩。

9. 修补破损

修补破损是指路面板修补后的再次损坏。其产生原因主要是:
(1)原有病害没有根治。
(2)修补质量差。
(3)交通荷载过大。

10. 坑洞

路面板表面呈现孔洞状的破坏现象,直径一般为 2.5~10 cm,深度为 1~5 cm,其产生原因有。
(1)施工质量差或混凝土材料中夹带纸张、朽木和泥等杂物。
(2)某些车辆的金属硬轮或掉落硬物的撞击。

◆沥青类路面常见病害

1. 裂缝

裂缝是沥青路面最常见的破损类型之一。裂缝常见的表状主要有:发裂、龟裂、横向裂缝、纵向裂缝、线状裂缝和反射裂缝等六种类型。产生裂缝的主要原因有。
(1)施工基层碾压不实,或新旧接缝处理不当而形成裂缝。
(2)面层以下含水率逐年积聚,在不利季节引起路面强度降低而产生裂缝。
(3)混合料摊铺时间过长,由于基层温度、湿度的变化,结构发生胀缩而产生裂缝。
(4)混合料质量差,碾压温度又不当,引起的碾压裂缝。
(5)结合料老化,面层性能退化,路面整体强度不足。

2. 松散、麻面、坑槽

松散、麻面、坑槽的表状为表层矿料松动、出现麻坑,表层局部不平凹陷。产生松散、麻面、坑槽的主要原因有以下内容。

(1) 嵌缝料粒径不当,用料不合比例,或初期养护嵌缝料未回归而散失。

(2) 由于基层压实不够,基层不平,强度不均,面层渗水,局部先破损而形成坑槽。

(3) 表面用油量偏少,结合料加温过度,失去黏结力而松散,形成麻面、坑槽。

(4) 低温季节施工,工序未衔接,油与料结合不良,矿料飞散,轻则出现麻面,重则出现坑槽。

(5) 雨季施工,矿料潮湿或用酸性矿料未作处治而散失成麻面、坑槽。

3. 泛油、油包、拥包

泛油是指高温时沥青渗出面层的现象;油包是指路面面层零散分布疙瘩状突起物的现象;拥包是指面层出现的堆挤、滑动成隆起形变的现象。造成泛油、油包和拥包的主要原因有以下内容。

(1) 单位面积用油量过大或矿料不足,或由于低温施工,加大用油量而造成泛油。

(2) 初期养护处治泛油时,用料过细而形成油包,或者形成拥包。

(3) 由于材料质量差,油石比不当,面层高温时发软,碾成拥包。

(4) 基层局部含水量大,面层与基层黏结不良,高温时堆挤成拥包。

(5) 用油量偏高,黏滞度低,或路拱偏大,气温高,面层受行车拥挤成包。

4. 沉陷

沉陷有均匀沉陷、不均匀沉陷和局部沉陷三种类型,产生沉陷的主要原因有以下内容。

(1) 基层局部强度不足或水稳性不良引起沉陷。

(2) 土基压实度不够或路基有隐患未处理好。

(3) 面层混合料料质差。

(4) 超载重的大型车通过。

5. 脱皮

脱皮是指路面表层成块剥落的破损现象,产生脱皮的主要原因有以下内容。

(1) 面层与基层之间有黏结不良的地方。

(2) 面层矿料质量差、含土、潮湿,或施工过碾,而成层脱皮。

(3) 上拌、下贯两层之间或罩面与原路面之间结合不好而成层松脱。

6. 啃边

啃边是指路面边缘的破裂破坏,产生啃边的主要原因有以下内容。

(1) 路面平面交叉道口处,未设必要的平台,边缘易被压坏。

(2) 路面与路肩衔接不顺,路肩横坡过大,或由于路肩坑槽积水而导致啃边。

(3) 由于交通量增大,路面宽度不足,或不设路牙(缘石)而未作边部加固,边部由于行车超压而引起啃边。

7. 搓板、波浪

搓板是指路面表层呈现洗衣搓板状的破损现象;波浪是指面层纵向产生波浪状的破损现象,产生搓板和波浪的主要原因有以下内容。

(1) 面层铺设于原有搓板或波浪的路面上而产生反射变形。

(2) 施工时基层浮土清除不净或石灰土养生期不足即铺路面面层而形成搓板。

(3)路基和基层未曾全面压实,或压实度不够,通过行车水平力作用而变形,造成波浪。

(4)沥青洒布不均形成油垄,沥青多的地方矿料厚,沥青少的地方矿料薄,经行车撞击而形成搓板或波浪。

(5)交叉口、停车站、陡坡路段因行车水平力较大、振动而形成搓板或波浪。

8. 弹簧翻浆

弹簧翻浆的表状为路面呈现弹簧状或冒水翻浆,产生弹簧翻浆的主要原因有。

(1)基层结构不密实,水稳性不良,含水率增大,聚水冻融而翻浆。

(2)基层强度不够,灰土拌和不均,碾压不实,含水率大,低温施工,灰土未及成形而冻融翻浆。

(3)在潮湿或中湿地带,地下水未处理好,边沟又积水滞流,或在山丘有地下潜流等而造成弹簧翻浆。

【实 务】

◆水泥混凝土路面常见病害的处理

(1)当路面板块被几条裂缝分割成三块以上的破碎板,且有沉降影响行车安全的,必须凿除整块板,治理好基层后重新浇筑混凝土板。

(2)当路面板发生脱空断裂、断角等损坏,影响行车安全时,应凿除损坏部分,处理好基层后,用同种或异种(沥青混凝土、水泥混凝土预制块、石块等)材料进行修补。

(3)水泥混凝土面板和基层之间,由于出现空隙、空洞而导致路面沉陷的,可分别采用下列方法。

1)顶升灌料法。先测量下沉板的高程,然后在混凝土板上钻成透孔,用以安设起重设备和灌注填料。(石灰砂浆、低等级水泥砂浆或干砂等)

2)灌注沥青法。先用凿岩机在路面板上凿孔,孔的大小与灌注组嘴的大小一致。凿孔完后,将混凝土碎屑掏出,用空气压力机将小钢管插入孔中,排除碎屑,使混凝土面板和基层间形成畅通的空间,并保持干燥。然后,用沥青撒布机将加热熔化的沥青(210℃以上)压入孔内,压满半分钟后,拔出喷嘴,用木楔堵塞。等到沥青温度下降后,拔出木楔,填进水泥砂浆或沥青砂浆,即可开放交通。

3)水泥灌浆法。按上述方法钻孔,并清理干净,用压浆泵或压力灌浆机将水泥浆灌入孔中。应先从沉陷量大的地方开始,逐步由大到小,由近到远,直至路面板达到预定的高度。灌浆完后,用木楔堵孔,养生3 d后开放交通。

(4)错台。根据不同位置和错台的程度,可采用以下方法。

1)机械磨平法适用于轻微错台。

2)板底砂浆抬高法,适用于基础过软引起的错台。

3)沥青砂或密级配沥青混凝土罩面法,适用于接缝部分或裂缝部分、水泥混凝土路面和沥青路面之间、水泥混凝土路面和路肩之间的错台。

(5)拱起。板端拱起但路面板完好时,先用切割机具将拱起两端的各2~3条横缝切宽、切深,然后切开拱起端,将板块恢复原位。最后,按前述方法封填接缝。

(6)对于出现的局部性龟裂、磨光、剥落等破损时,可将路面板表面凿除破损到一定深度,然后在上面做薄层表面处治。

(7)对抗滑能力差的路段,宜用机械(金刚石锯切机、旋转铣刀盘锯机)刻痕或罩面。

◆沥青类路面常见病害的处理

1.路面裂缝的处治方法

(1)由于路面基层干缩、湿缩引起的横向、纵向裂缝,缝宽在6 mm以内的,宜将缝隙刷扫干净,并用压缩空气吹去尘土后,采用热沥青和乳化沥青灌缝撒料法封堵;缝宽在6 mm以上的,应剔除缝内杂物和松动的缝隙边缘,或沿裂缝开槽后用压缩空气吹净,采用细粒式或砂粒式热拌沥青混合料填充、捣实,并用烙铁封口,随即撒砂、扫匀;也可以采用乳化沥青混合料填封。

(2)对轻微的裂缝,在高温季节可采用喷洒沥青撒料压入法处治,或进行小面积封层;在低温、潮湿季节宜采用阳离子乳化沥青封层或采用相应级配的乳化沥青稀浆封层。

(3)由于土基、路面基层的病害或强度不足引起的破损,首先应处理土基或基层,然后再修复路面。

(4)由于路面沥青性能不好或路龄较长,产生较大面积的裂缝,但强度尚好时,通过技术经济比较,可选用以下修理方法。

1)乳化沥青稀浆封层。

2)加铺沥青混合料上封层,或先铺设土工布,再在其上加铺沥青混合料上封层。

3)橡胶沥青薄层罩面。

2.路面麻面、松散的处治方法

(1)由于低温施工而造成沥青面层麻面或松散的,可收集好松散料,待气温上升(10 ℃以上),清扫干净,重做喷油封层。喷布沥青0.8~1.0 kg/m² 后,撒3~5 mm(或6~8 mm)厚的石屑或粗砂(5~8 m³/1 000 m²),并用轻型压路机压实;如果在低温潮湿季节,可用乳化沥青碎石混合料修理;小面积麻面可采用乳化沥青封层处治。

(2)由于油温过高,黏结料老化而造成松散者,应挖除重铺。

(3)由于基层或土基松软变形而引起的松散,应先处理基层或土基的病害,而后重做路面。

(4)如果由于采用酸性石料与沥青黏附性差而造成松散,则应在沥青中掺加抗剥离剂、增粘剂或用干燥的生石灰、消石灰粉、水泥作为填料的一部分,或用石灰浆处理粗集料等抗剥离措施,改善沥青与矿料的黏附力从而提高沥青混合料的水稳性。

3.路面坑槽的处治方法

路面的基层完好,仅面层有坑槽时,应按以下处治方法:

测定破坏部分的范围和深度,按"圆洞方补"原则,划出大致与路中心线垂直或平行的挖槽修补轮廓线(正方形或长方形)。如果采用沥青混合料预制块修补,应划出尺寸等于预制块整倍数的轮廓线。

4. 路面泛油的处治方法

(1)对于泛油路段,应先取样作抽提试验,求算出油石比,然后确定不同的处治措施。

(2)含油量高的严重泛油路段,一般在高温季节撒料强压处理,先撒一层 S10(10~15 mm)或更粗一些的碎石,用重型压路机强行压入,达到基本稳定后,再分次撒 S12(5~12 mm)的碎石,引导行车碾压成形。

(3)泛油较重路段,根据情况可先撒 S12(5~12 mm)的碎石,待稳定后,再撒 S14(3~5 mm)的石屑或粗砂,引导行车碾压成形。

(4)轻度泛油,可撒 S14(3~5 mm)的石屑或粗砂,通过行车碾压至不粘轮为度。

(5)撒料必须先撒粗料后撒细料,撒布要均匀、无空白、无堆积,均匀压入。

(6)在行车碾压过程中,要及时扫回飞散的集料,待泛油稳定后将多余的集料清扫回收。

5. 路面油包的处治方法

(1)在气温较高时(或用加热器烘烤发软后),将油包铲除,然后找补平整,再用烙铁烙平。

(2)属于油钉或撒漏形成的油包,在气温高时铲去即可。

6. 路面拥包的处治方法

(1)属于基层原因引起的较严重的拥包,用挖补方法先处理基层,然后再重做面层。

(2)由于面层原因引起的较严重的拥包,应在气温较高时(或用加热器烘烤发软后)铲除,然后找补平顺,用烙铁烙平;面层较厚、气温较低、拥包范围较大时,可采用路面铣刨机铣平。

(3)已趋稳定的轻微拥包,可在高温时直接铲平。

7. 脱皮、啃边

沥青面层局部被车轮粘起,成片层脱落的现象称为脱皮;路面边缘被行车碾压,形成边缘松散、破碎、折裂,造成路面边缘参差不齐的现象,称为啃边。

产生脱皮的原因可能是石料含土、面层和底层局部黏结不好;也可能是底层尘土过多,清底不净,形成隔层,表面薄层通车后被车轮粘走。处理方法是:先将脱皮处清理干净,再用和面层相同的混合料修补,碾压密实,然后放车通行。

产生啃边的原因是路肩压实不足、积水,造成路面边缘处基层湿软,强度下降,以致路面边缘处被行车碾压破坏。有时,基层宽度不够,路肩与路面衔接不好而被行车破坏。处理时,应采用针对性的措施:如果基层宽度不足,应加宽基层(每边不小于 25 cm),或增设路缘石;如果是路肩强度不够,应采用矿料加固路肩,并注意保持路肩与路面的衔接处平顺和排水畅通。

8. 搓板

沥青路面在各种因素的综合作用下,形成有规则的横向波浪,称为搓板。

形成搓板的主要原因可能是矿料偏细偏多,混合料级配不好,沥青稠度偏低,用油量过多而形成抗剪强度低、塑性大的软油层,在连续行车作用下,连续推移形成搓板。

处理方法一般情况下采用挖铺法。有时也可在波谷分层撒适当粒径的矿料和沥青材料,并分层捣实找平。

第4章 桥涵与隧道工程

4.1 桥梁墩台施工

【基础】

◆**墩台砌筑施工条件**

(1)石料或混凝土预制块的质量和规格必须符合有关规范的要求。

(2)砂浆所用的水泥、砂和水的质量必须符合有关规范的要求,按规定的配合比施工。

(3)砌块应错缝、坐浆挤紧,嵌缝料和砂浆饱满,无空洞、宽缝、大堆砂浆填隙和假缝。

【实务】

◆**墩台混凝土灌筑**

(1)对墩台基底的处理,除应符合有关规定外,尚应符合下列规定。

1)基底为非黏性土或干土时,应将其润湿。

2)基面为岩石时,应加以润湿,铺一层厚20~30 mm的水泥砂浆,然后于水泥砂浆凝结前浇筑第一层混凝土。

(2)一般墩台及基础混凝土,应在整个平截面范围内水平分层进行浇筑。

(3)较大体积的混凝土墩台及其基础,在混凝土中埋放石块时应符合下列规定:

1)可埋放厚度不小于150 mm的石块,埋放石块的数量不宜超过混凝土结构体积的25%。

2)应选用无裂纹、无夹层且未被烧过的、具有抗冻性能的石块。

3)石块的抗压强度不应低于30 MPa及混凝土的强度。

4)石块应清洗干净,应在捣实的混凝土中埋入一半左右。

5)石块应分布均匀,净距不小于100 mm,距结构侧面和顶面的净距不小于150 mm,石块不得接触钢筋和预埋件。

6)受拉区混凝土或当气温低于0 ℃时,不得埋放石块。

(4)采用滑升模板浇筑墩台混凝土时,应符合下列规定。

1)宜采用低流动度或半干硬性混凝土。
2)浇筑应分层分段进行,各段应浇筑到距模板上口不小于 10~150 mm 的位置为止。若为排柱式墩台,各立柱应保持进度一致。
3)应采用插入式振动器振捣。
4)为加速模板提升,可掺入一定数量的早强剂。
5)在滑升中须防止千斤顶或油管接头在混凝土或钢筋处漏油。
6)每一整体结构的浇筑应连续进行,若因故中途停工,应按施工缝处理。
7)混凝土脱模时的强度宜为 0.2~0.5 MPa,脱模后如表面有缺陷时,应及时予以修理。
(5)大体积墩台基础混凝土,当平截面过大,不能在前层混凝土初凝或能重塑前浇筑完成次层混凝土时,可分块进行浇筑,分块浇筑时应符合下列规定。
1)分块宜合理布置,各分块平均面积不宜小于 50 m^2。
2)每块高度不宜超过 2 m。
3)块与块间的竖向接缝面应与基础平截面短边平行,与平截面长边垂直。
4)上下邻层混凝土间的竖向接缝,应错开位置做成企口,并按施工缝处理。
(6)大体积混凝土的浇筑应在一天中气温较低时进行,应参照下述方法控制混凝土的水化热温度。
1)用改善集料级配、降低水灰比、掺加混合料、掺加外加剂等方法减少水泥用量。
2)采用水化热低的大坝水泥、矿渣水泥、粉煤灰水泥或低强度水泥。
3)减小浇筑层厚度,加快混凝土散热速度。
4)混凝土用料要遮盖,避免日光曝晒,并用冷却水搅拌混凝土,以降低入仓温度。
5)在混凝土内埋设冷却管通水冷却。
6)在遇气温骤降的天气或寒冷季节浇筑混凝土后,应注意覆盖保温,加强养生。
注:混凝土的浇筑温度系指混凝土振捣后,在混凝土 50~100 mm 深处的温度。

◆砌筑墩台施工

1. 一般要求

(1)砌块在使用前必须浇水湿润,表面如有泥土、水锈,应清洗干净。
(2)砌筑基础的第一层砌块时,如基底为岩层或混凝土基础,应先将基底表面清洗、湿润,再坐浆砌筑;如基底为土质,可直接坐浆砌筑。
(3)砌体应分层砌筑,砌体较长时可分段分层砌筑,但两相邻工作段的砌筑差一般不宜超过 1.2 m,分段位置宜尽量设在沉降缝或伸缩缝处,各段水平砌缝应一致。

砌体分层砌筑可使基底受荷均匀,避免不均匀沉陷。但当砌体较长(如挡土墙),第一层砌完再回转来砌第二层时,第一层间的砂浆可能已初凝,在其上面铺砌加荷可能使下面砂浆振动开裂,影响其黏结力,故须分段又分层砌筑。分段位置宜设在变形缝(包括沉降缝和伸缩缝)处。规定相邻工作段高差不超过 1.2 m,是为了防止在施工过程中产生过大的不均匀沉陷。

(4)各砌层应先砌外圈定位行列,然后砌筑里层,外圈砌块应与里层砌块交错连成一体。砌体外露面镶面种类应符合设计规定,位于流冰或有严重漂流物河中的墩台,宜选用较坚硬的石料或高强度混凝土预制块进行镶砌。砌体里层应砌筑整齐,分层应与外圈一致,应先铺一层适当厚度的砂浆再安放砌块和填塞砌缝。砌体外露面应进行勾缝,并应在砌筑时靠外露面预留深约 20 mm 的空缝备做勾缝之用。砌体隐蔽面砌缝可随砌随刮平,不另勾缝。

石砌墩台,为使外表美观,常选择较整齐的石料砌筑外层。里层则可使用一般石料,但应注意里外交错地连接成一体,不可砌成外面一环后,里面杂乱填芯。

位于流冰或有严重漂流物河流中的墩台所受摩擦力和冲击力较大,应按相关规范规定,表面采用较硬石料或高强度混凝土预制块。

(5)各砌层的砌块应安放稳固,砌块间应砂浆饱满,黏结牢固,不得直接贴靠或脱空。砌筑时,底浆应铺满,竖缝砂浆应先在已砌石块侧面铺放一部分,然后于石块放好后填满捣实。用小石子混凝土塞竖缝时,应以扁铁捣实。

(6)砌筑上层块时,应避免振动下层砌块。砌筑工作中断后恢复砌筑时,已砌筑的砌层表面应加以清扫和湿润。

2. 浆砌片石

(1)片石应分层砌筑,宜以 2~3 层砌块组成一工作层,每一工作层的水平缝应大致找平。各工作层竖缝应相互错开,不得贯通。

(2)外圈定位行列和转角石,应选择形状较为方正及尺寸较大的片石,并长短相间地与里层砌块咬接。砌缝宽度一般不应大于 40 mm,用小石子混凝土砌筑时,可为 30~70 mm。

(3)较大的砌块应使用于下层,安砌时应选取形状及尺寸较为合适的砌块,尖锐突出部分应敲除。竖缝较宽时,应在砂浆中塞以小石块,不得在石块下面用高于砂浆砌缝的小石片支垫。

3. 浆砌块石

(1)石块应平砌,每层石料高度应大致一致。外圈定位行和镶面石块,应丁顺相间或两顺一丁排列,砌缝宽度不大于 30 mm,上下层竖缝错开距离不小于 80 mm。

(2)砌体里层平缝宽度不应大于 30 mm,竖缝宽度不应大于 40 mm,用小石子混凝土砌筑时不应大于 50 mm。

4. 浆砌粗料石及混凝土预制块

(1)砌筑前,应先计算层数,选好料,砌筑时应严格控制平面位置和高度。镶面石应一顺一丁排列,砌缝应横平竖直。砌缝宽度,当为粗料石时不应大于 20 mm,当为混凝土砌块时不应大于 10 mm;上下层竖缝错开距离不应小于 100 mm,同时在丁石的上层或下层不宜有竖缝。砌体里层为浆砌块石时,其要求同浆砌块石。

(2)桥墩破冰体镶面砌筑应符合下列要求:

1)破冰棱与垂线的夹角大于 20°时,破冰体镶面横缝应垂直于破冰棱;夹角小于等于 20°时,镶面横缝可成水平。

2)破冰体镶面的砌筑层次应与墩身一致。

3)砌缝宽度为 10~12 mm。

4) 不得在破冰棱中线上及破冰棱与墩身相交线上设置砌缝。

5. 砌筑墩台质量要求

墩、台砌体位置及外形尺寸允许偏差见表 4.1。

表 4.1 墩、台砌体位置及外形尺寸允许偏差

项目		允许偏差/mm
名称	类别	
轴线偏位	—	10
墩台宽度与长度	片石	+40，-10
	块石	+30，-10
	粗料石	+20，-10
大面积平整度 (2 m 直尺检查)	片石	30
	块石	20
	粗料石	10
竖直度或坡度	片石	0.5%H
	块石、粗料石	0.3%H
墩台顶面高程	—	±10

注：1. H 为墩台高度；
2. 混凝土预制砌体允许偏差可按粗料石标准执行。

4.2 混凝土梁桥施工

【基 础】

◆ **悬臂浇筑**

悬臂浇筑是一种梁桥就地浇筑施工的方法，是在桥墩两侧设置工作平台，平衡地逐段向跨中悬臂浇筑水泥混凝土梁体，并逐段施加预应力的施工方法。悬臂拼装法是一种装配式的主梁施工方法，是在桥墩两侧设置吊架，平衡地逐段向跨中悬臂拼装水泥混凝土梁体预制块件，并逐段施加预应力的施工方法。

【实 务】

◆ **在支架上浇筑梁式桥**

1. 混凝土运输

(1) 混凝土的运输能力应适应混凝土凝结速度和浇注速度的需要，使浇注工作不间

断并使混凝土运到浇注地点时仍保持均匀性和规定的坍落度。当混凝土拌和物运距较近时,可采用无搅拌器的运输工具运输;当运距较远时,宜采用搅拌运输车运输。运输时间不宜超过表4.2的规定。

表4.2 混凝土拌和物运输时间限制

气温/℃	无搅拌设施运输/min	有搅拌设施运输/min
20~30	30	60
10~19	45	75
5~9	60	90

注:1. 当运距较远时,可用搅拌运输车运干拌料到浇注地点后再加水搅拌;
2. 掺用外加剂或采用快硬水泥拌制混凝土时,应通过试验查明所配制混凝土的凝结时间后,确定运输时间限制;
3. 表列时间系指从加水搅拌至入模时间。

(2)用无搅拌运输工具运送混凝土时,应采用不漏浆、不吸水、有顶盖且能直接将混凝土倾入浇注位置的盛器。

(3)采用泵送混凝土应符合下列规定。

1)混凝土的供应必须保证输送混凝土的泵能连续工作。

2)输送管线宜直,转弯宜缓,接头应严密,如管道向下倾斜,应防止混入空气,产生阻塞。

3)泵送前应先用适量的、与混凝土内成分相同的水泥浆润滑输送管内壁。混凝土出现离析现象时,应立即用压力水或其他方法冲洗管内残留的混凝土,泵送间歇时间不宜超过15min。

4)在泵送过程中,受料斗内应具有足够的混凝土,以防止吸入空气产生阻塞。

(4)用带式运输机运送混凝土时,应符合下列规定。

1)传送带的倾斜度不应超过表4.3的规定。

表4.3 传送带最大倾斜角度

混凝土坍落度/mm	最大倾斜角度/°	
	向上运送	向下运送
<40	18	12
40~80	15	10

2)混凝土卸于传送带上和由传送带卸下时,应通过漏斗等设施,保持垂直下料。

3)传送带上应设置刮刀等清理设备。

4)传送带运转速度不应超过1.2 m/s。

5)做配合比设计时,应考虑有2%~3%的砂浆损失。

(5)用搅拌运输车运输已拌成的混凝土时,途中应以2~4 r/min的慢速进行搅动,混凝土的装载量约为搅拌筒几何容量的2/3。

(6)混凝土运至浇注地点后发生离析、严重沁水或坍落度不符合要求时,应进行第二次搅拌。第二次搅拌时不得任意加水,确有必要时,可同时加水和水泥以保持其原水灰比不变。如二次搅拌仍不符合要求,则不得使用。

2. 在移动模架上浇注预应力混凝土连续梁

(1)支架长度必须满足施工要求。

(2)支架应利用专用设备组拼,在施工时能确保质量和安全。

(3)浇注分段工作缝必须设在弯距零点附近。

(4)箱梁外、内模板在滑动就位时,模板平面尺寸、高程、预拱度的误差必须在容许范围内。

3. 在支架上浇注梁式桥

在支架上现浇混凝土梁的技术要求和注意事项。

(1)支架应稳定,强度、刚度的要求应符合相关规范的规定。

(2)支架的弹性、非弹性变形及基础的允许下沉量应满足施工后梁体设计标高的要求。

(3)整体浇筑时应采取措施,防止梁体不均匀下沉产生裂缝,若地基下沉可能造成梁体混凝土产生裂缝时,应分段浇筑。

◆ 悬臂施工

1. 悬臂浇筑施工

(1)混凝土悬臂浇筑。

1)在梁段混凝土浇筑前,应对挂篮(托架或膺架)、模板、预应力筋管道、钢筋、预埋件、混凝土材料、配合比、机械设备、混凝土接缝处理情况进行全面检查,经签认后方准浇筑。

2)连续梁悬臂浇筑施工时,要有保证梁体施工稳定的措施。

3)桥墩两侧梁段悬臂施工进度应对称、平衡,实际不平衡偏差不得超过设计要求值。

4)悬臂浇筑段前端底板和桥面的标高,应根据挂篮前端的垂直变形及预拱度设置,施工过程中要对实际高程进行监测,如与设计值有较大出入时,应会同有关部门查明原因进行调整。

5)箱形截面混凝土浇筑顺序应按设计要求办理,当采用两次浇筑时,各梁段的施工应错开。箱体分层浇筑时,底板可一次浇筑完成,腹板可分层浇筑,分层间隔时间宜控制在混凝土初凝前且使层与层覆盖住。

6)梁段混凝土的拆模时间,应根据混凝土强度及施工安排确定。混凝土应尽量采用早强措施,使混凝土的强度及早达到预施应力的强度要求,缩短施工周期,加快施工进度。

(2)穿束、张拉和压浆

1)穿束,束的前端必须认真处理。

2)预应力张拉。

①挂篮移动前,顶、腹板纵向束的张拉应按设计要求的张拉顺序张拉,如设计无要求

时,应注意上下、左右对称张拉。张拉时注意梁体和锚具的变化。

②张拉按规范及设计要求执行。

③横向预应力在采用扁锚张拉时宜测定锚口、管道摩阻损失值。

3)压浆。压浆按相关规定执行。

(3)连续梁的合龙、体系转换和支座反力调整。

1)测量箱梁顶面标高及轴线,连续测试温度影响偏移值,观测合龙段在温度影响下梁体长度的变化。

2)合龙顺序为,按设计要求办理,设计无要求时,一般先边跨,后次中跨,再中跨。多跨一次合龙时,必须同时均衡对称地合龙。合龙时,一切临时荷载均要与设计单位商量决定。

3)连续梁合龙段长度及体系转换应按设计规定,将两悬臂端的合龙口予以临时联结,联结注意事项如下。

①复查、调整两悬臂端合龙施工荷载,使其对称相等,如不相等时,应用压重调整。

②检查梁内预应力钢束是否张拉完成。

③复测、调整中跨、边跨悬臂的挠度及两端的高差。

④观测了解合龙前的温度变化与梁端高程及合龙段长度变化的关系。

⑤合龙前应在两端悬臂预加压重,并于浇筑混凝土过程中逐步撤除,使悬臂挠度保持稳定。合龙宜在一天中最低气温时完成。合龙段的混凝土强度等级可提高一级,以尽早张拉。合龙段混凝土浇筑完成后,应加强养护,悬臂端应覆盖,防止日晒。

4)体系转换及支座反力调整,按设计程序要求施工。

(4)T形钢构及悬臂梁挂孔梁架设安装的其他技术要求。

1)T形钢构或悬臂梁挂孔的预制挂梁通过悬臂梁段架设时,应验算悬臂梁段的强度及稳定性,并应对悬臂端预埋件及支座位置进行校核。

2)墩顶梁段及附近梁段可采用托架或膺架为支架就地浇筑混凝土。托架或膺架要经过设计,计算弹性及非弹性变形。模板、预应力管道、钢筋、预埋件安装、混凝土浇筑应符合设计要求及规定。

3)边跨现浇段。现浇段的浇筑顺序是靠近边墩(台)的先浇,逐段向合龙段靠拢,逐渐调整现浇梁段的标高,使合龙高差在允许误差内。浇筑混凝土前确保支架与梁底之间能相对滑动,使边跨合龙时现浇段能随原浇筑T构自由伸缩,避免混凝土拉应力过大。

2. 悬臂拼装施工

悬臂拼装法由于主梁是预制的,索塔与主梁可平行施工,因此可以缩短施工周期,加快施工速度。主梁预制混凝土周期较长,收缩和徐变影响小,主梁内外质量容易得到保证。但该方法需配备足够的起重设备和运输设备,要有足够的预制场地和运输方式,安装精度要求较高。

(1)块件的预制运输。主梁台座按设计要求设置预拱度,各块件依次串联预制,以保证各块件相对位置及斜拉索与预应力孔道的相对尺寸。预制块件的长度划分以梁上水平索距为标准,并根据起重能力,采用一个索距梁段预制安装。块件的预制、移运与一般预制构件相同,梁段的存放场地应平整,承载力应满足要求,支垫位置与吊点一致。

(2)梁段拼装。采用悬臂拼装法修建预应力连续梁或预应力悬臂梁桥时,应先将梁、墩临时锚固或在墩顶两侧设立临时支承,待全部块件安装完毕后,再撤除临时锚固或支承。

块件起吊安装前,应对起吊设备进行全面的安全技术检查,并按设计荷载的60%、100%和130%分别进行起吊试验。墩侧相邻的1号块件提升到设计标高初步定位后,应立即测量,调整1号块件的纵轴线,使之与梁顶块件纵轴线的延伸线重合,使其横轴线与梁顶块件的横轴线平行且间距符合设计要求。应检查梁顶块件与1号块件间孔道的接头情况,调整并制作接缝间孔道接头后,方可将1号块件牢靠固定,悬臂拼装过程中应随时观测桥轴线安装挠度曲线的变化情况,并与设计值进行对比,遇有较大偏差时应及时处理,以便控制块件的安装高程。

(3)接缝处理。采用胶接缝拼装的块件,涂胶前应就位试拼。胶粘剂一般采用环氧树脂,使用前应经过试验,符合设计要求方可使用。

接缝施工时,混凝土表面应尽量平整,疏松表面层及附着的水泥应清除干净,涂胶前表面应干燥或烘干。胶粘剂使用过程中应继续搅拌以保证均匀,胶缝加压被挤出的胶粘剂应及时刮干净。涂胶人员应有防护设施;安装调整位置、标高应在3 h内完成;胶接缝采用预施应力(挤压)0.2 MPa,挤压应在3 h以内完成。当施工时间超过明露时间的70%时,在固化之前应清除被挤出的胶结料。

(4)张拉封锚和体系转换。胶接块件拼装完毕,经检查合格后,即可张拉预应力束进行块件挤压。湿接缝块件应待混凝土强度达到设计强度等级的70%以上时,才能张拉预应力束。块件拼装和预应力钢材张拉时,应注意温度和气象变化,当气温在0℃以下、风力在5级以上时,不宜进行张拉。桥面明槽内已张拉的预应力束应加以保护,禁止在上面堆放物件和抛物撞击。每对块件拼装完毕并张拉后,应立即压浆封锚。当块件的预应力束按设计要求张拉完毕后,方准许放松吊钩。有吊梁的T形刚构桥明槽混凝土,应在吊梁安装完毕后立即浇筑,浇筑程序应由悬臂端开始同时向根部推进。

在转换体系前,应按照设计要求张拉一部分块件底部的预应力束,并在悬臂梁端设置向下的预拱度,防止梁上部已张拉的明槽预应力钢材上漂,以保证转换体系前后拼装、张拉各阶段的安全。

(5)块件安装工艺。将一个预制块件运至主梁挂篮起重设备下方,提升块件至已完梁段3 m处,吊放另一个预制块件到位,回过来将前块件安放到位,焊接预埋在梁上的钢铰,挂索并第一次张拉,此时拉索的水平推力由钢铰传递,焊接钢筋,立模浇注纵横接缝混凝土,混凝土达到设计要求后,第二次张拉斜拉索,前移挂篮起重设备,进行下一节段悬拼工作。

3. 顶推安装

(1)预制场地选择。

1)预制场地应设在桥台后面桥轴线的引道或引桥上,当为多联顶推时,为加速施工进度,可在桥两端均设场地,从两端相对顶推。

2)预制场地长度应考虑梁段悬出时反压段的长度、梁段底板与腹(顶)板预制长度、导梁拼装长度和机具设备材料进入预制作业线的长度;预制场地的宽度应考虑梁段两侧施工作业的需要。

3）预制场地上空宜搭设固定或活动的作业棚,其长度宜大于两倍预制梁段长度,使梁段作业不受天气影响,并便于混凝土养护。

4）在桥端路基上或引桥上设置预制台座时,其地基或引桥的强度、刚度和稳定性应符合设计要求,并应做好台座地基的防水、排水设施,以防沉陷。在荷载作用下,台座顶面变形不应大于2 mm。

5）台座的轴线应与桥梁轴线的延长线重合,台座的纵坡应与桥梁的纵坡一致,台座施工的允许偏差如下。

①轴线偏差:5 mm。
②相邻两支承点上台座中滑移装置的纵向顶面标高差:2 mm。
③同一个支承点上滑移装置的横向顶面标高差:1 mm。
④台座(包括滑移装置)和梁段底模板顶面标高差:2 mm。

（2）梁段预制及养护。模板宜采用钢模板,底模与底架连成一体并可升降,侧模宜采用旋转式的整体模板,内模板采用在可移动的台车上加上安装的升降旋转整体模板。

1）梁段混凝土浇筑。梁段模板、钢筋、预应力管道、滑道、预埋件等应经检查签认后方可浇筑混凝土。梁段工作缝的接触面应凿毛,并洗刷干净,或采用其他可加强混凝土接触的措施。若工作缝为多联连续梁的解联断面,干接缝依靠张拉临时预应力束来实现,断面尺寸应准确,表面平整,解联时分开方便。

2）混凝土可采用全断面整段浇筑或采用两次浇筑,分两次浇筑时,第一次浇筑箱梁底板及腹板根部,第二次浇筑其他部分。支座位置处的隔板,在整个梁顶推到位并完成解联后,进行浇筑,振捣时应避免振动器碰撞预应力筋管道、预埋件等。

3）第一梁段前端设置导梁端的混凝土浇筑,应注意振捣密实,导梁的中心线与水平位置应准确平整。

（3）梁段施加预应力。梁段预应力束的布置、张拉次序、临时束的拆除次序等,应严格按照设计规定执行。在桥梁顶推就位后需要拆除的临时预应力束,张拉后不应灌浆,锚具外露,多余预应力钢材不必切除。梁段间需连接的永久预应力束,应在两梁段间留出适当空间,用预应力束连接器连接,张拉后用混凝土填塞。

（4）导梁和临时墩。梁段前端设置导梁时,导梁全部节间拼装应平整,预埋在梁段前端的预埋件联结强度、刚度必须满足梁顶推时的安全要求。采用钢桁架导梁时,应注意导梁与梁段刚度的协调,不得采用刚度过小的导梁,并应减小每个节点的非弹性变形,使梁端挠度不大于设计要求,导梁拼装允许误差如下。

1）导梁中线:5 mm。
2）导梁纵、横向底面高程:±5 mm。

3）桥跨中间设置有临时墩时,其施工技术要求应按照设计规定和规范规定执行。各联主梁顶推作业完成并落位到正式支座上以后,应将临时墩拆除。

（5）梁段顶推。顶推施工前,应根据主梁长度、设计顶推跨度、桥墩能承受的水平推力、顶推设备和滑动装置等条件,选择适宜的顶推方式。梁段中各种预应力钢材按顶推设计张拉完成后,在顶推前应对顶推设备如千斤顶、高压油泵、控制装置及梁段中线、各滑道顶的标高等检验合格,并做好顶推的各项准备工作后,方可开始顶推。

采用单点或多点水平——竖直千斤顶方式顶推,水平千斤顶的实际总顶推力不应小于计算顶推力的两倍。墩、台顶上水平千斤顶的台背必须坚固,应(经过计算)能抵抗顶推时的总反力;在顶推过程中各桥墩的纵向位移值不超过设计规定。主梁在各墩(包括临时墩)支承处,均应按要求设立滑动装置。顶推时,左右两条顶推线应横向同步运行;多点顶推时,各墩台的水平千斤顶均应沿纵向同步运行,保证主梁纵向轴线在设计允许偏差范围内。主梁被顶推前进时,如梁的中线偏离较大,应按要求的导向装置纠偏。水平千斤顶顶推了一个行程,用竖向千斤顶将梁顶高,以便拉回滑块时,其最大顶升高度不得超过设计规定。如设计无规定时,不得超过 5~10 mm。

采用单点水平——竖直千斤顶顶推方式顶推,在开始时,如因导梁轻,设置顶推装置处的反力不大,滑块与梁底打滑,不能使梁被顶推前进时,应采取措施(如用卷扬机拉拽)使梁前进一定距离,顶推装置的墩、台反力具有一定数值后,再用水平——竖直千斤顶的顶推装置,或将顶推装置移到主梁与导梁连接段中间反力最大的临时墩上,并加强该墩抗水平推力的能力。

采用单点或多点拉杆方式顶推时,设拉杆千斤顶的墩顶应设置反力台,反力台应牢固,满足顶推时反力的要求。主梁底部或侧面应按一定距离设置拉锚器,拉锚器的锚固、放松应方便、快速。拉杆的截面积和根数应满足顶推力的要求。顶推过程中,如导梁杆件有变形、螺丝松动、导梁与主梁联结处有变形或混凝土开裂等情况时,应停止顶推,进行处理。梁段中未压浆的各预应力钢材的锚具如有松动,应停止顶推,并将松动的锚具重新张拉、锚固,如拉杆有变形、锚碇联结螺丝有松动等情况,应及时处理。至少应在两个墩上设置保险千斤顶,如遇到滑移故障用千斤顶处理时,起顶的反力值不得大于计算反力的 1.1 倍,起顶高度不得大于 5~10 mm。

(6)平面曲线与竖曲线顶推。用顶推法安装的平曲线桥只适用于同半径的圆曲线桥,而且其曲线半径不能太小,即每孔曲线桥的平面重心应落在相邻两座桥墩上箱梁底板的内外两侧弦连接线以内。当桥梁大部分为直线,而桥梁前端为曲线时,可采取特殊措施用千斤顶安装。顶推安装平曲线桥时,宜采用多点拉杆方式顶推,亦可采用水平——竖直千斤顶方式顶推。预制台座的平面及梁身均应按设计制成圆弧形。导梁宜制成直线,但与主梁连接处应偏转一角度,使两片导梁前端的中心落在曲线梁圆弧的中线上。平曲线的顶推应采取纵向与横向顶推结合的工艺,即在纵向水平千斤顶向前顶推的同时,还启动各墩曲线外侧的横向千斤顶,使梁体沿圆弧曲线前进。

用顶推法安装的竖曲线桥只适用于同曲率的竖曲线桥。桥上设的竖曲线多为凸曲线,顶推时宜对向顶推,在竖曲线顶点处合龙。当桥梁不长、跨数不多时,亦可自一端顶推全桥。顶推竖曲线桥工艺基本上与顶推平桥相同。各桥墩墩顶标高与设计竖曲线符合。预制台座的底模板标高符合设计竖曲线的曲率。所需水平顶推力的大小,要考虑纵坡正负的影响。

(7)落梁。全梁顶推到设计位置、将梁落到正式支座上时,按照设计文件规定的张拉顺序,对补充的预应力钢材进行张拉、锚固、压浆,将供顶推用的临时预应力钢材按设计规定顺序拆除。落梁前应拆除墩、台上的滑动装置。拆除时,各支点宜均匀顶起,其顶力应按设计支点反力大小进行控制。相邻墩各顶点的高差不得大于 5 mm;同墩两侧梁底顶起高差不得大于 1 mm。落梁反力允许偏差为 ±10% 设计反力。落梁时,应根据设计规定的顺序和每次下落量进行,同一墩、台的千斤顶应同步运行。

◆装配式桥施工

1. 装配式构件预制

(1)预制场地应平整、坚实,应根据地基及气候条件,采取必要的排水措施,防止场地沉陷。

(2)后张法预应力混凝土简支梁的预制台座应坚固、无沉陷,台座各墩间距应适宜,以保证底模挠度不大于 2 mm。台座表面应光滑平整,在 2 m 长度上平整度的允许偏差为 2 mm,气温变化大时应设伸缩缝。

(3)预制模板除应符合模板制作的有关规定外,底模板应根据桥梁跨度设置预拱度。装配式桥中的预应力混凝土梁、板预制构件在预制施工前,应根据设计单位提供的理论拱度值,结合施工的实际情况,正确预计梁体拱度的变化情况,采取相应措施。当后张法全预应力混凝土梁预计的拱度值较大时,可考虑在预制台座上设置反拱。当梁体的实际拱度已较大,将对桥面混凝土的施工造成影响时,应书面报告监理工程师,会同设计单位协商解决。

(4)采用平卧重叠法支立模板、浇筑构件混凝土时,下层构件顶面应设临时隔离层;上层构件须待下层构件混凝土强度达到 5.0 MPa 后方可浇筑。

(5)装配式桥构件在脱底模、移运、堆放、吊装时,混凝土的强度不应低于设计所要求的吊装强度,一般不得低于设计强度的 75%。对孔道已压浆的预应力混凝土构件,其孔道水泥浆的强度不应低于设计要求,如设计无规定时,一般不低于 30 MPa。

(6)各种构件混凝土的浇筑,其梁、板应按一定厚度、顺序和方向分层浇筑,腹板底部为扩大断面的 T 形梁,应先浇筑扩大部分并振实后,再浇筑其上部腹板。U 形梁可上下一次浇筑或分两次浇筑。一次浇筑时,应先浇筑底板(同时腹板部位浇筑至底板承托顶面),待底板混凝土稍沉实后再浇筑腹板;分两次浇筑时,先浇筑底板至底板承托顶面,按施工缝处理后,再浇筑腹板混凝土。小型构件宜在振动台上振动浇筑。混凝土砌块、小型盖板、路缘石等小型构件,可在移动式底模或平整的地面上浇筑。

2. 构件移运及堆放

构件移运时的吊点位置应按设计规定。如设计无规定时,梁、板构件的吊点应根据计算决定,构件的吊环应顺直。吊绳与起吊构件的交角小于 60°时,应设置吊架或扁担,尽可能使吊环垂直受力。梁、板、构件移运和堆放的支撑位置应与吊点位置一致,并应支承牢固,避免损伤构件。在顶起各种构件时应随时置好保险垛。吊移板式构件时,不得吊错上、下面,以免折断。构件运输时,应有特制的固定架以稳定构件。小构件宜顺宽度方向侧立放置,并注意防止倾倒,如平放,两端吊点处必须设置支搁方木。梁的运输应顺高度方向竖立放置,并有防止倾倒的固定措施。装卸梁时,必须等支撑稳妥后,才许卸除吊钩。使用平板拖车或超长拖车运输大型构件时,车长应能满足支承间的距离要求,支点处应设活动转盘以免搓伤构件混凝土。运输道路应平整,如有坑洼而高低不平时,应事先修理平整。

成垛堆放装配式构件时,场地应整平夯实,构件应按吊运及安装次序顺序堆放,宜尽量缩短预应力混凝梁或板的堆放时间。构件堆垛时,应放置在垫木上,吊环向上,标志向外。混凝土养护期未满的,应继续洒水养护。水平分层堆放构件时,其堆垛高度应按构件强度、地面承载力、垫木强度以及堆垛的稳定性而定。承重大构件一般以两层为宜,不应超过三层;小型构件一般不宜多于6~10层,层与层之间应以垫木隔开,各层垫木的位置应在吊点处,上下层垫木必须在一条竖直线上。雨期和春季融冻期间,必须注意防止因地面软化下沉而造成构件断裂及损坏。

3. 基础安装

安装前应检查支承结构的尺寸、标高、平面位置和承载能力,均应符合设计要求。基础安装的岩面或混凝土的表面应平整,安装时冲刷干净,坐浆时要将水泥浆抹平,厚薄均匀。安装就位后应采取保证构件稳定的措施,平面位置、高程、垂直度经检查校正符合设计要求后方准焊接或浇筑接头混凝土。吊装大薄壁构件,应采取避免构件变形或损坏的临时加固措施。构件固定后方可摘去吊钩。分层安装时接头或接缝的混凝土强度未达到设计要求时,不得吊装上一层构件。接头或接缝混凝土或砂浆宜采取快凝措施,强度等级宜比构件混凝土强度等级提高一级。已安装完毕的整体基础接头或接缝混凝土强度达到设计要求后,方可承受施工荷载。

4. 简支梁、板安装

简支梁安装前,25 m 以上的预应力应验算桥梁的稳定性。简支梁和板可根据现场情况、梁和板的重力及所用设备制定安装方案,各受力部分的设备、杆件应经过验算,斜桥、弯桥安装时,应按照设计要求办理,如设计无规定时,可按相关规定办理。每根大梁就位后,应及时设置保险垛或支撑,将梁固定并用钢板与先安装好的大梁预埋横向连接钢板焊接,防止倾倒,待全孔大梁安装完毕后,再按设计规定使全孔大梁整体化。梁、板就位后按设计要求及时浇筑接缝混凝土。

4.3 拱桥施工

【基　础】

◆ **分类**

1. 按施工方法分类

(1) 就地浇筑拱圈(也称现浇)法。

(2) 预制悬拼法。(缆索、浮平、平机等)

(3) 转体施工法。(竖转、平转、竖平结合)

(4) 钢拱架作为结构的一部分。(劲性骨架、钢管)

2. 按结构类型分类

(1) 板拱。(适用于地基条件较好的中、小跨径圬工拱桥)

(2)肋拱。(适用于中等跨径拱桥)
(3)桁拱。(适用于 $L=20\sim50$ m 的中等跨径拱桥)
(4)箱拱。(适用于 $L>50$ m 以上的拱桥)
(5)钢管拱。(适用于大跨径拱桥)
(6)劲性骨架拱。(适用于大跨径拱桥)
(7)中、下承式系杆拱。

3. 各拱桥的实测项目中,主要有以下几个要素:
(1)抗压强度。(权值均为3)
(2)拱圈的高程。(含内弧线偏离设计轴线,拱圈的高程允许偏差为 $L/3\ 000$,L 为跨径)
(3)拱圈轴线偏位。(大跨径均为 $L/6\ 000$,L 为跨径)
(4)拱圈的断面尺寸。(厚度、宽度等)
(5)拱圈各对称点的相对高差。(允许偏差为 $L/3\ 000$,极值允许偏差为 $L/1\ 500$,L 为跨径)

【实 务】

◆拱圈阶段的预制

(1)预制场地宜开阔、平整,便于布置台座,储放构件、安排拌和设备和原材料堆放,而且预制场地应不受洪水威胁,如果必须渡洪,应考虑渡洪措施。

(2)预制场地基础应有足够的承载力,尤其是土牛拱胎基础夯实紧密,底模混凝土强度不低于 C15,底模表面应按所放大样坐标用砂浆抹平,场地基础应做好排水措施。

(3)所用模板应牢固可靠,各段端模板应牢固可靠,各段端模应采用钢套模以保证各接头螺孔一致,在安装端头模板时,应在上缘向拱中心线偏 0.5~1.0 cm,使预制好的拱段上弧长两端接头较设计弧长短 5~10 mm,使拱肋合拢时接合面保留上缘开口,便于嵌塞钢片,调整拱轴线。

(4)拱肋分段按设计图施工,设计无要求时,可根据设备情况进行分段,一般情况下,拱肋跨径在 30 m 以内时,可不分段或仅分两段;在 30~80 m 范围内时,可分三段;大于 80 m 时一般分五段。拱肋的接头形式分对接、搭接、现浇接头。对接接头在连接处为全截面通缝,要求接头的连接材料强度高,一般采用螺栓或电焊钢板等;搭接接头受力较好,但构造复杂,预制也较困难,须用样板校对、修凿,确保拱肋安装质量。

(5)按设计位置埋设起吊用吊环,吊环用 3 号圆钢制作。吊点位置当采用二点吊时,离拱肋端头 $0.22\sim0.24\ L$;当采用四点吊时,吊点位置对称于 $0.17\ L$、$0.37\ L$ 处。(L 为拱肋长度)

(6)拱肋(箱)预制段宜一次浇筑完成,及时养护,在拱箱(肋)混凝土强度达到设计强度的 75% 方可起吊运输。

(7)预制完成的拱箱肋的堆放应注意。堆放场平整、夯实,拱箱(肋)两端用方木或条石支垫,要求支垫稳固,其支垫位置与吊环位置相同;堆放应注意排水;堆放宜两层,最多不超过3层;堆放拱箱(肋)的顺序应与拱箱(肋)吊装顺序相符合。

◆拱的安装

(1)简易支架一般由立柱式排架组成,根据拱肋的重力及地基的承载力,设置单排架式或双排架式,支架必须结构牢固,纵横向稳定,位置准确,跨河施工中注意对漂浮物有可靠的防护措施。

(2)采用装配式施工工艺前,必须对所有预制构件的预制质量、构件的几何尺寸、堆放是否符合要求进行认真仔细的检查,做好原始记录。不符合质量标准和设计要求的不准使用,有缺陷的应预先予以修补。对已建成的桥台、墩应及时进行复测,复测的主要内容:每根拱箱(肋)的拱座起拱线的实际高程、净跨距离、拱座面斜度及几何尺寸。(含横向拱肋中心距)

(3)要求对拱箱(肋)在吊运过程及合拢之后的施工加载等各阶段的预制构件的自身强度和稳定性进行设计验算,确保工程安全。

(4)凡进行大、中型拱桥的装配式施工,应在实施前做好施工组织设计及详细安装方案。

(5)对于少支架安装拱圈卸架注意事项如下。当拱肋接头混凝土或横向联结构件混凝土强度达设计强度的75%或满足设计要求后,方可开始卸架。为避免一次卸架突然发生较大变形,可在主拱安装完成时,分两次或多次卸架,使拱圈及墩、台逐渐成拱受力;卸架前应对拱圈的混凝土质量、拱轴线的坐标尺寸、卸架设备情况、气温引起拱圈变化情况、台后填土情况进行全面检查,符合设计要求后方可卸架,卸架时应观测拱圈挠度和墩、台变位情况;卸架应在拱两侧对称、均匀地按一定程序进行,每一支承处的卸落量应分成多次完成,以防拱圈突然受力过猛,发生较大变形;拱上建筑宜在卸架后施工。用铸铁楔、薄钢板嵌塞拱肋接头缝隙。

(6)拱肋整根预制吊装或分两段预制吊装的中小跨径拱桥,当拱肋高度大于$0.009 \sim 0.012 L$(L为跨径),拱肋底面宽度为肋高的$0.6 \sim 1.0$倍,且横向稳定系数不小于4时,可以进行单基肋合拢。这时其横向稳定性主要依靠拱肋接头附近所设的缆风索来加强,因此缆风索必须十分可靠。拱肋分三段或五段预制吊装的大、中跨径拱桥,当拱肋高度不小于跨径的1/100且其单肋合拢横向稳定安全系数不小于4时,可采用旋扣边段或次边段拱肋,用木夹板临时联结两拱肋,单根拱肋合拢,设置稳定缆风索,成为基肋。当拱肋跨径大于等于80 m或虽小于80 m,但单肋合拢横向稳定安全系数小于4时,拱肋缆风索很长或缆风角度不好(一般要求每对风缆与拱肋轴线水平投影的夹角不小于50°)时,应采用双基肋合拢方法。

(7)对于无支架安装拱圈,缆索吊装是使用最为广泛的方案,吊装前应对吊装系统各设施进行全面的检查,然后进行试吊,试吊分空载反复运转、静载试吊和吊重运行三个步骤。必须待每一步骤检查、观测工作完成无异常现象后,方可进行下一步骤,一般按照设计吊重的60%、100%、130%,分几次进行。在各阶段试吊中,应连续观测塔架位移、主索垂度和主索受力的均匀程度,动力装置工作状态、主索地锚稳固情况,试吊后根据试吊数据确定能否进行正式吊装。

(8) 当采用缆索吊装拱肋合拢松索调整拱轴线时,应观测各接点标高、拱顶及 1/8 跨径处截面标高。调整轴线时精度要求:每个接头点与设计标高之差不大于 ±1.5 cm,两对称接头点相对高差不大于 2 cm,中线偏差不超过 0.5~1.0 cm,防止出现反对称变形,导致拱肋开裂甚至纵向失稳。

(9) 拱肋松索成拱是一个反复循环的过程,将索放松压紧接头缝后,在调整中线偏差至 0.5~1.0 cm 以内,固定缆风索将接头螺栓旋紧。电焊各接头部件,全部松索成拱过程,电焊时,宜采取分层、间隔、交错施焊的方法,每层不可一次焊接过厚,以防灼伤周边混凝土,电焊后必须将各接头螺栓旋紧焊死。

(10) 当拱轴系数过大,拱肋截面尺寸较小,刚度不足,拱肋接头可能发生上冒变形时,需加强拱肋纵向稳定的施工措施,常用的方法是在接头下方设下拉索,下拉索一般应对称布置,但下拉索的拉力大小根据拱轴线变形不同而不等,其收紧程度可按观测的拱肋挠度来控制,因此用下拉索与起重索合拢相配合,能有效控制拱肋的纵向变形;如截面较小、纵向刚度不足时,需在拱肋的下方多点张拉,张拉力控制在 10~20 kN 范围内,拱脚部分的拉力要比拱顶大,张拉强度以拱轴线形来控制。

◆转体施工拱

1. 转体施工安装方法

平转施工主要适用于刚构梁式桥、斜拉桥、钢筋混凝土拱桥及钢管拱桥。竖转施工主要适用于转体重量不大的拱桥或某些桥梁预制部件。(塔、斜腿、劲性骨架)

2. 预制及拼装

桥体的预制及拼装,应按照设计规定的位置、高程,并视两岸地形情况,设计适当的支架和模板(或土胎)进行。预制时除按照有关规定执行外,还应符合下列规定。

(1) 应充分利用地形,合理布置桥体预制场地,使支架稳固,工料节省,易于施工和安装。

(2) 应严格掌握结构的预制尺寸和重量,其允许偏差为 ±5 mm,重量偏差不得超过 ±2%,桥体轴线平面允许偏差为预制长度的 ±1/5 000,轴线立面允许偏差为 ±10 mm。环道转盘应平整,球面转盘应圆顺,其允许偏差为 ±1 mm;环道基座应水平,3 m 长度内平整度不大于 ±1 mm,环道径向对称点高差不大于环道直径的 1/5 000。

3. 有平衡重平转施工

(1) 有平衡重平转施工工艺,可以采用不同的锚扣体系。箱形拱、肋拱宜采用外锚扣体系;桁架拱、刚架拱宜采用内锚扣(上弦预应力钢筋)体系;刚构梁式桥、斜拉桥为不需另设锚扣的自平衡体系。

(2) 桥体混凝土达到设计规定强度或者设计强度的 80% 后,方可分批、分级张拉扣索,扣索索力应进行检测,其允许偏差为 ±3%。张拉达到设计总吨位左右时,桥体脱离支架成为以转盘为支点的悬臂平衡状态,再根据合龙高程(考虑合龙温度)的要求精调张拉扣索。

(3) 采用外锚扣体系时,除应按有关规定办理外,还应符合下列规定。

1)扣索宜采用精轧螺纹钢筋、带轧丝锚的Ⅳ级圆钢筋、带镦头锚的高强钢丝、预应力钢绞线等高强材料,安全系数不应低于2。

2)扣点应设在梁悬臂端点或拱顶点附近,控制好扣索合力作用点的位置,使桥体截面应力处于允许的受力状态。

3)扣索锚点高程不应低于扣点,宜与通过锚点的水平线形成0~5°的角度,以利于扣索调整和桥体脱架。

4)宜用千斤顶张拉扣索,张拉力先按设计张拉吨位控制,再按桥体脱开支架的要求适当调整。

(4)采用内锚扣体系时,应符合下列规定。

1)扣索采用结构本身钢筋或在其杆件内另穿入高强钢筋,利用结构钢筋时应验算其强度。

2)完成桥体转体合龙,浇筑接头混凝土并达到设计强度时,应解除扣索张力。

(5)转体平衡重视情况利用桥台或另设临时配重。扣索和锚索之间宜通过置于扣、锚支承(桥台或立柱)的顶部交换梁相连接。

(6)转体合龙时应符合下列规定。

1)应严格控制桥体高程和轴线,误差符合要求,合龙接口允许相对偏差为±10 mm。

2)应控制合龙温度。当合龙温度与设计要求偏差3℃或影响高程差±10 mm时,应计算温度影响,修正合龙高程,合龙时应选择当日最低温度进行。

3)合龙时,宜先采用钢楔刹尖等瞬时合龙措施。再施焊接头钢筋,浇筑接头混凝土,封固转盘。在混凝土达到设计强度的80%后,再分批、分级松扣,拆除扣、锚索。

(7)平转转盘有双支承式转盘和单支承式转盘两种,除大桥和重心较高的桥体外,宜采用构造简单实用的中心单支承式转盘,如图4.1。制作安装时应符合下列规定。

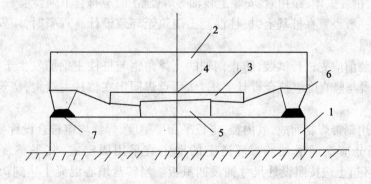

1—下转盘;2—上转盘;3—球铰盘;4—钢质定位销;5—球面铰柱;6—支腿;7—环道

图4.1 中心单支承式转盘示意

1)球面铰柱由不低于C50的混凝土浇筑于盘中央,球面用母线器成型,直径不小于100 mm的定位销(钢质或钢管混凝土)固于球面铰柱中心,在球面打磨光滑,偏差符合要求后,其上覆盖塑料薄膜3~5层,浇筑球面铰柱混凝土盖,达到设计强度后,拆去薄膜,将盖、铰进行反复磨合,至单人以3 m杠杆推动为止。

2)盖、铰磨合符合要求后,其接触面应涂以二硫化钼或黄油四氟粉等润滑剂,再将铰盖浇固于上盘混凝土中。

3)浇固于上盘周边的四个或六个辅助支腿,应对称均匀布置,与下环道保持不大于20 mm间距,以备浇筑上盘混凝土或转体时做保持平衡临时支撑。(支垫钢板)

(8)转体牵引力按式(4.1)计算。

$$T = \frac{2fGR}{3D} \quad (4.1)$$

式中:T——牵引力(kN);

G——转体总重力(kN);

R——铰柱半径(m);

D——牵引力偶臂(m);

f——摩擦系数,无试验数据时,可取静摩擦系数为 0.1~0.12,动摩擦系数为 0.06~0.09。

(9)转体牵引索可用两根(钢绞线、高强钢丝束),其一端引出,一端绕固于上转盘上,形成一转动力偶。牵引动力可用卷扬机、牵引式千斤顶等,也可用普通千斤顶斜置在上、下转盘之间(注意应预留顶位)。转动时应控制速度,通常角速度不宜大于 0.01~0.02 rad/min或桥体悬臂线速度不大于 1.5~2.0 m/min。

4. 无平衡重平转施工

(1)采用锚固体系代替平衡重平转法施工,是利用锚固体系、转动体系和位控体系构成平衡的转体系统。

(2)转动体系由拱体、上转轴、下转轴、下转盘、下环道和扣索组成,转动体系施工可按下列程序进行:安装下转轴、浇筑下环道、安装转盘、浇筑转盘混凝土、安装拱脚铰、浇筑铰脚混凝土、拼装拱体、穿扣索、安装上转轴等等,施工时应符合下列要求。

1)下转轴一般设置在桩基上,桩柱混凝土浇筑至环道设计高程下时,应安装用钢板卷制加工的轴圈。

2)轴圈安装前应先进行试装,防止钢轴的支撑角钢与桩柱主钢筋发生干扰,轴圈与转轴的平面位置与竖直度应符合设计要求,然后点焊固定在桩柱主盘上,浇筑填心混凝土。

3)转盘可用钢带焊制而成,其内径、走板平面平整度、焊缝均应符合设计要求。转轴与转盘套合部分应涂润滑油脂。环道上的滑道宜采用固定式,其平整度应控制在 ±1.0 mm内,环道上应按照设计尺寸铺设四氟板。当转盘填心混凝土达到75%设计强度后,可拨动转盘转至拱体预制位置。转轴与轴套应转动灵活,其配合误差应控制在 0.6~1.0 mm。

4)拱铰铰头可用钢板加工,其配合误差应小于 2 mm。浇筑铰脚角锥体混凝土时可采用预制钢筋混凝土模板,承托拱体可利用第一段拱体的横隔板,并将其封闭,增设受弯钢筋来承担。

5)扣索宜采用精轧螺纹钢筋,靠近锚块处宜接以柔性工作索,使其通过转向滑轮接至卷扬机,将钢筋张拉安装在立柱上的环套锚块上。

6)上转轴的轴心平面位置应按照设计要求与下转轴的轴心设置偏心距。

(3)锚固体系由锚碇、尾索、支撑、锚梁(或锚块)及立柱组成,锚碇可设于引道或其他适当位置的边坡岩层中。锚梁(或锚块)支承于立柱上。支撑和尾索一般设计成两个不同方向,形成三角形稳定体系,稳定锚梁和立柱顶部的上转轴使其为一固定点。当拱体设计为双肋,并采取对称同步平转施工时,非桥轴向(斜向)支撑可省去。锚固体系施工时,应符合下列规定。

1)锚固尾索时应考虑其着力点和受力方向,防止混凝土开裂。

2)锚梁锚固处应设置张拉尾索的设备。锚梁施工时,应注意防止钢筋尾索、扣索和预应力钢材穿孔的干扰。浇筑的锚梁混凝土达到设计强度的50%后,方可将轴套穿入上下轴套和环套中。

3)桥轴向的支撑可根据实际情况,利用引桥的梁作为支撑,或采用预制、现浇的钢筋混凝土构件。非桥轴向(斜向)的支撑须采用预制或现浇的钢筋混凝土构件。

(4)位控体系包括扣点缆风索和转盘牵引系统,安装时的技术要求应按照有关规定执行。

(5)尾索张拉、扣索张拉、拱体平转、合龙卸扣等工序,必须进行有关的施工观测。

(6)尾索张拉时应符合下列规定。

1)尾索张拉一般在立柱顶部的锚梁(锚块)内进行,操作程序与一般预应力梁后张法类似,可参照有关规定执行。

2)两组尾索应按照上下左右对称、均衡张拉的原则,对桥轴向和斜向尾索分次、分组交叉张拉。

3)张拉一级荷载时,应按照上一级荷载张拉后的伸长值与拉索中的应力数值进行分析,调整本级张拉荷载,力求各尾索内力均衡。

4)尾索张拉荷载达到设计要求后,应对尾索观测和钢索内力测量1~3 d,如发现内力损失导致尾索间内力相差过大时,应再进行一次尾索张拉,以求均衡达到设计内力。

(7)扣索张拉的技术要求,除应按照有关规定外,还应符合下列规定。

1)张拉前应设立桥轴向和斜轴向支撑以及拱体轴线上拱顶、3/8、1/4、1/8跨径处的平面位置和高程观测点,在张拉前和张拉过程中随时观测。

2)全面检查支撑、锚梁、轴套、拱铰、拱体、锚碇,并列表记录,分析确认不影响安全时,才可开始张拉。

3)每索应分级张拉至设计张拉力,每级荷载张拉时,应对称于拱体,按由下向上的次序进行,各索内力相对偏差应控制在5 kN以内,应同时检查并调整各支承点木楔,以免过大或过小。

4)重复上述操作至张拉到设计荷载而使拱体脱架。

(8)无平衡重拱体进行平转时,除应参照有关规定办理外,还应符合下列规定。

1)应对全桥各部位包括转盘、转轴、风缆、电力线路、拱体下的障碍等进行测量、检查,符合要求后,方可正式平转。

2)若启动摩阻力较大,不能自行启动时,宜用千斤顶在拱顶处施加顶力,使其启动,然后应以风缆控制拱体转速;风缆走速在启动和就位阶段一般控制在0.5~0.6 m/min,

中间阶段控制在 0.8~1.0 mm/min。

3)上转盘采用四氟板做滑板支垫时,应随转随垫并密切注意四氟板接头和滑动支垫情况。

4)拱体旋转到距设计位置约5°时,应放慢转速;距设计位置相差1°时,可停止外力牵引转动,借助惯性就位。

5)当拱体采用双拱肋在一岸上下游预制进行平转达一定角度后,上下游拱体宜同步对称向桥轴线旋转。

(9)当两岸拱体旋转至桥轴线位置就位后,两岸拱顶高程超差时,宜采用千斤顶张拉、松卸扣索的方法调整拱顶高差,操作时应符合下列要求。

1)测出两岸各扣索内力,建立拱顶水平和轴线观测站。

2)对低于设计高程的拱顶端,其扣索可按对称均衡原则进行张拉,应先张拉内力较低的一排扣索,并分次张拉,使其尽可能达到设计高程。

3)对高于设计高程的拱顶端,按与上相反的程序进行。

4)若两岸拱顶端高差仍较大,可利用千斤顶再一次调整拱顶高程。

5)当两岸拱体合龙处轴线与高程偏差符合要求后,尽量按设计要求规定的合龙温度进行合龙施工,其内容包括用钢楔顶紧合龙口,将两端伸出的预埋件用型钢连接焊牢,连接两端主钢筋,浇筑台座混凝土,浇筑拱顶合龙口混凝土。

(10)当台座和拱顶合龙口混凝土达到设计强度的75%后,可按下述要求卸除扣索。

1)按对称均衡原则,分级卸除扣索,同时应复测扣索内力、拱轴线和高程。

2)全部扣索卸除后,再测量轴线位置和高程。

5. 竖转施工

(1)对混凝土肋拱、刚架拱、钢管混凝土拱,当地形、施工条件适合时,可选择竖转法施工。其转动系统由转动铰、提升体系(动、定滑车组,牵引绳等)、锚固体系(锚索、锚碇等)等组成,如图4.2所示。

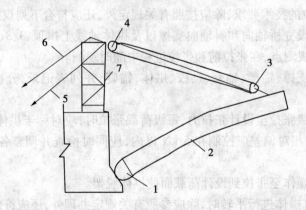

1—转动铰;2—桥体;3—动滑车;4—定滑车;5—牵引车(接卷扬机);6—锚索(接锚碇);7—塔架

图4.2 竖转施工转动系统示意图

(2)待转桥体在桥轴线的河床上设架或拼装,要求符合有关规定。根据提升能力确定转动单元为单肋或双肋,宜采用横向连接为整体的双肋为一个转动单元。

(3)支承提升和锚固体系的台后临时塔架可由引桥墩或立柱替代,提升动力可选用30~80 kN卷扬机。

(4)桥体下端转动铰可根据推力大小选用轴销铰、弧形柱面铰、球面铰等,前者为钢制,后两者为混凝土制并用钢板包裹铰面。

(5)转动时应符合下列规定。

1)转动前应进行试转,以检验转动系统的可靠性。竖转速度可控制在 0.005~0.01 rad/min,提升重量大者宜采用较低的转速,力求平稳。

2)两岸桥体竖转就位,调整高程和轴线应符合相关要求,楔紧合龙缺口,焊接钢筋,浇筑合龙混凝土,封填转动铰至混凝土达到设计强度后,拆除提升体系,完成竖转工作。

◆钢管混凝土拱

1. 钢管拱肋(桁架)加工

(1)钢管混凝土拱桥所用钢管直径超过 600 mm 的应采用卷制焊接管,卷制钢管宜在工厂进行。在有条件的情况下,优先选用符合国家标准系列的成品焊接管。

(2)成品管及制管用的钢材和焊接材料等应符合设计要求和国家现行标准的规定,具备完整的产品合格证明。

(3)钢管拱肋(桁架)加工的分段长度应根据材料、工艺、运输、吊装等因素确定,在加工制作前,应根据设计图的要求绘制施工详图,包括零件图、单元构件图、节段单元图及组焊、拼装工艺流程图等,加工前应按半跨拱肋进行1:1精确放样,注意考虑温度和焊接变形的影响,并精确确定合龙节段的尺寸,直接取样下料和加工。

(4)工地弯管宜采用加热顶压方式,加热温度不得超过 800 ℃。钢管对接端头应较圆,除成品管按相应国家标准外,失圆度不宜大于钢管外径的 0.003 倍。钢管的对接环焊缝可采用有衬管的单面坡口焊和无衬管的双面熔透焊。两条对接环焊缝的间距应符合设计要求,设计无规定时,直缝焊接管不小于管的直径,螺旋焊接管不小于 3 m。对接径向偏差不得超过壁厚的 0.2 倍,为减少运输及安装过程中对口处的失圆变形,应适当在该处加设内支撑。

(5)拱肋(桁架)节段焊接宜要求与母材等强度焊接。所有焊缝均应按规定进行强度和外观检查,宜要求主拱的焊缝达到二级焊缝标准。对接焊缝应 100% 进行超声波探伤,其质量检查标准可按照有关规定执行。

桁架式钢管拱主管与腹管采用相贯焊接时,宜采用自动或半自动的加工方式来保证相贯线和坡口的制作精度,对焊接材料和工艺的选择在满足焊接接头强度的原则下,应尽量提高接头的韧性指标,要力求避免和减少焊缝多次相交的不良结构细节。

(6)在钢管拱肋(桁架)加工过程中,应注意设置混凝土压注孔、防倒流截止阀、排气孔及扣点、吊点节点板。如拱肋(桁架)节段采用法兰盘连接,为保证螺栓连接的精度,宜采用 3 段啮合制孔工艺。对压注混凝土过程中易产生局部变形的结构部位(如腹箱)应设置内拉杆。

(7)钢管拱肋(桁架)节段形成后,钢管外露面应按设计要求做长效防护处理,宜采用热喷涂防护,其喷涂方式、工艺及厚度应符合设计要求。

2. 钢管拱肋(桁架)安装

(1)钢管拱肋(桁架)的安装采用少支架或无支架缆索吊装、转体施工或斜拉扣索悬拼法施工的,可参照有关规定执行。

(2)钢管拱肋成拱过程中,应同时安装横向连接系,未安装连接系的不得多于一个节段,否则应采取临时横向稳定措施。

(3)节段间环焊缝的施焊应对称进行,施焊前需保证节段间有可靠的临时连接并用定位板控制焊缝间隙,不得采用堆焊。合龙口的焊接或栓接作业应选择在结构温度相对稳定的时间内尽快完成。

(4)采用斜拉扣索悬拼法施工时,扣索与钢管拱肋的连接件应进行设计计算。扣索根据扣力计算采用多根钢绞线或高强钢丝束,安全系数应大于2。

3. 钢管混凝土浇筑

(1)管内混凝土应采用泵送顶升压注施工,由两拱脚至拱顶对称均衡地一次压注完成,除拱顶外不宜在其余部位设置横隔。

(2)钢管混凝土应具有低泡、大流动性、收缩补偿、延后初凝和早强的工程性能。

(3)钢管混凝土压注前应清洗管内污物,润湿管壁,泵入适量水泥浆后再压注混凝土,直至钢管顶端排气孔排出合格的混凝土时停止。完成后应关闭设于压注口的倒流截止阀。管内混凝土的压注应连续进行,不得中断。

(4)钢管混凝土的质量检测办法应以超声波检测为主,人工敲击为辅。

(5)为保证混凝土泵送工艺的顺利进行,对大跨径钢管混凝土拱桥,需按实际泵送距离和高度进行模拟混凝土压注试验。

(6)钢管混凝土的泵送顺序应按设计要求进行,宜采用先钢管后腹箱的程序。

4. 桥面系安装

(1)带有可靠锚头的吊杆宜采用具有良好力学性能和防腐效果的挤包护层扭绞成型拉索。纵、横梁安装完成后,按高程控制的吊杆应按设计要求进行内力调整(内力测定),再进行桥面施工。

(2)预应力系杆应有可靠的防腐措施。位于拱肋及横梁上的吊杆锚头应做防水、防老化的构造措施。

(3)预应力系杆的张拉应与加载相对应。施工过程中除了严格控制系杆的内力和伸长量外,尚应监测和控制关键结构的变位,不得超过设计允许范围。

4.4 桥面及附属工程施工

【基础】

◆桥梁伸缩装置

桥梁伸缩装置是为使车辆平稳通过桥面并满足桥梁上部结构变形的需要,在桥梁伸缩接缝处设置的由橡胶和钢材等构件组成的各种装置的总称。伸缩装置应能满足梁体的自由伸缩,并要求具有较好的耐久性、良好的防水性、行驶的舒适性及施工的方便性,且维修简便、价格合理,在桥梁结构中,伸缩装置要适应梁的温度变化、混凝土的徐变及收缩引起的伸缩、梁的挠度、梁端的旋转等因素引起的接缝变化等。

伸缩装置按传力方式和构造特点可分为模数式伸缩装置、橡胶伸缩装置、梳形钢板伸缩装置、弹塑体材料填充式伸缩装置和复合改性沥青填充式伸缩装置。

【实务】

◆支座安装

桥梁支座使用较多的是橡胶支座,有板式橡胶支座和盆式橡胶支座,还有球形及其他特殊类型的支座。板式橡胶支座用于跨径不大于 30 m、支承反力不超过 7 000 kN 的中小型桥梁,盆式支座用于跨径大于 30 m、支承反力在 1 000~50 000 kN 之间的大型桥梁。球形支座各向转动性能一致,适用于弯桥、坡桥、斜桥、宽桥及大跨径桥,球形支座无承重橡胶块,特别适用于低温地区。

1. 板式橡胶支座

板式橡胶支座安装时,应注意下列事项。

(1)板式橡胶支座在安装前,应检查产品合格证书中有关技术性能指标,如不符合设计要求,不得使用。

(2)支座下设置的支撑垫石,混凝土强度应符合设计要求,顶面要求标高准确,表面平整,在平坡情况下同一片梁两端支撑垫石水平面应尽量处于同一平面内,其相对误差不得超过 3 mm,避免支座发生偏歪、不均匀受力和脱空现象。

(3)安装前应将墩、台支座垫石处清理干净,用干硬性水泥砂浆抹平,并使其顶面标高符合设计要求。

(4)将设计图上标明的支座中心位置标在支撑垫石及橡胶支座上,橡胶支座准确安放在支撑垫石上,要求支座中心线同支撑垫石中心线相重合。

(5)当墩、台两端标高不同,顺桥向有纵坡时,支座安装方法应按设计规定办理。

(6)吊装梁、板前,抹平的水泥砂浆必须干燥并保持清洁和粗糙。梁、板安放时,必须仔细,使梁、板就位准确且与支座密贴,就位不准时,或支座与梁板不密贴时,必须吊起,采取措施垫钢板和使支座位置限制在允许偏差内,不得用撬棍移动梁、板。

2. 盆式橡胶支座

支座的规格和质量应符合设计要求,支座组装时其底面与顶面(埋置于墩顶和梁底面)的钢垫板,必须埋置密实。垫板与支座间平整密贴,支座四周不得有 0.3 mm 以上的缝隙,严格保持清洁。活动支座的聚四氟乙烯板和不锈钢板不得有刮伤、撞伤,氯丁橡胶板块密封在钢盆内,要排除空气,保持紧密。

(1)活动支座安装前用丙酮或酒精仔细擦洗各相对滑移面,擦净后在四氟滑板的储油槽内注满硅脂类润滑剂,并注意硅脂保洁,坡道桥注硅脂应注意防滑。

(2)盆式橡胶支座的顶板和底板可用焊接或锚固螺栓栓接在梁体底面和墩台顶面的预埋钢板上。采用焊接时,应防止烧坏混凝土。安装锚固螺栓时,其外露螺杆的高度不得大于螺母的厚度。现浇梁底部预埋的钢板或滑板,应根据浇筑时的温度、预应力张拉、混凝土收缩与徐变对梁长的影响,设置相对于设计支承中心的预偏值。

3. 球形支座

球型支座由顶板、底板、凸形中间板及两块不同形状的聚四氟乙烯板组成。

(1)安装方法。

1)支座出厂时,应由生产厂家将支座调平,并拧紧连接螺栓,以防止支座在安装过程中发生转动和倾覆。支座可根据设计需要预设转角及位移,但施工单位应在订货前提出预设转角及位移量的要求,由生产厂家在装配时预先调整好。

2)支座安装前方可开箱,并检查装箱清单,包括配件清单、检验报告复印件、支座产品合格证书及支座安装养护细则。施工单位开箱后,不得任意转动连接螺栓,并不得任意拆卸支座。

3)支座安装高度应符合设计要求,要保证支座平面的水平及平整,支座支承面四角高差不得大于 2 mm。

(2)注意事项。

1)支座开箱并检查清单及合格证。

2)安装支座板及地脚螺栓。在下支座板四周用钢楔块调整支座水平,并使下支座板底面高符合设计要求,找出支座纵、横向中线位置,使之符合设计要求,用环氧砂浆灌注地脚螺栓孔及支座底面垫层。

3)环氧砂浆硬化后,拆除支座四角临时钢楔块,并用环氧砂浆填满抽出楔块的位置。

4)在梁体安装完毕后,或现浇混凝土梁体形成整体并达到设计强度后,在张拉梁体预应力之前,拆除上、下支座连接板,以防止约束梁体正常转动。

5)拆除上、下支座连接板后,检查支座外观,并及时安装支座外防尘罩。

6)当支座与梁体及墩台采用焊接连接时,应先将支座准确定位后,用对称间断焊接,将下支座板与墩台上预埋钢板焊接,焊接时应防止烧伤支座及混凝土。

7)支座在试运营期一年后应进行检查,清除支座附近的杂物及灰尘,并用棉丝仔细擦除不锈钢表面的灰尘。

4. 其他特殊形式支座

(1)聚四氟乙烯滑板式橡胶支座,四氟板表面应设置贮油槽,支座四周设置防尘设施,在安装时应注意以下各点。

1)墩台上设置的支撑垫石,其标高应考虑预埋的支座下钢板厚度,或在支撑垫石上预留一定深度的凹槽,将支座下钢板用环氧树脂砂浆黏结于凹槽内。

2)在支座下钢板上及四氟滑板式支座上标出支座位置中心线,两者中心线相重合放置,为防止施工时移位,应设置临时固定措施,安装时宜在与年平均气温相差不大时进行。

3)梁底预埋有支座上钢板,与四氟滑板式支座密贴接触的不锈钢板嵌入梁底上钢板内,或用不锈钢沉头螺钉固定在上钢板上,并标出不锈钢板中心线位置。安装支座时,不锈钢板、四氟板表面均应清洁、干净,在四氟滑板表面涂上硅脂油,落梁时要求平稳、准确,无振动,梁与支座密贴,不得脱空。

4)支座正确就位后,拆除临时固定装置,采取安装防尘围裙措施。

(2)圆形板式橡胶支座安装同板式橡胶支座。

5. 支座安装质量标准

支座安装的质量标准见表4.4。

表4.4 支座安装规定值或允许偏差

检查项目		规定值或允许偏差
支座中心与主梁中线/mm		应重合,最大偏差<2
高程		符合设计要求
支座四角高差/mm	承压力≤5 000 kN	<1
	承压力>5 000 kN	<2
支座上下各部件纵轴线		必须对正
活动支座	顺桥向最大位移/mm	±250
	双向活动支座横桥向最大位移/mm	±25
	横轴线错位距离/mm	根据安装时的温度与年平均最高、最低温差计算确定
	支座上下挡块最大偏差的交叉角	必须平行<5′

◆桥面伸缩装置施工

1. 梳形钢板伸缩装置

梳形钢板伸缩装置构造是由梳形板、连接件及锚固系统组成。这类伸缩装置是将钢板做成梳齿状,跨越伸缩缝间隙后,搭在另一端预埋钢板上,伸缩量可达40 mm以上。并在伸缩板下设有U形截水槽可起防水、排水作用,这种装置可承受较大的水平变位,一般多用于中、大型跨径的桥梁。

梳形钢板伸缩装置施工工艺流程如图4.3所示。

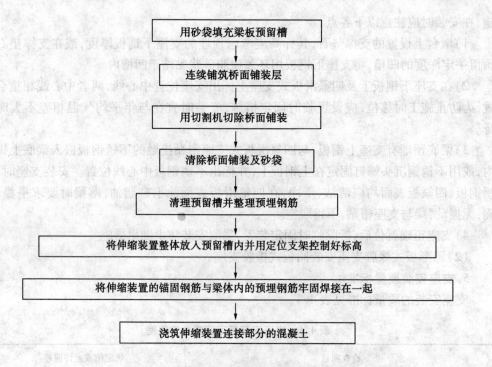

图4.3 梳形钢板伸缩装置施工工艺流程

安装梳形钢板伸缩装置时,应首先按设计标高将锚栓预埋入预留孔内,然后焊接锚板,并调整封头板使之与垫板齐平,最后再安装梳形板和浇筑混凝土。

安装时应将构件固定在定位角铁上,以保证安装精度,防止梳齿产生不平、扭曲及其他变形,并严格控制好梳齿间的间隙。为保证混凝土的振捣密实性,可在钢梳齿的根部钻适量直径20 mm 的孔,以利钢板下空气的排出。

安装时面层钢板一般需焊接拼长,焊接时应按设计的锚栓孔位置及平面尺寸弹线定位,并用夹板固定,钢板焊接后将产生一定的变形,因此焊后需加以矫正。施工时,防止产生梳齿不平、扭曲及其他的变形,并将构件固定在定位装置上,以保证安装精度,严格控制好梳齿间的伸缩间隙,其伸缩间隙的定位装置一定要及时拆除,以保证伸缩装置因温度变化而自由伸缩,且要保证在最高温度时伸缩间隙不小于5 mm。

2. 橡胶伸缩装置

橡胶伸缩装置是指伸缩体采用橡胶构件的伸缩装置。橡胶伸缩装置的种类很多,根据桥梁跨径大小或连续梁(包括桥面连续的简支梁)的每联长度,可分别选用纯橡胶式、板式、组合式橡胶伸缩装置。这种装置充分利用了橡胶材料易变形的特点,伸缩量大,适用于大跨径及桥面连续较长的桥梁,而且施工简便、平整度好、行车平稳、造价低廉、便于维修更换。

采用橡胶伸缩装置时,材料的规格、性能应符合设计要求。对于板式橡胶伸缩装置,应有成品解剖检验证明。安装时,应根据气温高低,对橡胶伸缩体进行必要的预压缩。气温在5 ℃以下时,不得进行橡胶伸缩装置施工。

对于橡胶伸缩缝材料与钢构件或混凝土构件的结合,多采用黏结工艺。橡胶伸缩装置施工工艺流程为:安装前的准备工作→一侧型钢定位→黏设或嵌入橡胶带,另一侧型钢定位→浇筑混凝土并养护。

(1)安装前的准备工作。安装前应首先将梁端间隙的杂物清理干净,顶面凿毛、冲洗,并采用聚乙烯泡沫板将梁端之间的间隙填塞严密,以确保构件下混凝土的浇筑质量,防止出现空洞,导致伸缩装置两边混凝土发生早期破坏。

(2)一侧型钢定位。先将一侧型钢组件按设计要求用定位钢筋点焊于钢筋上,并使其牢固、稳定,然后将与橡胶条相互接触的表面进行除锈去油污等工作。

(3)黏设或嵌入橡胶带,另一侧型钢定位。当为纯橡胶伸缩装置时,将另一侧型钢与橡胶带相互接触的表面除锈去油污,并将橡胶伸缩带两侧表面打毛,然后涂以"202"或"303"胶水立即对和、定位,完毕后拆除所有夹具;当为"M"或"W"形伸缩装置时,在将胶带与型钢相互接触的表面进行除锈去油污后,再将橡胶带嵌入到两侧型钢内,采用夹具加压至安装时所计算的安装缝隙宽度后,将另一侧型钢定位,定位完毕后拆除所有夹具。

(4)浇筑混凝土并养护。伸缩装置安装完成后,要对安装质量进行全面质量检验,合格后再浇筑伸缩装置两侧的混凝土,其强度应比相邻部位的混凝土强度提高一级,浇筑完成后要注意养护工作。

3. 模数式伸缩装置

伸缩装置由异形钢梁与单元橡胶密封带组合而成的称为模数式伸缩装置,它适用于伸缩量为 80~1 200 mm 的桥梁工程。

(1)安装方法。

1)伸缩装置中所用异形钢梁沿长度方向的直线度应满足 1.5 mm/m,全长应满足 10 mm/10 m 的要求。伸缩装置钢构件外观应光洁、平整,不允许变形扭曲。

2)伸缩装置必须在工厂进行组装。组装钢构件应进行有效的防护处理,吊装位置应用明显颜色标明,出厂时应附有效的产品质量合格证明文件。

3)伸缩装置在运输中应避免阳光直接暴晒,雨淋雪浸,并应保持清洁,防止变形,且不能与其他物质相接触,注意防火。

(2)注意事项。

1)要按照设计核对预留槽尺寸,预埋锚固筋若不符合设计要求,必须首先处理,满足设计要求后方可安装伸缩装置。

2)伸缩装置安装之前,应按照安装时的气温调整定位值,用专用卡具将其固定。

3)安装时,伸缩装置的中心线与桥梁中心线重合,并使其顶面标高与设计标高相吻合,按桥面横坡定位、焊接。

4)浇筑混凝土前将间隙填塞,防止浇筑混凝土把间隙堵死,影响伸缩,并防止混凝土渗入模数式伸缩装置位移控制箱内,也不允许将混凝土溅填在密封橡胶带缝中及表面上,如果发生此现象,应立即清除,然后进行正常养护。

5)待伸缩装置两侧混凝土强度满足设计要求后,方可开放交通。

4. 弹塑体材料填充式伸缩装置

伸缩体由高粘弹塑性材料和碎石结合而成的称为填充式伸缩装置。它适用于伸缩量小于50 mm的中、小跨径桥梁工程,适应温度为-25~60 ℃,施工时应注意以下各项。

(1)弹塑体材料物理性能应符合有关规定,产品应附有效的合格证书。弹塑体材料加热熔化温度应按要求严格控制。主层石料压碎值不大于30%,扁平及细长石料含量少于15%~20%,石料使用前应清洗干净,其加热温度控制在100~150 ℃。

(2)风力大于3级,气温低于10 ℃及有雨时不宜施工。

(3)施工可采用分段分层浇灌铺筑法,亦可采用分段分层拌和铺筑法。

5.复合改性沥青填充式伸缩装置

伸缩体由复合改性沥青及碎石混合而成。适用于伸缩量小于50 mm的中、小跨径桥梁工程,适用温度-30~70 ℃。复合改性沥青应符合产品有关规定,其加热熔化温度要控制在170 ℃以内。嵌入桥梁伸缩缝空隙中的T形钢板厚度3~5 mm,长度约为1 m左右。

◆桥面铺装施工

高等级公路及二、三级公路的桥面铺装层一般为两层,上层为4~8 cm沥青混凝土,下层8~10 cm为钢筋混凝土,四级公路或个别三级公路直接采用水泥混凝土桥面。

1.钢筋混凝土桥面铺装层施工

钢筋混凝土桥面铺装层施工的施工工艺流程为:梁顶标高的测定和调整→梁顶处理→绑扎布设桥面钢筋网→混凝土浇筑。

(1)梁顶标高的测定和调整。预应力混凝土空心板或大梁在预制后存梁期间由于预应力的作用,往往会产生反拱,因此设计中对存梁时间、存梁方法都做了一定要求。如果架梁前已发现反拱过大,降低墩顶标高、减少垫石厚度等,以保证铺装层厚度。架梁后对梁顶标高进行测量,测定各跨中线、边线的跨中和墩顶处的标高,分析评价其是否满足规范要求,若偏差过大,则应采取调整桥面标高、改变引线纵坡等方法,以保证铺装层厚度,使桥梁上部结构形成整体。

(2)梁顶处理。预制梁板时对其顶面进行拉毛处理,有些设计中要求梁顶每隔50 cm,设一条1~1.5 cm深齿槽,使现浇混凝土铺装层与梁、板结合成整体。浇筑前要用清水冲洗梁顶,不能留有灰尘、油渍污渍等,并使板顶充分湿润。

(3)绑扎布设桥面钢筋网。按设计文件要求,下料制作钢筋网,用混凝土垫块将钢筋网垫起。满足钢筋设计位置及混凝土净保护层的要求,若为低等级公路桥梁,用铺装层厚度调整桥面横坡,横向分布钢筋要做相应弯折,与桥面横坡相一致。在两跨连接处,若为桥面连续,应同时布设桥面连续的构造钢筋;若为伸缩缝,要注意做好伸缩缝的预埋钢筋。

(4)混凝土浇筑。对板顶处理情况,钢筋网布设进行检查,满足设计和规范要求后,即可浇筑混凝土,浇筑桥面水泥混凝土前使预制桥面板表面粗糙,清洗干净,按设计要求铺设纵向接缝钢筋网或桥面钢筋网,然后浇筑。若设计为防水混凝土,其配合比及施工工艺应满足规范要求。浇筑时由桥一端向另一端推进,连续施工,防止产生施工缝,用平板式振捣器振捣,确保振捣密实。施工结束后注意养护,高温季节应采用草帘覆盖,并定时洒水养生,在桥两端设置隔离设施,防止施工或地方车辆通行,影响混凝土强度。待混凝土强度形成后,方能开放交通或铺筑土层沥青混凝土。

2. 沥青混凝土面层施工

沥青混凝土铺装前应对桥面进行检查。桥面应平整、粗糙、干燥、整洁,桥面横坡应符合要求,不符合时应予处理。铺筑前应洒布粘层沥青,石油沥青洒布量为 $0.3 \sim 0.5 \ L/m^2$。

桥面沥青混凝土与同等级公路沥青混凝土路面的材料、工艺、施工方法相同,一般与路面同时施工。采用拌和厂集中拌和,现场机械摊铺,沥青材料及混合料的各项指标应符合设计和施工规范要求。沥青混合料每日应做抽提试验(包括马歇尔稳定度试验),严格控制各种矿料和沥青用量及各种材料和沥青混合料的加热温度,用胶轮压路机进行碾压成形,碾压温度要符合要求。摊铺后进行质量检测,强度和压实度要达到合格,厚度允许偏差 $+10, -5 \ mm$,平整度对于高等级公路桥梁 $IRI(m/km)$ 不超过 2.5,均方差不超过 1.5 mm,其他公路桥梁 IRI 值不超过 $4.2 \ m/km$,均方差 σ 不超过 2.5 mm,最大偏差值不超过 5 mm,横坡不超过 $\pm 0.3\%$。

3. 桥面防水施工

(1)桥面防水层应按设计要求设置。

(2)铺设桥面防水层时应注意下列事项。

1)防水层材料应经过检查,在符合规定标准后方可使用。

2)防水层通过伸缩缝或沉降缝时,应按设计规定铺设。

3)防水层应横桥向闭合铺设,底层表面应平顺、干燥、干净,沥青防水层不宜在雨天或低温下铺设。

4)水泥混凝土桥面铺装层当采用油毛毡或织物与沥青黏合的防水层时,应设置隔断缝。

4. 泄水管施工

(1)泄水管的施工应按设计要求执行。泄水管应伸出结构物底面 $100 \sim 150 \ mm$。

(2)立交桥及高速公路上的桥梁,泄水管不宜直接挂在板下,可将泄水管通过纵向及竖向排水管道直接引向地面,或按设计要求办,并且管道要有良好的固定装置,如锚锭轨及抱箍等预埋件。

◆其他附属工程施工

桥面其他附属工程包括桥面防护设施(栏杆、防护栏)、人行道、泄水管、桥面防水、桥头搭板。

1. 防撞护栏施工

边板(梁)预制时应在翼板上按设计位置预埋防撞护栏锚固钢筋,支设护栏模板时应先进行测量放样,确保位置准确。尤其是位于曲线上的桥梁,应首先计算出护栏各控制点坐标,用全站仪逐点放样控制,使其满足曲线线形要求。绑扎钢筋时注意预埋防护钢管支撑钢板的固定螺栓,保证其牢固可靠。在有伸缩缝处,应断开防撞护栏,依据选用的伸缩缝形式,安装相应的伸缩装置,混凝土浇筑及养生与其他构件相同。

2. 人行道、栏杆施工

人行道、栏杆通常采用预制块件安装施工方法,有些桥的人行道采用整块预制,分端块和中块两种,如果为斜交桥其端块还要做特殊设计。预制时要严格按照设计尺寸制模成形,保证强度。大部分桥梁人行道采用分构件预制法,施工时应注意以下几点:

(1)悬臂式人行道构件必须与主梁横向连接或拱上建筑完成后才可安装。

(2)人行道梁必须安放在未凝固的M20稠水泥砂浆上,并以此来形成人行道顶面设计的横向排水坡。

(3)人行道板必须在人行道梁锚固后才可铺设,对设计无锚固的人行道梁、人行道板的铺设应按照由里向外的次序。

(4)在安装有锚固的人行道梁时,应对焊缝认真检查,必须注意施工安全。

(5)人行道铺设应符合表4.5的要求。

表4.5 人行道铺设要求

项目	规定值或允许偏差
人行道边缘平面偏位/mm	5
纵向高程/mm	+10,0
接缝两侧高差/mm	2
横坡	±0.3%
平整度/mm	5

(6)栏杆块件必须在人行道板铺设完毕后才可安装,安装栏杆柱时,必须全桥对直、校平(弯桥、坡桥要求平顺),竖直后用水泥砂浆填缝固定。桥上灯柱应按设计位置安装,必须牢固、线条顺直、整齐美观,灯柱线路必须安全可靠。栏杆、护栏安装质量应符合表4.6的要求。

表4.6 栏杆、护栏安装要求

项目	规定值或允许偏差/mm
护栏、栏杆平面偏位	4
栏杆、扶手平面偏位	3
栏杆柱顶面高差	4
护栏、栏杆纵、横向竖直度	4
相邻栏杆扶手高差及护栏接缝两侧高差	5

3. 桥头搭板

(1)钢筋混凝土桥头搭板,台后填土的填料应以透水性材料为主,分层压实台背回填前应按设计要求做防水处理。

(2)台后地基如为软土,应按设计依照规范进行处理,预压时应进行沉降观测,预压沉降控制值应在施工搭板前完成。

(3)桥头搭板下路堤可设置排水构造物。

(4)钢筋混凝土搭板及枕梁宜采用就地浇筑。

4.5 涵洞工程施工

【基础】

◆一般规定

(1)涵洞开工前应根据设计资料进行现场核对,核对时还需注意农田排灌的要求,如确需变更设计时,可按有关变更设计的规定办理。

(2)地形复杂处的陡峻沟谷涵洞、斜交涵洞、平曲线和纵坡上的涵洞,应先绘出施工详图,然后再依图放样施工。

(3)涵洞(基础和墙身)沉降缝处两端面应竖直、平整,上下不得交错。填缝料应具有弹性和不透水性,并应填塞紧密。沉降缝宽度应符合设计规定,设计无规定时,可采用 20~30 mm。预制涵管的沉降缝应设在管节接缝处。

(4)防水层的设置应按设计规定进行。防水层的材料可用沥青、油毛毡、防水布、水泥砂浆、三合土等,应按设计要求和工地具体情况选用。

(5)涵洞完成后,当涵洞砌体砂浆或混凝土强度达到设计强度的75%时,方可进行回填土。涵洞处路堤缺口填土应从涵洞洞身两侧不小于两倍孔径范围内,同时按水平分层、对称地按照设计要求的压实度填筑、夯(压)实,填土的具体方法应按照现行《公路路基施工技术规范》(JTG F10—2006)的有关规定办理。

用机械填土时,除应按照上述规定办理外,涵洞顶上填土厚度必须大于 0.5~1.0 m 时,才允许机械通过。

(6)涵洞进出水口的沟床应整理顺直,与上下游导流排水系统(天沟、侧沟、排水沟、取土坑等)的连接应圆顺、稳固,保证流水顺畅,避免水流损害路堤、村舍、农田、道路等。

【实务】

◆管涵施工

公路工程中的管涵有混凝土管涵和钢筋混凝土管涵,多采用钢筋混凝土管涵。施工中多系预制成管节,每节长度多为 1 m,然后运往现场安装。

1.涵管预制和运输

预制混凝土圆管可采用振动制管法、悬辊法、离心法和立式挤压法。鉴于公路工程中涵管一般为外购,因此对涵管预制不再进行详细说明,但涵管进场后必须对其质量进行检验。

管节成品的质量检验分为管节尺寸检验和管节强度检验,钢筋混凝土管节各部尺寸不得超过表4.7规定的允许偏差。管节混凝土强度应符合设计要求。

表4.7 钢筋混凝土圆管成品允许偏差

项目	允许偏差/mm
管节长度	0~10
内(外)直径	不小于设计值
管壁厚度	-3,正值不限
顺直度	矢度不大于0.2%

管节端面应平整并与其轴线垂直。斜交管涵进出水口管节的外端面,应按斜交角度进行处理。管壁内外侧表面应平直圆滑,如有蜂窝,每处面积不得大于 30 mm × 30 mm,其深度不得超过 10 mm;总面积不得超过全面积的 1% 并不得露筋,蜂窝处应修补完善后方可使用。管节外壁必须注明适用的管顶填土高度,相同的管节应堆置在一处,以便于取用,防止弄错。

管节在运输、装卸过程中,采取防碰措施,避免管节损坏,应注意以下问题:

(1)待运的管节其各项质量应符合前述的质量标准,应特别注意检查待运管节设计涵顶填土高度是否符合设计要求,防止错装、错运。

(2)运输管节的工具,可根据道路情况和设备条件采用汽车、拖拉机拖车,不通公路地段可采用马车。

(3)管节的装卸可根据工地条件,使用各种起重设备如龙门吊机、汽车吊和小型起重工具滑车、链滑车等。

(4)在装卸和运输过程中,应小心谨慎。运输途中每个管节底面宜铺以稻草,用木块圆木楔紧,并用绳索捆绑固定,防止管节滚动、相互碰撞破坏。

(5)从车上卸下管节时,应采用起重设备。严禁由汽车上将管节滚下,造成管节破裂。

2.管涵基础施工

当管涵设计为混凝土或砌体基础时,基础上面应设置混凝土管座,其顶部弧形面应与管身紧密贴合,使管节受力均匀。基底处理和混凝土浇筑应分别按有关规定办理。当管身直接搁置在天然地基上时,应按照设计要求将管底土层夯压密实,并做成与管身弧度密贴的弧形管座。若管底土层承载力不符合设计要求,应按照有关规定进行处理或加固。

(1)地基土为岩石时,管节下采用无圬工基础,管节下挖去风化层或软层后,填筑 0.4 m 厚砂垫层。出入口两端墙、翼墙下,在岩石层上用 C15 混凝土做基础,埋置深度至风化层以下 0.15 ~ 0.25 m 并最小等于管壁厚度加 5 cm。风化层过深时,可改用片石圬工,最深不大于 1 m。管节下为硬岩时,可用混凝土抹成与管节密贴的垫层。

(2)地基土为黏性土时,管节下应采用厚度为 0.5 m 的圬工基础,出入口两端端墙、翼墙基础埋置深度为 0.5 ~ 1.0 m;当地下水冻结深度不深时,埋深应等于冻结深度;当冻结深度大于 1.5 m 时,可在圬工基础下用砂夹卵石换填至冻结深度。

(3)地基土为砾石土、卵石土或砂砾、细砂、中砂、粗砂或匀质黏性土时,管节下一般采用无圬工基础,对砾、卵石土先用砂填充地基土空隙并夯实,然后填筑厚度为 0.4 m 的砂垫层;对细、中、粗砂地基土表层应夯实;对匀质黏性地基土应做砂垫层;出入口两端端墙、翼墙的圬工基础埋置深度,设计无规定时为 1.0 m,对于匀质黏性土,负温时的地下水位在冻结深度以上时,出入口两端端墙、翼墙圬工基础埋置深度为 1.0~1.5 m;当冻结土深度不深时,基础埋深宜等于冻结深度的 0.7 倍,当此值大于 1.5 m 时,可采用砂夹卵石在圬工基础下换填至冻结深度的 0.7 倍。

(4)管涵地基土如遇到软土,应按软土层厚度分别进行处理。当软土层厚度小于 2.0 m 时,可采取换填土法处理,即将软土层全部挖除,换填当地碎石、卵石、土夹石、砂夹石、砾砂、中砂、粗砂等材料并碾压密实,压实度要求 94%~97%。如采用灰土(石灰土、粉煤灰土)换填,压实度要求 93%~95%,换填土的干密度宜用重型击实试验法确定。碎石或卵石的干密度可取 2 200~2 400 kg/m³。换填层上面再砌筑厚度为 0.5 m 的圬工基础。当软土层超过 2 m 时,应按路堤高度、软土层厚度、软土性质做特殊设计处理。

3. 管节安装

管节的安装方法通常有滚动安装法、滚木安装法、压绳下管法、吊车安装法、龙门架安装法等,可根据施工现场地形及条件而定。

管节安装应从下游开始,使接头面向上游;每节涵管应紧贴于基座或垫层上,使涵管受力均匀;在砌好的基础上安装管节,要求做到基础沉降缝与管节沉降缝对齐,洞身的纵向轴线与基础的纵向轴线相重合;各管节的轴线在一条直线上;管壁内侧流水槽面平直等。所有管节应按正确的轴线和图纸所示坡度敷设。如果管壁厚度不同,应使内壁齐平。在敷设过程中,要保持管内清洁无赃物、无多余的砂浆及其他杂物。

安装管节时应注意下列各项:

(1)应注意按涵顶填土高度而取用相应的管节。

(2)各管节应顺流水坡度安装平顺,当管壁厚度不一致时应调整高度使内壁齐平,管节必须垫稳坐实,管道内不得遗留泥土等杂物。

(3)对插口管,接口应平直,环形间隙应均匀,并应安装特制的胶圈或用沥青、麻絮等防水材料填塞,不得有裂缝、空鼓、漏水等现象;对平接管,接缝宽度应不大于 10~20 mm,禁止用加大接缝宽度来满足涵洞长度要求;接口表面应平整,并用有弹性的不透水材料嵌塞密实,不得有间断、裂缝、空鼓和漏水等现象。

4. 管涵施工质量标准

管涵各部尺寸允许偏差参见表 4.8。

表 4.8 管涵各部尺寸允许偏差

项目	允许偏差/mm
轴线偏位	50
流水面高程	±20
涵管长度	+100,-50
管座宽度(包括基础)	≥设计值
相邻管节面错口 (应下游低于上游)	3(管径≤1.0 m) 5(管径≤1.0 m)

◆拱涵、盖板施工技术

拱涵、盖板涵施工时,拱圈和出入口拱上端墙应由两侧向中间同时对称进行。钢筋混凝土、混凝土拱圈和盖板混凝土的现场浇筑施工宜连续进行,避免施工接缝,当涵身较长时,可沿长度方向分段进行,接缝应设在涵身沉降缝外。就地浇筑的拱涵和盖板涵,宜采用组合钢模板,在缺乏钢木材料的情况下,可采用全部土胎。

1. 建造拱圈或盖板

(1)采用土胎建造拱圈或盖板时,应注意下列事项。

1)当用松散砂石料堆筑土胎,表面应包 300 mm 厚黏土保护层。

2)土胎填土应在涵台砌筑砂浆或现浇混凝土强度达到设计强度的75%以后进行,应分层夯填,每层厚度宜为0.2~0.3 m,土的压实度应在90%以上。有条件时,涵台外侧的填土可与土胎填土同时进行。涵台高度较高,采取土胎单侧填土时,应验算涵台的稳定性。

3)填土宽度应伸出端墙外 0.5~1.0 m,并保持 1:1.5 的边坡,土胎顶部应用样板拉线进行检查校正。

4)土胎表面应设保护层,保护层应具有一定的强度和适当的光滑度,并易于脱模。

5)施工时应防止土胎被水侵蚀。

(2)当河沟中有少量流水而采用土胎施工时,除采用木排架土胎外,亦可根据水流大小,在全填土土胎下设渗水沟,埋设钢筋混凝土管、瓦管或用木料做成三角形泄水孔。

(3)预制钢筋混凝土拱圈和盖板的施工,应按有关规定办理。预制涵洞盖板时,应注意检查上下面的方向,斜交涵洞应注意斜交角的方向,避免发生反向错误。

2. 拱圈和盖板安装

(1)成品混凝土强度达到设计强度的70%时,方可搬运安装。

(2)成品安装前,应检查成品及拱座、墩、台的尺寸。

(3)安装后,成品拱圈和盖板上的吊装孔,应以砂浆填塞,如系吊环应锯掉。

(4)拱座与拱圈、拱圈与拱圈的拼装接触面应先拉毛或凿毛(沉降缝处除外),并浇水湿润,再用 M10 水泥砂浆砌筑。

3. 拱架拆除和拱顶填土

(1)拱圈砌筑砂浆或混凝土强度达到设计强度的75%时,方可拆除拱架,达到设计强度后,方可回填土。

(2)在拱架未拆除的情况下,拱圈砌筑砂浆或混凝土强度达到设计强度的75%时,可进行拱顶填土,但在拱圈强度达到设计强度100%后,方可拆除拱架。

4. 拱涵和盖板涵施工质量标准

(1)拱涵各部尺寸允许偏差见表4.9。

表4.9 拱涵各部尺寸允许偏差

项目		允许偏差/mm
轴线偏位		30
流水面高程		±20
跨径		±20
拱圈厚度	混凝土	±15
	石料	±20
涵台尺寸		±20
长度		+100,-50
砌体平整度		20

(2)盖板涵各部尺寸允许偏差见表4.10。

表4.10 盖板涵各部尺寸允许偏差

项目		允许偏差/mm
轴线偏位	明涵	20
	暗涵	50
结构尺寸		±20
流水面高程		±20
长度		+100,-50
孔径		±20
顶面高程	明涵	±20
	暗涵	±50

◆倒虹吸管施工技术

当路线穿过沟渠、路堤高度很低或在浅挖方地段通过,填、挖高度不足,难以修建明涵时,或由于灌溉需要,必须提高渠底高程,建筑架空渡槽又不能满足路上净空要求时,常修建倒虹吸管。

公路上通常采用的倒虹吸管为竖井出入口式,管节一般采用预制的钢筋混凝土圆管,管径可按有压力式的流量选择,一般为0.5~1.5 m。管节长度一般为1 m,调整管涵长度的管节长0.5 m,并有正交、斜交两种,可根据实际情况选用。施工时管节接头及进出水口砌缝应特别严格,不漏水。填土覆盖前应做灌水试验,符合要求后,方可填土。倒虹吸管如需在冰冻期施工时,除应按照规范的规定办理外,还应在冰冻前将管内积水排出,以防冻裂。倒虹吸管的进出水口应在竣工后及时盖上。倒虹管各部尺寸允许偏差见表4.11。其灌水试验允许渗水量见表4.12。

表 4.11 倒虹吸管各部尺寸允许偏差

项目		允许偏差/mm
轴线偏位		30
流水面高程		±20
相邻管节内底面错口	管径≤1.0 m	3
	管径>1.0 m	5
竖井尺寸	长、宽	±20
	直径	±20
竖井顶部高程		±20
井底高程		±15

表 4.12 倒虹吸管灌水试验允许渗水量

管径/m	允许渗水量(混凝土和钢筋混凝土)	
	$[m^3/(d \cdot km^{-1})]$	$[l/(h \cdot m^{-1})]$
0.50	22	0.9
0.70	26	1.1
1.00	32	1.3
1.20	36	1.5
1.50	42	1.7
2.00	52	2.1
2.20	56	2.3
2.40	60	2.5

◆防水层施工

1.防水层铺设部位

各式钢筋混凝土涵洞(不包括圆管涵)的洞身及端墙在基础以上被土掩埋的部分,均须涂以两道热沥青,每道厚 1.0~1.5 mm,不另抹砂浆。混凝土及石砌涵洞的洞身、端墙和翼墙的被土掩埋部分,只需将圬工表面凿平,无凹入存水部分,可不设防水层。但北方严寒地区的混凝土结构仍需设防水层。

2.防水层铺设

(1)钢筋混凝土圆管涵的防水层可按图 4.4 敷设。图中管节接头采用平头对接,接缝中用麻絮浸以热沥青塞满,管节上半部从外往内填塞,下半部从管内向外填塞。管外靠接缝处裹以热沥青浸透的防水纸 8 层,宽度为 15~20 cm,在现场用热沥青逐层黏合在管外壁上接缝处,外面再如图在全长管外裹以塑性黏土。在交通量小的县、乡公路上,可用质量好的软塑状黏质土掺以碎麻,沿全管敷设 20 cm 厚,代替沥青防水层。

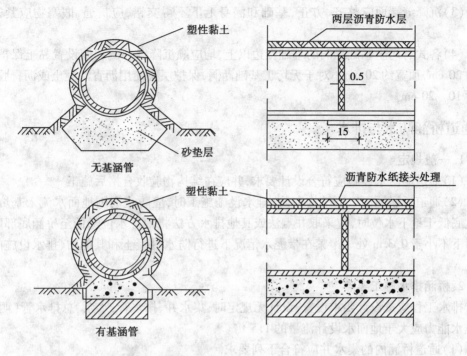

图 4.4 钢筋混凝土管涵防水层(尺寸单位:cm)

(2)钢筋混凝土盖板涵,洞顶填土高度小于 1.0 m 时,则盖板顶面至盖板底面以下 0.2 m 之两侧边墙外均需铺设防水层,在防水层外面应用不透水的土壤作成厚 15～20 cm 的通长保护层。缺乏不透水土壤时,也可以免设。西北雨水极少地区及其他类似地区, 在防水材料缺乏的情况下,洞顶填土高小于 1.0 m 的钢筋混凝土盖板涵。铺设防水层时 应使圬工表面清刷干净,圬工干燥后再铺设,以防由于水分蒸发致使防水层和底层脱离 而丧失防水作用。施工人员在熬制及铺设沥青时,应采取防护措施,以防止中毒。

◆ **沉降缝施工**

涵洞洞身、洞身与端墙、翼墙、进出水口急流槽交接处必须设置沉降缝,但无圬工基 础的圆管涵仅于交接处设置沉降缝,洞身范围不设。具体设置位置根据结构物和地基土 的情况而定。

沉降缝施工,要求做到使缝两边的构造物能自由沉降,又能严密防止水分渗漏,因此 沉降缝必须贯穿整个断面(包括基础)。沉降缝具体施工方法如下。

(1)可将原基础施工时嵌入的沥青木板或沥青砂板留下,作为防水之用。如基础施 工时不用木板,也可以用黏土填入捣实,并在流水面边缘以 1:3 水泥砂浆填塞,深度约为 15 cm。

(2)接缝外侧以热沥青浸制麻絮填塞,深度约为 5 cm,内侧以 1:3 水泥砂浆填塞,深 度约为 15 cm,视沉降缝处圬工的厚薄而定。缝内可以用沥青麻筋与水泥砂浆填满;如果 太厚,也可将中间空隙填以黏土。

(3)沉降缝端面应整齐、方正,基础和涵身上下不得交错,应贯通,嵌塞物应紧密填实。

(4)各式有圬土基础涵洞的基础襟边以上,均应顺沉降缝外侧周围设置黏土保护层,厚约20 cm,顶宽约20 cm。对于无圬工基础涵洞,保护层宜使用沥青混凝土或沥青胶砂,厚度10~20 cm。

◆通道桥涵防水与排水

1. 一般规定

(1)通道的防水设施应符合设计要求,并应在结构物验收合格后施工。

(2)通道桥涵地面以下结构和防、排水设施施工时,应防止周围地面水流入基坑,当基坑底低于地下水位时,应采取井点法或其他排水方法将地下水位降低至桥涵底部防水层以下不小于0.3 m处。严禁在带泥水情况下进行防水混凝土和其他防、排水设施的施工。

2. 桥涵排水施工要点

排水工程应按设计要求设置,设计无规定时,集水井、排水管、水泵、总排水管(明渠)的排水能力应大于地面水设计流量的1.5倍。

(1)通道桥涵内的集水井应符合下列要求。

1)井口应设平箅盖,并应设深度不小于0.3 m的沉淀池。

2)集水井的深度应考虑通道桥涵排水构造和冻胀的影响,宜为1.5 m左右。

3)集水井的数量、尺寸应根据地面水流量和每个集水井的泄水能力确定。

(2)排水管和排水总管施工时,除应按照有关规定办理外,还应符合下列要求。

1)排水管道应垫稳并连接平顺,管间承插口或套环接口应平直,环间间隙均匀。管道与集水井间应连接牢固,接缝处的结合处均应用弹性不透水材料充填密实。采用抹带接口,表面应平整,不得有裂缝、间断及空鼓等现象。

2)排水管道或排水总管每隔50 m左右及转弯处均应设检查井,井底设沉淀池,管道的纵坡不应小于0.5%。

3)排水管道和排水总管应做闭水试验,该试验允许渗水量参见表4.12。

(3)通道桥涵排水泵站可用沉井法或现浇混凝土等法施工。施工时除应按照有关规定外,还应符合以下要求。

1)采用沉井泵站的沉井就位后,其内壁和底板均不得有渗漏现象;采用现浇混凝土泵站时,混凝土的抗渗强度等级应满足设计要求。

2)水泵房集水井的设计最高水位应低于通道桥涵地面最低点0.2 m以上;设计最低水位应按水泵运行时需要的最低水深确定。水泵的运行应按设计最高水位和设计最低水位设置自动开关。

(4)自流式盲沟排水或渗排水层排水。

1)盲沟滤管基座应用混凝土浇筑,并与滤管密贴。纵坡应均匀,无反向坡。管节应逐节检查,不合格者不得使用。

2)渗排水层可由粗细卵石和粗细砂分层构成,使之起过滤的作用。施工时,基坑如有积水,应将水位降到砂滤水层以下,不得在泥水层中做滤水层,施工好的渗排水系统应保持畅通。

3.通道桥涵排水设施质量标准

通道桥涵排水管道、集水井允许偏差见表4.13、表4.14。

表4.13 集水井及检查井允许偏差

检查项目	允许偏差/mm
轴线偏位	50
圆井直径或方井长度	±20
井盖高程	±10
通道内检查井井盖与邻接路面高差	0 ~ +4
集水井与邻接路面高差	0 ~ -4

表4.14 管道工程允许偏差

检查项目	允许偏差/mm
轴线偏位	50
管底高程	±20
基座宽度	不小于设计值
相邻管内底错口	5(下游低于上游)

4.6 隧道工程施工

【基 础】

◆ 分类与构造

1.隧道的分类

(1)根据地质条件的不同,隧道一般分为两大类:一类是修建在岩层中的,称为岩石隧道;一类是修建在土层中的,称为软土隧道。

岩石隧道修建在山体中的较多,因此又称山岭隧道;软土隧道常常修建在水底或作为城市立交,因此称为水底隧道或城市道路隧道。

(2)按长度隧道分为四类。

短隧道　　　全长250 m及以下。
中隧道　　　全长250 m以上至1 000 m(含)。
长隧道　　　全长1 000 m以上至3 000 m(含)。
特长隧道　　全长3 000 m以上。

2. 隧道的构造

隧道的构造包括主体建筑物和附属设备两部分。主体建筑物包括洞门和洞身衬砌，以及需要在洞口地段接长的明洞。附属设备包括通风、照明、防火、排水、安全设施、电力、通信设施等。

◆隧道附属设备的要求

隧道通风、照明、供配电、监控设施等必须符合检测标准的要求。设置合理的通风、供电方式，机房位置、结构构造、基础承载力应符合设计要求。

【实　务】

◆隧道洞口施工

1. 明洞、洞口路堑

(1)明洞。由于洞口是浅埋，在设计上为保证行车安全，设计部分为明洞工程，明洞与隧道正洞是紧密相连地形成整体。因此，明洞也是隧道工程的一部分，它的施工期快慢影响了隧道正洞的开工，因此不可忽视明洞工程。明洞边坡开挖应根据设计要求采取岩土体加固措施。明洞衬砌施工应仰拱先行、拱墙整体浇筑，明洞石质开挖应防止爆破影响边仰坡的稳定。明洞边墙地基承载力应满足设计要求。边墙基础混凝土灌注前应排除坑内积水，完成后应及时回填。明洞衬砌施工应符合衬砌的有关规定。明洞衬砌与暗洞衬砌应连接良好。

明洞拱圈外模拆除后，应及时按设计做好防水层及纵向盲沟，保证排水通畅。明洞拱圈混凝土达到设计强度后由工人夯实回填至拱顶以上1 m，方可采用机械回填。

(2)洞口路堑。洞口路堑(工程量不大的)工程施工对隧道工程的开工和施工安全有着很大的影响，尤其是路堑施工质量更为重要。洞口路堑工程通称为进洞前的挖沟工程，如何控制石方的爆破，关键是用药量。如果爆破药量控制不适量会造成洞口地段边坡岩石破碎，岩层松驰，这样会对长时间施工的隧道工程，给洞内、洞外各种施工作业带来安全的不稳定性。

2. 洞口仰坡和护坡

(1)洞口仰坡施工。为了保证隧道工程的施工安全，设计隧道仰坡，并设计仰坡防护工程。仰坡防护工程的种类常见的有砌石干砌或浆砌、素喷混凝土、格栅喷混凝土、锚喷混凝土锚杆等。设计选择哪种类型根据洞口的地质情况而定。从施工要求的角度上看，仰坡施工严格按照设计要求的仰坡坡度施工，不得随意地减小坡度或加大坡度，并要求爆破时严格控制药量，避免破坏岩层的稳定性，造成坠石，严重时甚至导致坍方，这样不但失去设计仰坡的作用，还要影响隧道进洞时间。仰坡以上可能滑塌的表土、灌木及山坡危石等应清除或加固，在不良地质地段，应在进洞前按设计要求对地表及仰坡进行加固防护。开挖应自上而下，不应掏底开挖或上下重叠开挖。洞口有邻近建(构)筑物时，应采取微震动控制爆破，当地质条件不良时，应采取稳定措施。

(2) 洞口护坡施工。洞口护坡工程是按照设计坡度及防护类型施工,将洞口拉沟的边坡进行保护,防止边坡坍滑。防护类型一般是干砌、浆砌、素喷合成锚喷等。由于护坡的功能是防止洞口上面边坡坍滑,因此,要求施工必须保证防护工程的质量,按设计标准和要求施工,不得敷衍了事。洞口边坡不稳定,影响隧道洞口内施工,营造进出车辆和人员的安全感,降低劳动生产率。

3. 洞口排水工程施工

洞口排水系统包括洞口边坡两侧排水沟及洞口顶水沟两侧水沟。它的作用主要是将仰坡及周围地表水引下来,通过两侧护坡路堑排水沟将水排除,保证洞口地面干燥,防止地表水进入洞内。这样,施工机械、车辆和人员可顺利地进出隧道,加快施工速度。

在隧道施工中要求把洞门口的排水系统在隧道正式进洞前按设计一次性施工,达到设计标准和质量要求。由于隧道穿过山体、破坏原地表及水流向,因此要及时做好洞口排水系统,顺利引流地表水,避免水漫流影响隧道施工。隧道排水应在雨季之前完成,与洞外排水系统合理连接,不得侵蚀明洞基础和软化隧道,不得冲刷桥涵锥坡及路基坡面等设施,对地表沉降和拱顶下沉进行监控量测,并适当增加量测频率。作为隧道工程的施工技术和管理人员,要高度重视这一工作,不得忽视。

4. 隧道洞门施工

隧道洞门工程包括隧道洞门端墙、帽石、洞门翼墙(洞口地质情况比较好的可不设)。洞门工程设计采用材料为混凝土或砌石(干砌或浆砌)。洞门工程是保证隧道施工安全的重要设施,因此,一般要求做完洞门工程后再进行隧道洞身施工。但由于有些项目为赶施工进度,洞门工程不按设计施工完毕就进行洞身施工,结果是洞口坠石、边坡坍方、滚石堵塞进洞的运输车辆道路,造成洞身施工暂停,不得不进行清除洞口坍方及碎石工作,这样就影响了施工进度。隧道洞门工程的作用是保证洞身施工安全的,必须施工完成才能发挥它的作用,否则事与愿违。

◆隧道开挖方法

隧道施工中,开挖方法是影响围岩稳定的重要因素之一。因此,在选择开挖方法时,应对隧道断面大小及形状、围岩的类别、围岩的工程地质与水文地质条件、隧道埋置深度、衬砌类型、支护条件、工区长度、工期要求、施工技术水平、机械配备能力、经济可行性等相关因素进行综合分析,并以施工安全为前提及以工程质量为核心,综合研究采用恰当的开挖方法。

隧道开挖方法实际上是指隧道断面开挖成型方法,按开挖隧道的横断面分部情形来分,可分为全断面法、台阶法和分部法。

1. 全断面法

全断面开挖法是指按设计开挖面一次开挖成型。适用于Ⅳ~Ⅵ类硬岩的石质隧道,采用深孔爆破。此方法有较大的作业空间,有利于采用大型配套机械化作业,提高施工速度,且工序少,干扰少,便于施工组织和管理。缺点是由于开挖面较大,围岩相对稳定性降低,且每次循环工作量相对较大,故此要求施工单位应具有较强的开挖、出渣、运输及支护能力。

全断面开挖法的主要工序是：使用移动式钻孔台车，首先全断面一次钻孔，并进行装药连线，然后将钻孔台车后退到 50 m 以外的安全地点，再起爆，使一次爆破成型，出渣后钻孔台车再推移开挖面就位，开始下一个钻爆作业循环，同时进行锚喷支护或先墙拱后衬砌。

开挖时的注意事项如下。

(1)加强对开挖面前方的工程地质和水文地质的调查。对不良地质情况，要及时预测、预报、分析研究，随时准备好应急措施（包括改变施工方法），以确保施工安全和工程进度。

(2)各工序机械设备要配套，在尺寸、性能和生产能力上都要相互配合，工作方面方能环环紧扣，不致彼此互受牵制而影响掘进，以充分发挥机械设备的使用效率和各工序之间的协调作用。并注意经常维修设备及备有足够的易损零部件，以确保各项工作的顺利进行。

(3)加强各种辅助作业和辅助施工方法的设计与施工检查，尤其在软弱破碎围岩中使用全断面法开挖时，应对支护后围岩进行动态量测与监控，对各种辅助作业的三管两线（即高压风管、高压水管、通风管、电线和运输路线）要求保持技术上的良好状态。

(4)重视和加强对施工操作人员的技术培训，使其能熟练掌握各种机械和推广新技术，不断提高工效，改进施工管理，加快施工速度。

(5)全断面法开挖选择支护类型时，应优先考虑锚杆和锚喷混凝土、挂网、撑梁等支护形式。

2. 台阶法

台阶法是将设计断面分成上半断面和下半断面两次开挖成型。其开挖顺序是：上半部开挖、拱部锚杆喷射混凝土支护、拱部衬砌、下半部中央部分开挖、边墙部分开挖、边墙锚杆喷射混凝土支护及衬砌。

采用台阶法施工时应注意以下事项：

(1)台阶长度不宜超过隧道开挖宽度的 1.5 倍。台阶不宜多分层。一般以一个垂直台阶开挖到底，保持平台长 2.5~3.0 m 为好，易于掌握炮眼深度和减少翻渣工作量，装渣机应紧跟开挖面，减少扒渣距离以提高装渣运输效率。应根据两个条件来确定台阶长度：一是初期支护形成闭合断面的时间要求，围岩稳定性越差，闭合时间要求越短；二是上半部断面施工时开挖、支护、出渣等机械设备所需的空间大小的要求。

(2)上部开挖时，因临空面较大，易使爆破面渣块过大，不利于装渣，应适当密布中小炮眼。但采用先拱后墙法施工时，对于下部开挖时，应注意上部的稳定，必须控制下部开挖厚度和用药量，并采取防护措施，避免损伤拱圈及确保施工安全。若围岩稳定性较好，则可以采取分段顺序开挖。若围岩稳定性较差，则应缩短下部掘进循环进尺；若稳定性更差，则可以左右错开，或先拉中槽后挖边帮。

(3)上台阶钢架施工时，应采取有效措施控制其下沉和变形，下台阶应在台阶喷射混凝土强度达到设计强度的 70% 后开挖。

3. 分部开挖法

分部开挖法可分为 4 种变化，即环形开挖留核心土法、中隔壁法、双侧壁导坑法、仰拱部位开挖,分部开挖法是将隧道开挖断面进行分部开挖逐步成型,并且将某部分超前开挖,故可称为导坑超前开挖法。

(1)环形开挖留核心土法又称台阶分部法,适用于一般土质或易坍塌的软弱围岩地段。上部留核心土可以支挡开挖工作面,及时施作拱部初期支护增强开挖工作面的稳定性,核心土及下部开挖在拱部初期支护下进行,施工安全性较好。一般环形开挖进尺宜为0.5~1.0 m,不宜过长,上下台阶可用单臂掘进机开挖,核心土面积应不小于整个断面面积的50%。开挖后应及时施工喷锚支护、安设钢架支撑,相邻钢架必须用钢筋连接,并应按设计要求施工锁脚锚杆。围岩地质条件差,自稳时间短时,开挖前应按设计要求进行超前支护。核心土与下台阶开挖应在上台阶支护完成后、喷射混凝土强度达到设计强度的70%后进行。

(2)中隔壁法或交叉中隔壁法施工应符合下列规定。

1)初期支护完成后方可进行下一分部开挖。地质较差时,每个台阶底部均应按设计要求设临时钢架或临时仰拱。

2)各部开挖时,周边轮廓应尽量圆顺。

3)应在先开挖侧喷射混凝土强度达到设计要求后再进行另一侧开挖。

4)左右两侧导坑开挖工作面的纵向间距不宜小于15 m。

5)当开挖形成全断面时,应及时完成全断面初期支护闭合。

6)中隔壁及临时支承应在浇筑二次衬砌时逐段拆除。

(3)双侧壁导坑法适用于浅埋大跨度隧道,地表下沉量要求严格,围岩条件特别差时。双侧壁导坑法的开挖与支护顺序是:先行导坑上部开挖→先行导坑下部开挖→先行导坑锚喷支护、钢架支承等,设置临时壁墙支承→后行导坑上部开挖→后行导坑下部开挖→后行导坑锚喷支护、钢架支承等,设置临时壁墙支承→中央部拱顶开挖→中央部拱顶锚喷支护、钢架支承等→中央部其余部开挖→浇筑仰拱混凝土→浇筑全周衬砌

双侧壁导坑法施工应符合下列规定:

1)侧壁导坑开挖后,应及时施工初期支护并尽早形成封闭环。

2)侧避导坑形状应近于椭圆形断面,导坑跨度宜为整个隧道跨度的1/3。

3)左右导坑施工时,前后拉开距离不宜小于15 m。

4)导坑与中间土体同时施工时,导坑应超前30~50 m。

(4)仰拱部位开挖。

1)挖至设计高程时,底面应圆顺,渣物应清除。

2)做好排水设施,清除积水。

3)隧道底两隅与侧墙连接处应圆顺。

4)仰拱部开挖时,应采取措施保证施工交通安全。

◆出渣运输

出渣是隧道施工的基本作业之一。出渣作业能力的强弱,决定了它在整个作业循环中所占时间的长短(一般在40%~60%)。因此,出渣运输作业能力的强弱在很大程度上影响施工进度。

隧道施工时,应建立运输调度系统,并编制运输计划,统一指挥,确保车辆运输安全,提高运输效率。根据施工方法和开挖断面的大小,可选择有轨运输或无轨运输方法。

1. 有轨运输

采用有轨式运输时,洞外应根据需要设置调车、编组、出渣、进料、设备整修等作业线路。洞内宜铺设双道;在单道地段,应根据装渣作业时间和行车速度的大小合理布设错车道、调车设备,增加岔线和岔道等。

(1)有轨式运输线路铺设应符合下列规定。

1)同一线路必须使用同一型号钢轨,钢轨质量不宜小于 38 kg/m。钢轨配件、夹板、螺栓必须按标准配齐,且与轨型相符。

2)道岔型号应与钢轨类型相配合,不得低于 6 号道岔,并安装转辙器。

3)轨枕的规格及数量应符合标准规定,间距不宜大于 0.7 m,间距偏差不得超过 50 mm,长度为轨距加 0.6 m,轨枕的上下面应平整。

4)平曲线半径,洞内不应小于机动车或车辆轴距的 7 倍,洞外不应小于 10 倍。使用有转向架的梭式矿车时,最小曲线半径应不小于车辆技术文件的要求,并应尽量采用较大的曲线半径。

5)道床道砟应采用不易风化的碎石,粒径应符合标准规定,不宜过大,道床厚度不应小于 150 mm。

6)双道的线间距,应保持两列车间净距大于 0.2 m,错车线处应大于 0.4 m。

7)车辆距坑道壁或支撑边缘的净距不应小于 0.2 m,单道一侧的人行道宽度不宜小于 0.7 m。

8)机动车牵引时,纵坡不宜大于 2.5%;皮带运输机输送时,纵坡不宜大于 25%。洞外卸渣线末端应设 1% ~3% 的上坡段。

9)线路铺设轨距允许误差为 +6 mm、-4 mm,曲线地段应按规定加宽和设超高;钢轨接头间隙、顶面的高低差,以及曲线段外轨按设计加高后与内轨顶面的高低偏差,不得大于 5 mm,钢轨配件应齐全牢固。

10)当采用新型轨式机械设备时,线路铺设标准应满足机械规格、性能的要求,保证运输安全。

(2)有轨运输作业应符合下列规定。

1)机动车牵引不得超载。

2)车辆装载的高度,斗车不应超过顶面 0.5 m,宽度不应超过车宽。

3)列车连接必须良好,必须采用不能自行脱钩的连接装置。利用机车进行车辆的调车、编组和停留时,必须有可靠的制动装置,严禁溜放。

4)车辆在同方向行驶时,相邻两组列车间的距离不应小于 100 m,人推斗车的间距不应小于 20 m。

5)在洞内施工地段、视线不良的弯道上或通过道岔和洞口平交道等处,机动车牵引的列车运行速度不宜超过 10 km/h;其他地段在采取有效的安全措施后,最大速度不宜超过 20 km/h。

6)轨道旁的料堆,距钢轨外缘不应小于 0.8 m,高度不应大于 1.0 m。

7)洞内在曲线区间、转辙器、人行横道处等应设慢行标志,车辆的限制速度、注意或危险提示等必须用交通标志及标灯明示出来。

8)长隧道施工应有载人列车供施工人员上下班使用,并应制订保证安全的措施,严禁非专职人员开车。

2. 无轨运输

(1)洞内宜铺设简易路面,路面的平整度、强度等指标应满足出渣车辆运行要求,并做好排水及路面的维修工作。

(2)从隧道的开挖面到弃渣场地,必须按需要设置会车场所、转向场所及行人的安全通路。

(3)在洞口、平交道口、狭窄的施工场地,必须设置明显的警示标志,必要时应设专人指挥交通。

(4)单车道净宽不得小于车宽加2 m,并应隔适当距离设置错车道;双车道净宽不得小于2倍车宽加2.5 m;会车视距宜大于40 m。

(5)行车速度,在施工作业地段和错车时不应大于15 km/h,成洞地段不宜大于20 km/h。

(6)车辆行驶中严禁超车,洞内倒车与转向应由专人指挥。

(7)洞内应加强通风,洞内作业环境应符合职业健康标准。

◆装渣与卸渣

1. 装渣

(1)装渣设备应选用能在隧道开挖断面内发挥高效率的机械,其装渣能力应与每次开挖土石方量及运输车辆的容量相适应。装渣机械应具有移动方便、污染小的特点。

(2)装渣作业应符合下列规定。

1)装渣前及装渣过程中,应检查开挖面围岩的稳定情况。发现有松动岩石或塌方征兆时,必须先处理后装渣。

2)装渣作业应由专人指挥。要注意爆后残留在掌子面上和埋在爆渣之中的拒爆残药,发现拒爆残药,必须立即通知专业人员进行处理。

3)人工装渣时,应将车辆停稳并制动。漏斗装渣时,漏斗处应有防护设备和联络信号,装渣结束后漏斗处应加盖;接渣时,漏斗口下不得有人通过。

4)机械装渣时,装载机械应能在开挖断面内安全运转,装渣机操作时其回转范围内不得有人通过;机械装渣作业应严格按操作规程进行,并不得损坏已有的支护及设施。

5)采用有轨式装渣机械时,轨道应紧跟开挖面,调车设备应及时前移。

2. 卸渣

(1)根据弃渣场地形条件、弃渣利用情况、车辆类型,妥善布置卸渣路线。卸渣应在规定的卸渣路线上依次进行,不得干扰任何施工作业或其他设施。

(2)卸渣宜采用自动卸渣或机械卸渣设备和平渣设备。机械卸渣时应有专人指挥,及时平整;人工卸渣时,应将车辆停稳制动,严禁站在斗车内扒渣。

(3)所有弃渣堆顶面及坡脚处,或与原地面衔接处,均应按设计要求修筑永久排水设施和其他必要的防护工程。

(4)轨道运输卸渣时,卸渣码头应搭设牢固,并设挂钩、栏杆,轨道末端应设置可靠的挡车装置和标志,以及足够宽的卸车平台。

◆支护

隧道开挖,除坚硬、完整、稳定的围岩外,为防止开挖后围岩暴露时间过长使地层压力增加而造成坍塌,因此,必须及时支护确保施工安全。用锚喷支护类包括:锚杆、拱架、钢筋、钢筋网、钢格栅、钢支承、喷混凝土等,可视地质状况及支护断面大小,或采用一种支护手段,或多种支护手段联合,这些支护又是将来永久衬砌的一部分。

喷锚支护作业主要指采用锚杆、喷混凝土喷锚联合,喷锚网喷联合,钢架喷射混凝土联合,钢格栅喷射混凝土联合,钢支承喷射混凝土联合。它具有支护及时,与围岩结合紧密的优点,具有一定的柔性,能有效地控制围岩变形和提高自承载能力的特点。它既是施工临时支护,又是永久支护(衬砌)的一部分,非常有利于扩大施工空间,便于大型掘进机械进洞施工,加快施工进度和省工省料,同时又安全可靠。

1.喷射混凝土

喷射混凝土是指将水泥、砂、石子、外加剂和水按一定的配合比和水灰比拌和而成的混合物,以风压为动力快速喷至岩体表面而形成的人造石材。采用喷射混凝土作为隧道工程Ⅱ~Ⅴ类围岩中临时性和永久性支护,也可以与各种形式的锚杆、钢纤维、钢拱架、钢筋网等构成复合式支护结构。它除用于地下工程外,还广泛应用于地面工程的路堑边坡防护与加固、基坑防护、结构补强及矿山、水利、人防工程等。

喷射混凝土施工工艺有干喷、湿喷、潮喷和混合喷4种,各工艺流程的投料程序不同,尤其是加水和速凝剂的时机不同,其中湿喷混凝土按其输送方式的不同,可分为泵送式、风送式、抛甩式和混合式,应根据实际情况选用。

(1)湿喷是将集料、水泥和水按设计比例拌和均匀,用湿式喷射机压送拌和好的混凝土,混合料压送到喷头处,再在喷头上添加速凝剂后喷出。其特点是质量较容易控制,喷射过程中的粉尘和回弹量较少,但对湿喷机械要求较高,机械清洗和故障处理较困难。喷层较厚的软岩和渗水隧道,不宜采用湿喷混凝土工艺施工。

(2)潮喷是将集料预加少量水,使之呈潮湿状,再加水泥拌和,从而降低上料、拌和及喷射时的粉尘,但大量的水仍是在喷头处加入和从喷嘴射出的,目前隧道施工现场较多使用的是潮喷工艺。

(3)混合喷射又称水泥裹砂壳喷射法。是分次投料搅拌工艺与喷射工艺相结合,其关键是水泥裹砂(或砂、碎石)造壳工艺技术。分别由泵送砂浆系统和风送混合料系统两套机具组成。先是将一部分砂加第一次水拌湿,再投入全部用量水泥,强制拌和成以砂为核心外裹水泥壳的球体;然后加第二次水和减水剂拌和成 SEC 砂浆;再将另一部分砂与石、速凝剂按配合比配料,强制搅拌成均匀的干混合料。然后再分别通过砂浆泵和干式喷射机,将拌和成的砂浆及干混合料由高压胶管输送到混合管混合,最后由喷头喷出。其特点是使用机械数量较多,工艺技术较复杂,机械清洗和故障处理较麻烦。因此一般只在喷射混凝土量大和大断面隧道工程中使用。

喷射混凝土施工时的注意事项如下：
(1)喷射混凝土施工不得采用干喷工艺。
(2)喷射混凝土配合比，应通过试验确定并满足设计强度和喷射工艺的要求。
(3)当喷射作业分层进行时，后一层喷射应在前一层混凝土终凝后进行。混合料应随拌随喷，喷射混凝土回弹物不得重新用作喷射混凝土材料。
(4)喷射混凝土应适时进行养护，隧道内环境温度低于5 ℃时不得洒水养护。
(5)冬季施工时，喷射作业区的气温不应低于5 ℃。在结冰的岩面上不得进行喷射混凝土作业，混凝土强度未达到6 MPa前不得受冻。
(6)采用纤维喷射混凝土时，所用材料应满足设计要求。
(7)喷射混凝土作业安全与防护应符合下列规定。
1)应检查和处理支护作业区危石，施工机具应布置于安全地带。
2)施工用作业台架应牢固可靠，并应设置安全栏杆。
3)施工时，非作业人员不得进入喷射作业区，喷嘴前禁止站人。
4)作业区粉尘浓度必须符合规定。作业人员应戴防尘口罩、防护镜、防护帽等劳保用品。
5)喷射作业完成后，应及时清洗机具。

2. 锚杆

锚杆是一种锚固在岩体内部的杆状支架，锚杆支护是通过锚入岩体内部的锚杆，达到改善围岩的受力状态，实现加固围岩、维护隧道的目的。

锚杆是隧道施工过程中维护围岩稳定，保证施工安全的重要支护手段之一。施工完成后，其作为永久支护结构的一部分发挥作用。

(1)锚杆钻孔施工应符合下列规定。
1)钻孔机具应根据锚杆类型、规格及围岩情况选择。
2)孔位允许偏差为±150 mm，钻孔数量应符合设计规定。
3)水泥砂浆锚杆钻孔直径应大于锚杆杆体直径15 mm。其他形式锚杆钻孔直径应满足设计要求。
4)钻孔深度不应小于锚杆杆体有效长度，但深度超长值不应大于100 mm。
(2)锚杆安装前应做好下列检查工作，并做好原始记录。
1)锚杆材料型号、规格、品种应符合设计要求，配件应配套。
2)锚杆孔位、孔径、孔深及布置形式应满足设计要求。
3)孔内应无积水、岩粉应吹洗干净。
4)锚杆杆体应调直、除锈、清除油污。
5)锚杆外端标准螺纹应有效，逐根检查并与标准螺母试装配。
(3)普通水泥砂浆锚杆施工应符合下列规定。
1)普通水泥砂浆锚杆材料、直径、插入孔内长度，应满足设计要求。
2)砂浆应在初凝前使用，已初凝的砂浆不得使用。
3)砂浆灌浆后应及时插入锚杆杆体。锚杆杆体插到设计深度时，孔口应有砂浆流出；若孔口无砂浆流出，则应将杆体拔出重新灌浆，全长黏结锚杆应灌浆饱满。

4)垫板、螺母应在砂浆初凝后安装,垫板与喷射混凝土应紧密接触。

(4)中空注浆锚杆施工时应保持中空通畅,并留有专门排气孔,螺母应在砂浆初凝后拧紧。

(5)水泥砂浆药包锚杆施工应符合下列规定。

1)应对药包做泡水检验。

2)药包不应有受潮结块现象。

3)药包应以专用工具推入钻孔内,防止中途破裂。

4)锚杆插到设计深度时,孔口应有砂浆流出。

5)应使垫板与喷射混凝土紧密接触。

(6)全长黏结式锚杆安装后不得敲击,其端部3 d内不得悬挂重物。

3. 钢筋网和钢架

(1)钢筋网施工要求。

1)钢筋网材料应满足设计要求,钢筋网钢筋在使用前应调直、清除锈蚀和油渍。

2)钢筋网安装应符合下列规定。

①应在初喷一层混凝土后再进行钢筋网铺设。

②采用双层钢筋网时,第二层钢筋网应在第一层钢筋网被喷射混凝土全部覆盖后进行铺挂。

③钢筋搭接长度不得小于30 d(d为钢筋直径),并不得小于一个网格长边尺寸。

④钢筋网应与锚杆或其他固定装置连接牢固。

⑤钢筋网应随受喷岩面起伏铺设,与受喷面的最大间隙不宜大于30 mm。

(2)钢架施工。

1)钢架必须具有足够的强度和刚度,采用的钢架及材料应满足设计要求。

2)钢架加工应符合下列规定。

①钢架加工尺寸,应符合设计要求,其形状应与开挖断面相适应。

②不同规格的首榀钢架加工完成后,应放在平整地面上试拼,周边拼装允许偏差为±30 mm,平面翘曲应小于20 mm。当各部尺寸满足设计要求时,方可进行批量生产。

3)钢架安装应符合下列规定。

①钢架拱脚必须放在牢固的基础上。应清除底脚下的虚渣及其他杂物,脚底超挖部分应用喷射混凝土填充。

②钢架应分节段安装,节段与节段之间应按设计要求连接。连接钢板平面应与钢架轴线垂直,两块连接钢板间采用螺栓和焊接连接,螺栓不应少于4颗。

③相邻两榀钢架之间必须用纵向钢筋连接,连接钢筋直径不应小于18 mm,连接钢筋间距不应大于1.0 m。

④钢架应垂直于隧道中线,竖向不倾斜、平面不错位、不扭曲,上、下、左、右允许偏差±50 mm,钢架倾斜度应小于2°。

4)钢架安装就位后,钢架与围岩之间的间隙应用喷射混凝土充填密实。喷射混凝土应由两侧拱脚向上对称喷射,并将钢架覆盖,临空一侧的喷射混凝土保护层厚度应不小于20 mm。

◆ 衬砌钢筋

1. 钢筋加工
(1)钢筋在加工弯制前应调直。
(2)钢筋表面的油渍、铁锈等应清除干净。
(3)钢筋拉直、弯钩、弯折、弯曲应采用冷加工。

2. 钢筋安装
安装钢筋时,钢筋长度、间距、位置、保护层厚度应满足设计要求并符合下列规定:
(1)横向钢筋与纵向钢筋的每个节点均必须进行绑扎或焊接。
(2)钢筋焊接搭接长度及焊缝应满足设计要求。
(3)相邻主筋搭接位置应错开,错开距离不应小于1 000 mm。
(4)同一受力钢筋的两个搭接距离不应小于1 500 mm。
(5)箍筋连接点应在纵横向筋的交叉连接处,必须进行绑扎或焊接。
(6)钢筋的其他连接方式应符合相关规范的规定。

◆ 模筑混凝土衬砌

1. 衬砌模板施工要求
(1)混凝土衬砌模板及支架必须具有足够的强度、刚度和稳定性。
(2)应按设计要求设置沉降缝。衬砌施工缝应与设计的沉降缝、伸缩缝结合布置。
(3)安装模板时应检查中线、高程、断面和净空尺寸。
(4)模板安装前,应仔细检查防水板、排水盲管、衬砌钢筋、预埋件等隐蔽工程,做好记录。

2. 混凝土施工要求
(1)混凝土的配合比应满足设计和施工工艺要求。
(2)混凝土应在初凝前完成浇筑。
(3)混凝土衬砌应连续浇筑。如因故中断,其中断时间应小于前层混凝土的初凝时间或能重塑时间。当超过允许中断时间时,应按施工缝处理。
(4)混凝土的入模温度,冬季施工时不应低于5 ℃,夏季施工时不应高于32 ℃。
(5)应采取可靠措施确保混凝土在浇筑时不发生离析。
(6)浇筑混凝土时,应采用振动器振实,并应采取确定可靠措施,确保混凝土密实。振实时,不得使模板、钢筋和预埋件移位。
(7)边墙基底高程、基坑断面尺寸、排水盲管、预埋件安设位置等应满足设计要求。
(8)浇筑混凝土前,必须将基底石碴、污物和基坑内积水排除干净,严禁向有积水的基坑内侧倒混凝土干拌和物。
(9)拱墙衬砌混凝土,应由下向上从两侧向拱顶对称浇筑。
(10)拱部混凝土衬砌浇筑时,应在拱顶预留注浆孔,注浆孔间距应不大于3 m,且每模板台车范围内的预留孔应不少于4个。
(11)拱顶注浆充填,宜在衬砌混凝土强度达到100%后进行,注入砂浆的强度等级应满足设计要求,注浆压力应控制在 0.1 MPa 以内。

3. 拱架、墙架和模板拆除规定
（1）不承受外荷载的拱、墙混凝土强度应达到 5.0 MPa。
（2）承受围岩压力的拱、墙以及封顶和封口的混凝土强度应满足设计要求。
（3）衬砌拆模后应立即养护。在寒冷地区,应做好衬砌的防寒保温工作。

4. 仰拱混凝土施工要求
（1）仰拱混凝土应超前拱墙混凝土施工。
（2）仰拱混凝土浇筑前应清除积水、杂物、虚渣等。
（3）仰拱混凝土浇筑必须使用模板,混凝土应振捣密实。
（4）仰拱施工缝和变形缝处应按设计要求进行防水处理。
（5）仰拱施工前,超挖在允许范围内时,应采用与衬砌相同强度等级的混凝土进行浇筑；超挖大于规定时,应按设计要求回填,不得用洞渣随意回填,严禁片石侵入仰拱断面。
（6）仰拱填充采用片石混凝土时,片石应距模板 50 mm 以上,片石间距应大于粗集料的最大粒径,并应分层摆放,捣固密实。

第5章　公路附属设施工程

5.1　公路安全设施施工

【基　础】

◆**护栏的分类**

（1）护栏根据碰撞后的变形程度，可分为柔性护栏、刚性护栏和半刚性护栏。

1）柔性护栏是一种具有较大缓冲能力的韧性护栏结构。缆索护栏是其主要代表形式，由数根施加初张力的缆索固定于端柱上而组成钢缆结构，主要依靠缆索的拉应力来抵抗车辆的碰撞荷载、吸收碰撞能量。

2）刚性护栏是一种基本不变形的护栏结构。混凝土护栏是其主要代表形式，由一定形状的混凝土块相互连接而组成墙式结构，通过失控车辆碰撞后爬高并转向来吸收碰撞能量。

3）半刚性护栏是一种连续的梁柱式护栏结构，具有一定的强度和刚度。波形梁护栏是其主要代表形式，由相互拼接的波纹状钢板和立柱构成连续梁柱结构，利用土基、立柱、波纹状钢板的变形来吸收碰撞能量，并迫使失控车辆改变方向。

（2）护栏根据其在公路中的横向设置位置，可分为路侧护栏和中央分隔带护栏。

1）路侧护栏是指设置于公路路侧建筑限界以外的护栏，以防止失控车辆越出路外或碰撞路侧构造物和其他设施。

2）中央分隔带护栏是指设置于公路中央分隔带内的护栏，以防止失控车辆穿越中央分隔带闯入对向车道，并保护中央分隔带内的构造物。

◆**护栏形式的选择**

1. 路基护栏

选择护栏形式时，应考虑的因素见表5.1。

表5.1　护栏形式选择的因素

因素	内容
护栏的防撞性能	所选取的护栏形式在强度上必须能有效吸收设计碰撞能量，阻止相应失控车辆越出路外或进入对向车道并使其正确改变行驶方向

续表5.1

因素	内容
受碰撞后的护栏变形程度	受碰撞后护栏的最大动态变形量不应超过护栏与被防护对象之间容许的变形距离
护栏所在位置的现场条件	路肩和中央分隔带宽度、公路的边坡坡度等均可影响某些形式护栏的使用
护栏材料的通用性	护栏及其端头、与其他形式护栏的过渡处理,宜采用标准化材料
护栏的全寿命周期成本	除考虑护栏的初期成本外,还就考虑投入使用后的养护成本
护栏养护工作量的大小和养护的方便程度	应综合考虑常规养护、事故养护、材料储备和养护方便性等因素
护栏的美观、环境因素	应适当考虑护栏的美观因素,并充分考虑沿线的环境腐蚀程度、气象条件和护栏本身对视距的影响等因素
所在地区现有公路护栏使用的效果	应避免现有护栏使用中存在的缺陷

对景观有特殊要求的公路可选择外观自然、与周围环境相融合的护栏形式,但不得降低护栏防撞等级。

2.桥梁护栏

(1)根据车辆驶出桥外或进入对向车行道有可能造成的交通事故等级,按表5.2的规定选取桥梁护栏的防撞等级。因桥梁线形、运行速度、桥梁高度、交通量和车辆构成等因素易造成更严重碰撞后果的路段,应在表5.2的基础上提高护栏的防撞等级。

表5.2 桥梁护栏防撞等级适用条件*

公路等级	设计速度/(km·h^{-1})	车辆驶出桥外有可能造成的交通事故等级	
		重大事故或特大事故	二次重大事故或二次特大事故
高速公路	120	SB、SBm	SS
一级公路	100、80		SA、SAm
	60	A、Am	SB、SBm
二级公路	80、60	A	SB
三级公路	40、30	B	A
四级公路	20		

*二级及以上等级公路小桥、通道、明涵的护栏防撞等级宜与相邻的路基护栏相同。

(2)选择桥梁护栏形式时,应考虑下列因素。

1)桥梁护栏的防撞性能。所选取的护栏形式在强度上必须能有效吸收设计碰撞能量,阻止相应失控车辆越出桥外或进入对向车道并使其正确改变行驶方向。

2)受碰撞后的护栏变形程度。受碰撞后护栏的最大动态变形量不应超过可容许的变形距离。

3)环境和景观要求。

①钢桥应采用金属梁柱式桥梁护栏。

②对景观有特殊要求的桥梁宜选用梁柱式桥梁护栏或组合式桥梁护栏。

③积雪严重的地区,宜采用金属梁柱式或组合式桥梁护栏。

④为减小桥梁自重、减轻车辆碰撞荷载对桥面板的影响,宜采用金属梁柱式护栏。

⑤跨越大片水域的特大桥或桥下净空大于或等于10 m时,宜采用组合式或钢筋混凝土墙式桥梁护栏。

⑥二级及以上等级公路小桥、通道、明涵宜采用与相邻的路基护栏同样的形式。

4)护栏的全寿命周期成本。除考虑护栏的初期建设成本外,还应考虑投入使用后的养护成本。

【实 务】

◆路基护栏施工

1. 缆索护栏施工

(1)放样。

1)应根据现场桥梁、涵洞、通道、路线交叉、隧道等的分布确定控制立柱的位置,并测定控制立柱之间的间距,据此调整端部立柱、中间端部立柱、中间立柱的设置位置。

2)调查立柱下是否存在地下管线、构造物等设施,并进行适当处理。

(2)端部立柱和中间端部立柱的设置。

1)应根据设计文件的要求,将立柱、斜撑及底板焊接成牢固的三角形支架。

2)应根据最终确定的立柱位置开挖基坑、浇筑混凝土基础,到达规定标高时,应对三角形支架进行准确定位。基坑开挖、地基检验、地基处理及混凝土的浇筑应符合现行《公路桥涵施工技术规范》(JTJ 041—2000)的规定。

3)位于桥梁、涵洞、通道、挡土墙等构造物处的端部立柱和中间端部立柱,应根据设计文件的要求进行基础预埋。

(3)中间立柱的设置。

1)中间立柱应定位准确,纵向和横向位置与公路线形一致。

2)位于土基中的中间立柱,可采用挖埋法、钻孔法或打入法施工。立柱标高应符合设计要求,并不得损坏立柱端部。

3)位于混凝土基础中的中间立柱,可设置在预埋的套筒内,通过灌注砂浆或混凝土固定,或通过地脚螺栓与桥梁护轮带基础相连。

(4)托架安装。中间立柱或中间端部立柱上的托架,应按设计文件规定的托架编号和组合正确安装。

(5)架设缆索。

1)缆索应在端部立柱和中间端部立柱的混凝土基础达到设计强度的80%以上时架设。

2)缆索应支放在立柱的内侧,通过中间支架向另一端滚放,严禁在路面上长距离拖拽缆索。

3)可用楔子固定或注入合金的方法将一端的缆索锚固在索端锚具上,如图5.1所示。

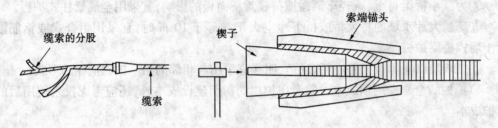

图5.1 缆索的分股和楔子锚固

4)应在另一端部立柱或中间端部立柱上设置倒链滑车或杠杆式倒链张紧器将缆索临时拉紧,如图5.2所示。B级和A级缆索护栏的初拉力应为20 kN,其他等级的缆索护栏初拉力应符合设计文件的规定。

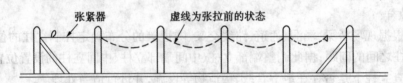

图5.2 临时张拉缆索

5)应根据索端锚具的规格,切断多余的缆索,如图5.3所示。缆索切断面应垂直整齐,不得松散,按规定的方法锚固在索端锚头上。

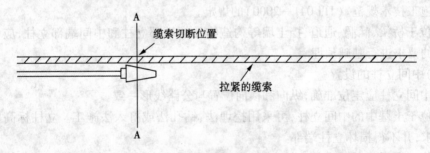

图5.3 缆索切断的位置

6)索端锚具安装到端部立柱或中间端部立柱后,可卸除临时张拉力。

7)缆索应按从上向下的顺序架设。

8)缆索调整完毕后,应拧紧各中间立柱、中间端部立柱托架上的索夹螺栓。

(6)施工质量要求。

1)立柱埋深不得小于设计值。采用挖埋法施工时,回填土应分层夯实,并达到规定的压实度。立柱埋入混凝土基础中时,基础的几何尺寸、强度等级应符合设计要求。

2)立柱顶部不应出现明显的变形、倾斜、扭曲或卷边等现象。

3）索端锚具、托架、索夹螺栓应安装到位、固定牢固，托架组合应与缆索护栏的类别相适应。

4）钢构件表面不得有气泡、剥落、漏镀及划痕等表面缺陷。

5）直线段护栏应线形平顺，曲线段护栏应线形圆滑顺畅。

6）立柱中距、立柱垂直度、缆索的高度应满足设计要求。

2. 波形梁护栏施工

(1) 立柱放样。

1）应根据设计文件进行立柱放样，并以桥梁、通道、涵洞、隧道、中央分隔带开口、紧急电话开口、互通式立体交叉等控制立柱的位置，进行测距定位。

2）立柱放样时可利用调节板调节间距，并利用分配方法处理间距零头数。

3）应调查立柱所在处是否存在地下管线、排水管等设施，或构造物顶部埋土深度不足的情况。

(2) 立柱安装。

1）立柱安装应与设计文件相符，并与公路线形相协调。

2）位于土基中的立柱，可采用打入法、挖埋法或钻孔法施工，立柱标高应符合设计要求，并不得损坏立柱端部。

①采用打入法打入过深时，不得将立柱部分拔出加以矫正，必须将其全部拔出，将基础压实后再重新打入。立柱无法打入到要求深度时，严禁将立柱的地面以上部分焊割、钻孔，不得使用锯短的立柱。

②采用挖埋法施工时，回填土应采用良好的材料并分层夯实，回填土的压实度不应小于设计规定值。填石路基中的柱坑，应用粒料回填并夯实。

③采用钻孔法施工时，立柱定位后应用与路基相同的材料回填，并分层夯填密实。

3）在铺有路面的路段设置立柱时，柱坑从路基至面层以下 5 cm 处应采用与路基相同的材料回填并分层夯实，余下部分应采用与路面相同的材料回填并压实。

4）位于石方区的立柱，应根据设计文件的要求设置混凝土基础。

5）位于小桥、通道、明涵等混凝土基础中的立柱，可设置在预埋的套筒内，通过灌注砂浆或混凝土固定，或通过地脚螺栓与桥梁护轮带基础相连。

6）立柱安装就位后，其水平方向和竖直方向应形成平顺的线形。

7）护栏渐变段及端部的立柱，应按设计规定的立柱进行安装。

(3) 防阻块、托架、横隔梁安装。

1）防阻块、托架应通过连接螺栓固定于护栏板和立柱之间，在拧紧连接螺栓前应调整防阻块、托架使其准确就位，防撞等级为 SA、SAm 和 SS 的波形梁护栏在安装防阻块时，应同时安装上层立柱，线形应与下层立柱相同。

2）设有横隔梁的中央分隔带护栏，应在立柱准确定位后安装横隔梁。在护栏板安装前，横隔梁与立柱间的连接螺栓不应过早拧紧。

(4) 横梁安装。

1）护栏板应通过拼接螺栓相互连接成纵向横梁，并由连接螺栓固定于防阻块、托架或横隔梁上。护栏板拼接方向应与行车方向一致，如图 5.4 所示。拼接螺栓必须采用高强螺栓。

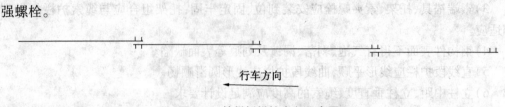

图 5.4　护栏板拼接方向示意图

2）防撞等级为 SA、SAm 和 SS 的波形梁护栏通过螺栓将上层横梁与上层立柱加以连接。

3）立柱间距不规则时,可利用调节板、梁进行调节,不得采用现场切割护栏板的方法。

4）所有的连接螺栓及拼接螺栓应在护栏的线形达到规定要求时才能拧紧。终拧扭矩应符合表 5.3 规定。

表 5.3　波形梁护栏板连接螺栓及拼装螺栓的终拧扭矩规定值

螺栓类型	螺栓直径/mm	扭矩值/(N·m)
普通螺栓	M16	60~68
	M20	95~102
	M22	163~170
高强螺栓		315~430

(5)端头安装。各类护栏端头应通过拼接螺栓与护栏板牢固连接,拼接螺栓必须采用高强螺栓。防撞等级为 SA、SAm 和 SS 的波形梁护栏上横梁必须按设计文件的规定进行端部处理。

(6)施工质量要求。

1）护栏立柱的埋深、基础规格、土基压实度、端部和过渡段处理应符合设计规范和设计文件的规定。

2）立柱位置、立柱中距、垂直度、横梁中心高度应符合设计要求。

3）所有构件不应因运输、施工造成防腐层的损伤。

4）直线段护栏不得有明显的凹凸、起伏现象;曲线段护栏应圆滑顺畅,与线形协调一致;中央分隔带开口端头护栏的线形应与设计文件相符。

5）波形梁板搭接方向应正确,搭接平顺,垫圈齐备,螺栓紧固。

6）防阻块、托架、横隔梁、端头的安装应与设计文件相符,安装到位,不得有明显变形、扭转、倾斜。

7）波形梁板和立柱不得现场焊割和钻孔。

8）立柱及柱帽安装牢固,其顶部应无明显塌边、变形、开裂等缺陷。

3. 混凝土护栏施工

混凝土护栏的施工除应符合现行《公路桥涵施工技术规范》(JTJ 041—2000)的规定外,还应满足下列要求。

(1)根据现场条件确定并核对混凝土护栏的设置位置,确定控制点,检测基础承载力是否达到设计规范或设计文件的要求。

(2)现场浇筑混凝土护栏。

1)采用固定模板法施工时,模板宜采用钢模板,钢模板的厚度不应小于4 mm。

2)浇筑混凝土前,应按设计文件的要求绑扎钢筋及预埋件,钢模板涂脱模剂后,可浇筑混凝土。

3)混凝土浇筑前的温度应维持在 10~32 ℃之间。

4)采用滑动模板法施工时,滑模机的施工速度根据旋转搅拌车、混凝土卸载速度以及成型断面的大小决定,可采用 0.5~0.7 m/min。混凝土振捣由设置在滑模机上的液压振动器完成,振动器应能根据混凝土的坍落度无级调速,一边振动一边前进。振动器的数量可根据混凝土护栏断面形状,配置5根左右。

5)两处伸缩缝之间的混凝土护栏必须一次浇筑完成,伸缩缝应与水平面垂直,宽度应符合设计文件的规定,伸缩缝内不得连浆。

6)混凝土初凝后,严禁振动模板,预埋钢筋不得承受外力。

7)应根据气温和混凝土强度确定拆模时间,一般可在混凝土终凝后 3~5 d 拆除混凝土护栏侧模。拆模时不应损坏混凝土护栏的边角,并应保持模板的完好状况。

8)假缝可在混凝土护栏拆除模板后,按设计文件要求的间距和规格采用切割机切开,并应保证断面光滑、平整。

(3)预制混凝土护栏。

1)预制混凝土护栏的施工场地应平整、坚实、排水良好、交通方便。

2)应采用钢模板,模板长度应根据吊装和运输条件确定,宜采用固定的规格。

3)每块预制混凝土护栏必须一次浇筑完成。

4)拆模时间应根据气温和混凝土达到的强度而定,拆模时混凝土强度不应低于设计强度的 70%。拆模时不得损坏混凝土护栏的边角,并应保持模板完好。

5)在起吊、运输和堆放过程中,不得损坏混凝土护栏构件的边角,否则在安装就位后,应采用高于混凝土护栏强度的材料及时修补。

6)混凝土护栏的安装应从一端逐步向前推进,护栏的线形应与公路的平、纵线形相协调。

7)中央分隔带混凝土护栏在超高路段,应按设计文件要求处理好排水问题。

(4)施工质量要求。

1)混凝土护栏的线形应与公路线形一致,直线段不得出现明显的凸凹,曲线段应圆滑顺畅。

2)混凝土护栏外观、色泽应均匀一致,不应出现漏石、蜂窝、麻面、裂缝、脱皮、啃边、掉角以及印痕等现象。

3)混凝土护栏的强度等级、基础处理、地基承载力、端部处理及纵向连接等均应达到设计规范或设计文件的规定值。

4)混凝土护栏施工时,不得损坏已完工的超高路段纵向排水沟、集水井、盲沟及管线等设施。

◆桥梁护栏施工

1. 金属桥梁护栏施工

（1）立柱放样与预埋件设置。

1）应以桥梁伸缩缝附近的端部立柱作为控制立柱，并在控制立柱之间测距定位。

2）立柱间距出现零数时，可用分配的办法使其符合横梁规定的尺寸，立柱宜等距设置。

3）在车行道板或人行道板上应准确地设置套筒或地脚螺栓等预埋件，并采取适当措施，使预埋件在桥梁施工期间免遭损坏。

（2）护栏安装。

1）横梁和立柱的安装位置应准确。连接螺栓和拼接螺栓开始时不宜过早拧紧，以便在安装过程中充分利用横梁和立柱法兰盘的长圆孔进行调整，使其线形顺适，不应出现局部的凹凸现象。调整完毕后，必须拧紧螺栓。

2）横梁、立柱等构件在安装过程中应避免损坏防腐层。安装完成后，应对被损坏的防腐层按规定的方法进行修复。

2. 钢筋混凝土墙式和梁柱式桥梁护栏施工

（1）宜采用现场浇筑的方式进行施工，当采用预制件时，护栏与车行道板或人行道板间应按照设计文件的要求进行可靠连接。

（2）护栏伸缩缝内清理干净后，应填满橡胶或沥青胶泥等弹性、不透水的材料。

（3）端部翼墙应根据设计文件的要求加工模板，设置在桥梁上或路基段的端部翼墙应采用现场浇筑施工方法，并设置预埋件。

3. 施工质量要求

（1）桥梁护栏的形式、设置位置、构件规格及基础连接应与设计文件相一致，线形应与桥梁相协调。

（2）护栏伸缩缝的宽度应与桥梁主体结构相一致。

（3）钢构件应连接牢固，符合设计规范和设计文件的要求。防腐处理表面应光洁，焊缝处不应有毛刺、滴瘤和多余结块，防腐层应均匀。

（4）钢筋混凝土护栏表面不应出现裂缝、蜂窝、剥落、露筋等缺陷。

（5）桥梁护栏与路基护栏连接应设置符合设计文件要求的护栏过渡段。

◆活动护栏施工

1. 插拔式活动护栏施工

（1）插拔式活动护栏基础应根据设计文件放样，并与中央分隔带护栏端头相协调。应调查基础与地下管线是否冲突，经论证可对基础的埋设位置或标高进行适当调整。

（2）混凝土基础可采用现浇筑施工，并应符合现行《公路桥涵施工技术规范》（JTJ 041—2000）的规定，混凝土浇筑时应按设计文件的规定预埋连接件。基础施工完成后应采取措施，防止杂物落入预埋套管内。

（3）基础混凝土强度达设计强度的70%以上后，可将焊接成整体的插拔式活动护栏片插入预埋套管内。

(4)对有防眩和视线诱导要求的路段,应按设计文件要求安装防眩设施和轮廓标。

2. 充填式活动护栏施工

(1)充填式活动护栏应按设计文件的规定放样定位和拼装。

(2)线形调整平顺后,应将符合设计文件要求的材料按规定数量充填活动护栏,在路面施工后安装。

3. 施工质量要求

(1)活动护栏的形式、规格、钢构件的防腐处理应符合设计文件的要求。

(2)插拔式活动护栏的预埋套管应定位精确。

(3)活动护栏宜与两端护栏齐平,线形与公路保持一致。

(4)充填式护栏的充填材料和数量应符合设计文件的规定。

(5)有防眩和视线诱导要求的路段应安装相应的防眩设施和轮廓标。

◆隔离栅和桥梁护网施工

1. 隔离栅施工

(1)应根据设计文件中规定的隔离栅设置位置和实际地形、地物条件确定控制立柱的位置和立柱中心线,在控制立柱之间按设计文件规定的柱距定出柱位。

(2)每个柱位均应按设计文件的要求确定高程,并应按实际地形进行调整。

(3)应根据设计文件的规定开挖基坑。

(4)立柱应根据设计文件的规定设置在现浇混凝土基础或预制混凝土基础内。立柱的埋设应分段进行。可先埋设两端的立柱,然后拉线埋设中间立柱,控制立柱与中间立柱的平面投影应在一条直线上,柱顶应平顺。预制混凝土立柱和基础在运输及装卸时应避免折断或损坏边角。

(5)混凝土基础强度达到设计强度的70%以上时,可按下列规定安装隔离栅网片。

1)安装无框架卷网时,应从端头立柱开始,沿纵向展开,边铺设边拉紧,挂钩时网片不得变形。

2)安装有框架的片网时,网面应平整,框架应整体平顺、美观,框架与立柱应连接牢固。

3)安装刺钢丝网时,应从端头立柱开始。刺钢丝之间应平行,绷紧后应与立柱上的铁钩牢固绑扎,横向与斜向刺钢丝相交处也应绑扎牢固。

(6)隔离栅网片安装完毕后,应对基础周围进行夯实处理。

2. 桥梁护网施工

(1)应以上跨桥梁与公路、铁路等设施的交叉点为控制点,向两侧对称进行桥梁护网的施工,桥梁护网的设置长度应符合设计文件的规定。

(2)应根据桥梁护网立柱预埋基础的位置安装立柱。未设置预埋件时,应采取后固定的施工工艺固定立柱。

(3)桥梁防护网网片应牢固地安装在立柱上,网片应平整、绷紧。

(4)应根据设计文件的规定对桥梁护网做防雷接地处理。

3. 施工质量要求

(1)隔离栅和桥梁护网的封闭应严密、牢固,不应出现缺口。

(2)隔离栅应与公路线形走向一致,顺直、流畅,纵坡起伏自然、美观。

(3)混凝土基础尺寸和埋深、立柱的垂直度和柱间距、网面高度以及混凝土立柱和基础的强度等级应符合设计文件的规定。

(4)安装完成的金属网片不得有明显变形,电焊网不得脱焊、虚焊。

(5)镀锌层表面应均匀完整、颜色一致,不得有气泡、裂纹、疤痕、折叠等缺陷。

(6)混凝土立柱应密实平整,不得有裂缝、翘曲、蜂窝、麻面等缺陷。

(7)桥梁护网的防雷接地处理应符合设计文件的规定。

◆防眩设施施工

1. 设置于混凝土护栏上的防眩板或防眩网安装

(1)防眩板或防眩网可通过混凝土护栏顶部的预埋件及连接件安装在混凝土护栏上。未设置预埋件时,可采取后固定的施工工艺安装。

(2)混凝土护栏强度低于设计强度的70%时,不得安装防眩板或防眩网。

(3)防眩板或防眩网下缘与混凝土护栏顶部的间距应符合设计文件的规定。

(4)防眩板或防眩网安装后,不得削弱混凝土护栏的原有功能。

2. 设置于波形梁护栏上的防眩板或防眩网安装

(1)防眩板或防眩网可通过连接件安装在波形梁护栏上。

(2)防眩板或防眩网安装在波形梁护栏上时,不得削弱波形梁护栏的原有功能。

(3)防眩板或防眩网下缘与波形梁护栏顶面的间距应符合设计文件的规定。

(4)施工过程中不应损伤波形梁护栏的防腐层,否则应在24 h之内予以修补。

3. 独立设置立柱的防眩板或防眩网安装

(1)施工前,应清理场地、协调与其他设施的关系。

(2)防眩板或防眩网单独设置立柱时,可根据所在位置将立柱埋入土中、设置混凝土基础或固定于桥梁、通道、明涵等构造物上。设置混凝土基础,其强度达到设计强度的70%以上时,才能在立柱上安装防眩板或防眩网。

(3)立柱施工时,不得破坏地下管线和排水设施。

4. 施工质量要求

(1)防眩板或防眩网安装完成后,其设置路段、防眩高度、遮光角应满足设计要求。

(2)防眩板或防眩网整体应与公路线形协调一致,不得有明显的扭曲或凹凸不平。

(3)防眩板或防眩网外观不应有划痕、颜色不均等缺陷。防腐层不得有气泡、裂纹、疤痕、端面分层、毛刺等缺陷。

(4)防眩板或防眩网应牢固安装。

◆交通标志施工

1. 加工标志底板

(1)标志底板应根据设计尺寸在工厂进行加工成型,并根据设计文件的要求进行加固、拼装、冲孔、卷边,挤压成型的铝合金型材应根据标志尺寸拼装,板面应保持平整。

(2)加工完成后,标志板应进行脱脂、清洗、干燥等工序。

2. 制作标志面

(1)标志面采用反光膜材料时,应符合下列规定。

1)标志反光膜应在干净、无尘土、温度不低于18 ℃、相对湿度在20%～50%的车间内进行粘贴。

2)版面的形状、颜色、文字、箭头、编号、图形及边框应严格按照现行《道路交通标志和标线》(GB 5768—2009)和设计文件的规定执行。

3)标志反光膜的逆反射性能应符合设计要求。

4)反光文字符号应采用电脑刻绘机来完成。标志底膜应在专用的真空热敏压贴机或连续电动滚压贴膜机上完成贴膜。文字符号一般采用转移膜法粘贴。

5)反光膜应尽量减少拼接。当不能避免接缝时,应使用反光膜产品的最大宽度进行拼接,接缝以搭接为主。当需要滚筒粘贴或丝网印刷时,可以平接,其间隙不应超过1 mm。在距标志板边缘50 mm范围内,不得拼接。

(2)当批量生产版面和规格相同的标志时,可采用丝网印刷的方法。

(3)包装、贮存及运输标志面时,应符合下列规定。

1)采用丝网印刷的标志面应在油墨干透后才可以包装。

2)贴上反光膜的标志板应用保护纸进行分隔,并应存放在室内干燥的地方。标志可以分层贮存,但应用发泡胶把两块标志分隔。标志也可以竖立贮存以减少压力,一些小标志可以悬挂贮存。

3)标志面应有软衬垫材料加以保护,以免搬运中受到刻画或其他损伤。

(4)采用其他标志面材料时,应符合设计文件的规定。

3. 钢构件加工

(1)所有钢构件的钻孔、冲孔、焊接均应按现行《公路桥涵施工技术规范》(JTJ 041—2000)和设计文件的要求在防腐处理之前完成。

(2)所有钢构件在运输过程中不应损伤防腐层。

4. 标志定位与基础设置

(1)所有交通标志均应按设计文件的要求确定设置位置。

(2)标志基础的地基承载力应满足设计文件的规定。设计文件中未规定时,地基承载力不得小于150 kPa。基础的施工应符合现行《公路桥涵施工技术规范》(JTJ 041—2000)的规定,浇筑混凝土时,应注意准确设置地脚螺栓和底座法兰盘。

5. 标志安装

(1)立柱必须在基础混凝土强度达到设计强度的80%以上时才能安装。

(2)路侧柱式标志板可通过抱箍固定在立柱上。

(3)悬臂、门架式标志吊装横梁时,应使预拱度达到设计文件的要求。

(4)标志板安装到位后,应进行板面平整度和安装角度的调整。

6. 里程碑、百米桩、公路界碑制作

(1)里程碑、百米桩、公路界碑应按实际里程准确定位和设置。

(2)里程碑、百米桩、公路界碑等混凝土预制件的施工及强度应符合现行《公路桥涵施工技术规范》(JTJ 041—2000)和设计文件的规定。

(3)除设计文件另有规定外,里程碑、百米桩、公路界碑应根据现行《道路交通标志和标线》(GB 5768—2009)的规定制作和刷漆。

7. 施工质量要求

(1)标志的设置位置及安装角度应符合设计文件的要求。

(2)标志面应平整完好,无起皱、开裂、缺损或凸凹变形。

(3)标志面在夜间车灯照射下,底色和字符应清晰明亮、颜色均匀,不应出现明暗不均和影响认读的现象。

(4)标志板外形尺寸、底板厚度、文字高度、标志面的逆反射性能等应符合设计文件的规定。

(5)标志板下缘至路面的净空高度及标志板内缘距公路边缘线的距离应满足设计文件的要求。

(6)所有钢构件防腐层应均匀、颜色一致,不得有流挂、滴瘤或多余结块,镀件表面应无漏镀等缺陷。

(7)标志基础的地基承载力和规格、强度应符合设计要求。

◆交通标线施工

1. 路面标线的施工

(1)路面应清洁干燥,不得存在松散颗粒、灰尘、沥青渣、油污或其他有害材料。

(2)应根据公路横断面的具体尺寸和设计文件的要求确定标线位置和标线宽度、长度,在路面上画出标线位置。

(3)正式施划前应进行试划,以检验画线车的行驶速度、线宽、标线厚度、玻璃珠撒布量等能否满足要求,调试合格后才能开始正式施工。

(4)施工时,应按设计文件的要求留出排水孔,位于禁止超车线处的突起路标应空出其位置。

(5)对施工中存在的缺陷,应及时修整。

(6)成型标线带和防滑彩色路面标线的施工应符合产品使用说明书的规定。

2. 突起路标的施工

(1)根据设计文件的要求确定突起路标的设置位置,反射体应面向行车方向。

(2)路面和突起路标底部应清洁干燥并涂黏结剂。突起路标就位后,应在其顶部施加压力,排除空气,调整就位。

3. 施工质量要求

(1)路面标线的颜色、形状和标线划法应符合现行《道路交通标志和标线》(GB 5768—2009)和设计文件的规定。

(2)路面标线、突起路标的设置位置和规格应符合设计文件的规定。

(3)标线线形应流畅,与公路线形相协调,曲线圆滑,不得出现折线。

(4)反光标线玻璃珠应撒布均匀,附着牢固,反光均匀。

(5)标线涂料表面不应出现网状裂缝、断裂裂缝、起泡、变色、剥落、纵向有长的起筋或拉槽等现象。

(6)突起路标的抗压荷载应大于160 kN,不得有任何破损开裂。

◆轮廓标的施工

1. 柱式轮廓标施工

(1)柱式轮廓标应按设计文件的规定量距定位。

(2)混凝土基础可采用现浇或预制的方法施工,并应符合现行《公路桥涵施工技术规范》(JTJ 041—2000)的规定,预制时应按设计文件的规定预埋连接件。

(3)柱式轮廓标安装时,柱体应垂直于水平面,三角形柱体的顶角平分线应垂直于公路中心线,柱体与混凝土基础之间可用螺栓连接。

2. 附着式轮廓标施工

(1)附着于梁柱式护栏上的轮廓标可按立柱间距定位,附着于混凝土护栏和隧道侧墙上的轮廓标应量距定位。

(2)附着式轮廓标应按照放样确定的位置进行安装。反射器的安装角度应符合设计文件的规定,安装高度宜尽量统一,并应连接牢固。

3. 施工质量要求

(1)轮廓标安装完成后应与公路线形协调一致,夜间应反光明亮、线条流畅,安装高度宜保持一致。

(2)轮廓标的外形尺寸应符合设计文件的规定。

(3)柱式轮廓标应安装牢固,柱体表面不应有明显的划痕、气泡、裂纹及颜色不均等缺陷。

(4)附着式轮廓标应安装牢固、角度准确、高度一致。

(5)钢构件表面防腐处理应满足设计文件的规定。

5.2 公路绿化工程施工

【基 础】

◆绿化形式

绿化的形式,大致区分为两种,即自然式和整形式。

1. 自然式绿化

这是将大小树木或树木群互相按不等间距布置,使树木群的轮廓线形成不整形的绿化。边坡绿化、公路两侧的空地绿化多采用这种形式。

2. 整形式绿化

这是把形状尺寸相同的树木,以一棵乃至几棵作为一个单位,或者以不同形状尺寸和树种,组成特殊形式作为一个单位,互相按等间距布置的绿化。

◆绿化布置

1. 中央分隔带绿化的布置

一般来说,中央分隔带应采用整形式绿化形式,主要以草坪等植被类和矮树配合种植为标准。当中央分隔带宽度大于 4.0 m 时,可酌情增加高树,按自然式或整形式配合种植;当中央分隔带宽度小于 0.8 m 时,不宜绿化。

2. 路侧绿带的布置

(1)布置方式。当采用窄而分散的布置方式时,应以栽种乔木为主,其优点是护荫能力强,管理方便,造价低廉,但比较单调;当采用宽而集中的布置方式时,一条绿带的宽度宜在 4 m 以上,其优点是:种植品种的选配较为自由,构成景象丰富多样,而且由于绿带厚密,隔声防尘能力强,因此提高了道路的艺术效果。

(2)布置要求。两种布置方式的分段长度均宜大于 500 m,且不应频繁变换;绿带宽度和条数应根据红线宽度、地下管线、道路功能等因素确定。

(3)特殊处理。边坡绿化、种植草皮是主要的绿化方式,但应根据土质条件而定。砂质土宜铺草皮,而黏性土宜播种草籽。道路红线宽度较窄的路段,则不宜布置专门的绿带,而是采用花墙漏窗、矮墙绿篱的手法处理,或采用垂直绿化。

【实　务】

◆场地清理

(1)种植地点和种植区域的轮廓线应由施工单位标出和立桩,在种植区域开工前得到监理工程师认可。

(2)单株种植在开挖或挖掘树坑时,应将表土挖出置于坑边,并与底土分开。石头、碱土、砾土或在开挖中遇到其他有碍于植物生长的物体,应从土壤中分离出来(用筛子筛去)废弃。

(3)灌木坑直径至少 300 mm,大于根球直径或根系展伸直径。灌木坑要有一定深度,当灌木处于坑的适当位置时,灌木根球或灌木根系底部与坑底至少有 150 mm 的空间。

(4)树坑直径应大于 400 mm,并大于保护根土包球的直径或根系展伸直径。树坑深至少 800 mm,当树在坑内处于适当水平高度时,土球或树的根系底部距底应有不少于 200 mm 的空间,树坑周围应修整,其底部应水平。

◆植草地表的准备工作

(1)施工单位应在播种草籽时对植草区域进行开垦,开垦的区域在 150 mm 深度内,消除硬土和硬土层。

(2)施工单位要清理表面的任何碎屑,在合同适用期内,在工地把碎屑垃圾收集起来。

(3)施工单位应向缺少自然表土层或自然表土层的厚度小于100 mm的区域供应铺撒表土,形成不少于100 mm表土生长层。

(4)在地基表土上溅落的水泥、沥青或其他有害物质,以及受到影响的范围都应当挖除,污染土壤的处理依照监理工程师的指示进行。

(5)地表面应当平顺、缓坡及不应有土堆与凹陷,并要稍作预滚压。应当控制人行通道与其他外形的最后剖面,以形成连续高程,除非图中有特殊说明,排水的坡度最小为1:60,最大为1:6。在做这项工作时,应避免过多地取走表土并保证在地表面准备工作结束后,最有效用的表土层深度至少为100 mm。

(6)将准备好的良好的草坪种籽底肥以每公顷285 kg的数量均匀地撒在准备好的苗床上,肥料应深耕至苗床深度100 mm,施肥时间不得超过播种前48 h或播种施肥。

◆材料的质量检查

1.表土

质量要求如下。

(1)施工单位在经过监理工程师批准的情况下可以从道路用地范围内取得合适的表土。

(2)表土的意思为土壤中含有供植物生长的有机物质,无不适合的物质。(如超过25 mm直径的石头、黏土块、杂草、木棍、树根、垃圾以及对植物生长有害的物质)

(3)施工单位可在按监理工程师指示的位置及面积内建立土料堆,土料堆应防风,防雨水冲没,有足够的排水区,并防止车辆往来。在存放期间,不允许料堆上有植物生长。

2.草种

应选择适合于当地气候条件、易于生长的草种,或经监理工程师同意或指示的其他混合草种。混合草种应试验其萌芽情况,其纯度和萌芽率均应达到90%以上。

3.肥料

(1)应优先使用经过沤制的农家肥。

(2)如使用化肥时,应为标准农用化肥并按袋装提供。化学肥料应含有不低于10%的氮、15%的磷酸盐和10%的碳酸钾或根据土壤肥力状况选定。

(3)混合肥料由10%的有机肥、20%的化肥、70%的表土均匀拌和而成。含有不低于上述有效营养成分的液体化肥也可使用。

4.树和灌木

质量要求如下:

(1)送到现场的树木,依据树种,树高应为1.5~3.0 m,树干直径不小于30 mm。灌木种植在坡脚或沟沿,高度应为1.0~1.5 m;种在路中保留地的灌木,高度应为0.6~0.7 m。

(2)所有的树木均应为标准品种或一等品,并且应有正常的良好发育的树枝或根茎系统,并有苗壮的根系。为满足特定的尺寸而过分修剪的大树予以拒收;应无变态的树节,避免有太阳的灼伤及树皮磨损,免遭风或冰冻或其他外形损伤;植物应有健壮旺盛的树节,顶和根茎的修剪正常。所有苗木应为苗圃生长的。树木应具有相当直的树干和良好的杈,根据它们的自然习性生长,树木不能有直径超过 20 mm 没有愈合的伤痕。

(3)灌木应是具有在工程所在区域生长特性的品种。

5. 水

种植或养护植物用水应无油、酸、碱、盐或其他任何有害于苗木生长的物质。

6. 表土的堆放

堆放表土以前,应经检查并批准。

表土应按在设计图所示的位置和深度供给和铺放。施工单位应轻微地拍实表土,使最后的表面平整,达到要求的高度,无土块,随时可以耕作、种植或播种,按要求保证植物根的覆盖层。

◆植草区的播种

1. 撒播草种

(1)播种季节。

1)应在设计图规定的季节正常播种、施肥和覆盖,如设计图未规定具体日期时,应在当地生长季节进行播种、施肥和覆盖。

2)在刮风天不应播种,也不应在过湿或未经耕作的土地上播种。

(2)播种方法。

1)干播。干播法应采用经监理工程师同意的机动播种机、条播机或其他机械设备。对于机械设备不能进入的地区可以用人工播种,播种后的地面应用监理工程师认可的机具在 24 h 内轻轻压实,随即浇水。

2)喷播。喷播一般用于坡度较大的地段,喷播应采用经监理同意的技术方案和机具。喷播前必须按喷播技术要求进行坡面处理,打桩挂网,并保证喷播种子的萌发质量和均匀程度。

(3)播种施工要求。

1)承包人应事先将采用的机具和播种方法通知监理工程师,必要时承包人应在工程开始前做工艺的野外试验。

2)播种时应先浇水浸地,保持土壤湿润,稍干后将表层土耙细耙平,进行撒播,均匀覆土 3~5 mm 后轻压,然后喷水。

3)播种后应及时喷水,水点宜细密均匀,浸透土层 80~100 mm,除降雨天气外,喷水不得间断。亦可用草帘覆盖保持湿度,至发芽时撤除。

4)植生带铺设后覆土、轻压、喷水,方法同播种。

5)坡地和大面积草坪铺设可采用喷播法。

6)除图中另有规定或监理工程师指示外,草籽播种量一般情况下每 1 000 m^2 平地面不少于 6 kg,坡地面不少于 9 kg。

7)将采用的草籽和混合肥料拌和,均匀地撒播到已准备好的表土区内。也可在播种前不多于 48 h 施肥,使肥料深入到表土层内,化肥的施肥量每 1 000 m^2 不少于 70 kg。

2. 铺植草皮

(1)铺植季节。

1) 除非图纸上另有标明或监理工程师指示,铺植草皮应根据不同草皮在当地最适宜的季节进行铺植;种植的适宜季节和草种类型选择应符合《城市绿化工程施工及验收规范》(CJJ/T 82—1999)的要求。

2) 土壤条件不适合种植时不应铺植。

(2)提供草皮、检查及运送。

1) 承包人应在铺植工作前 14 d,向监理工程师提供有关草皮供应来源的全部资料,监理工程师可随时前来检查。所有草皮应符合现行关于植物病害及昆虫传染检疫的法规,承包人应送交监理工程师必要的全部检疫证明。

2) 从采集场地运出前不少于 7 d,承包人应以书面形式通知监理工程师,在采集场地挖移以前检查草皮。监理工程师同意挖移的草皮,并不意味着最后验收。

3) 草皮块运输时宜用木板置放 2~3 层,保护好根系。移植发育充分、并有足够根系的草皮,装卸中应防止破碎。

(3)铺植草皮。在铺植地表的准备工作完成以后,即可铺植草皮,可铺成条状方格。铺草皮时,除平铺外,在边坡较高较陡之处也可铺植,即自坡脚处向上钉铺,用小尖木桩或竹签将草皮钉固于边坡上。铺植的形式,按图纸要求,或根据具体情况,可采用叠铺或方格式铺植,铺植后应进行喷灌浇水。

3. 草坪混播

(1)选择两个以上草种应具有互为利用、生长良好、增加美观的功能。

(2)混播应根据生态组合、气候条件和设计确定草坪植物的种类和草坪比例。

(3)同一行混播草坪应按确定比例混播在一行内,隔行混播应将主要草种播在一行内,另一行草种播在另一行内,混合撒播应筑播种床育苗。

◆植树

(1)除图中说明或监理工程师有所指示外,落叶植物应在早春种植,大约 1 个月以后种植常青树。

(2)在运输之前,所有的植物应立即掘出,包扎打捆,为运输做好准备,应按照园艺实践技术精心护理。

(3)任何时候,所有植物的根系不得干燥也不得暴露在任何人工热源或冰冻温度里。在运输过程中,所有植物必须良好地包装,以确保其不受风吹日晒与气候和季节的侵害。所有的裸根植物根系必须包装在有稀泥和其他适用材料的稻草袋内。

所有灌木和常青树都应有草袋和泥土球包装,草袋在运输到现场及种植时必须保持完好,泥土球必须坚固。

供应的裸根落叶树和灌木,应将根系放入足够密度的泥浆中,使全部的根系粘有泥浆。

树冠应仔细捆好,以防折断树枝。

(4)地面覆盖物,多年生植物和其他类似的植物应放在合适的盆或容器中,根系应很好保护。植物生长良好,从容器中移出后有足够的带土的根,同时未被束缚。

(5)运到现场的每株植物都应带有清楚的标签,作为一个单件,每一捆、每一包或容器装有一或多株植物,也要有这种标签。

(6)不允许用替代品种,除非得到监理工程师的批准。

(7)运送到现场不种的植物或当天种不完的植物应采取下列专门的保护措施。

1)裸根的植物应当散捆,侧放在沟内,植物之间留有空间,所有的根部要培土和保持潮湿。

2)草袋内和土球包的植物,应当用土、稻草或其他合适的材料保护土球,保持湿润,防止根系受干。

(8)所有植物应防止过热或过冷,并应存放在阴凉处,防风、防晒。

(9)对裸根植物,坑底部应有大约150 mm深度的松表土,撒入大约2.5 kg有机肥料(视表土质量而定)。用50~100 mm厚回填土层盖住肥料,以防止根部直接接触肥料。

(10)施工要求。裸根植物置于树坑中央,根部按天然情况适当散开。折断或损坏的根,应当剪掉,以保证根部良好的生长。然后小心地围绕根部进行回填,适当地和充分地压实。当回填到根系一半深度时,植物要轻轻地向上提起,以排除空隙。然后回填树坑,土层厚度为150 mm,要压密实。对单株植物应有一个深150 mm、直径等于树坑直径的蓄水浅坑。回填的树坑要彻底灌水,直到表面成泥浆。

第6章 公路工程施工管理

6.1 公路工程质量管理

1. 质量管理过程

为了加强项目的质量管理,明确整个质量管理过程中的重点所在,可将公路工程项目质量管理的过程分为三个阶段,即事前控制、事中控制和事后控制,如图6.1所示。

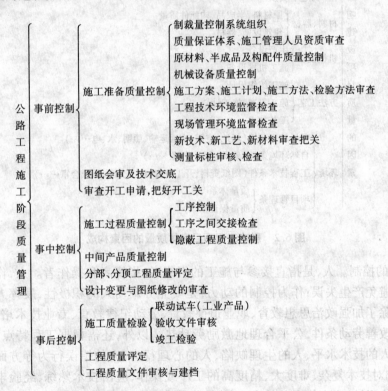

图6.1 公路工程施工阶段质量管理的阶段

(1)事前控制。即对工程施工前准备阶段进行的质量控制。它是指在各工程对象正式施工活动开始前,对各项准备工作及影响质量的各因素和有关方面进行的质量控制,也就是对投入工程项目的资源和条件的控制。

(2)事中控制。即对施工过程中进行的所有与工程最终质量有关的各环节的质量控制,也包括对施工过程中的中间产品(工序产品或分部、分项工程产品)的质量控制,也称为过程控制。

(3)事后控制。是指对通过施工过程所完成的具有独立功能和使用价值的最终产品(单位工程或整个工程项目)及其有关方面(例如质量文档)的质量进行控制,也就是已完工程项目的质量检验验收控制。

2.施工质量控制影响因素

施工阶段的质量控制是一个由投入物质量控制→施工过程质量控制→产出物质量控制的全过程、全系统的控制过程。由于公路工程施工也是一种物质生产活动,因此在全过程系统控制过程中,应对影响工程项目实体质量的五大因素实施全面控制。五大因素系指:人(Man)、材料(Material)、机械(Machine)、方法(Method)、环境(Environment),简称4M1E质量因素。具体构成如图6.2所示。

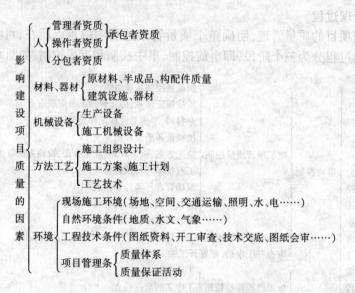

图6.2 影响工程项目实体质量的因素构成

(1)人的控制。人,是指直接参与施工的组织者、指挥者和操作者。人,作为控制的对象,是要避免产生失误;作为控制的动力,是要充分调动人的积极性,发挥人的主导作用。因此,除了加强政治思想教育、职业道德教育、劳动纪律教育、专业技术培训,健全岗位责任制,改善劳动条件,公平合理地激励劳动热情以外,还需根据工程特点,从确保质量出发,在人的技术水平、人的生理缺陷、人的心理行为、人的错误行为等方面来控制人的使用。如对技术复杂、难度大、精度高的工序或操作,应由技术熟练、经验丰富的工人来完成;反应迟钝、应变能力差的人,不能操作快速运行、动作复杂的机械设备;对某些要求万无一失的工序和操作,一定要分析人的心理行为,控制人的思想活动,稳定人的情绪;对具有危险源的现场作业,应控制人的错误行为,严禁吸烟、打赌、嬉戏、误判断、误动作。

此外,应严格禁止无技术资质的人员上岗操作;对不懂装懂、图省事、碰运气、有意违章的行为,必须及时制止。总之,在使用人的问题上,应从政治素质、思想素质、业务素质和身体素质等方面综合考虑,全面控制。

(2)材料控制。材料控制包括原材料、成品、半成品、构配件等的控制,主要是严格检查验收,正确合理地使用,建立管理台账,进行收、发、储、运等各环节的技术管理,避免混料和将不合格的原材料使用到工程上。

(3)机械控制。施工机械设备是现代公路施工必不可少的设施,是反映一个施工企业力量强弱的重要方面,对工程项目的施工进度和质量有直接影响。施工时,要根据不同工艺特点和技术要求,选用合适的机械设备,正确使用、管理和保养好机械设备。为此要健全"人机固定"制度、"操作证"制度、"交接班制度"、"岗位责任制度"、"安全使用"制度、"技术保养"制度、"机械设备检查"制度等,确保机械设备处于最佳使用状态。

(4)方法控制。这里所指的方法控制,包含施工方案、施工工艺、施工组织设计、施工技术措施等的控制,主要应结合工程实际、能解决施工难题、技术可行、经济合理,有利于保证质量、加快进度、降低成本。

(5)环境控制。创造良好的施工环境,对于保证工程质量和施工安全,实现文明施工,树立施工企业的社会形象,都有很重要的作用。环境控制,既包括对自然环境特点和规律的了解、限制、改造及利用问题,也包括对管理环境及劳动作业环境的创设活动。

影响工程质量的环境因素较多,根据工程特点和具体条件,应对影响质量的环境因素,采取有效的措施严加控制。尤其是施工现场,应建立文明施工和文明生产的环境,保持材料工件堆放有序,工作场所清洁整齐,道路畅通,施工程序井井有条,为确保质量、安全创造良好条件。

3. 公路工程质量改进

(1)质量改进应坚持全面质量管理的 PDCA 循环方法。随着质量管理循环的不停进行,解决了原有的问题,又产生了新的问题,不断产生而又不断解决问题,如此循环不止,每一次循环都把质量管理活动推向一个新的高度。

(2)坚持"三全"管理:"全过程"质量管理指的就是在产品质量形成全过程中,把可以影响公路工程质量的环节和因素控制起来;"全员"质量管理就是上至项目经理下至一般员工,全体人员行动起来参加质量管理;"全面"质量管理就是要对项目各方面的工作质量进行管理。这个任务不仅由质量管理部门来承担,而且项目的各部门都要参加。

(3)质量改进要运用先进的管理办法、专业技术和数理统计方法。

6.2 安全控制管理

安全管理是保证公路工程施工企业处于职业健康安全状态的重要基础,是公路工程施工企业职业健康安全系统管理的关键。在公路工程施工中多单位、多工种集中在一个场地,而且人员、作业位置流动性较大,因此,加强对施工现场各种要素的控制和管理,对减少职业健康安全事故的发生非常重要。

1. 安全控制程序

公路工程安全控制程序如图 6.3 所示。

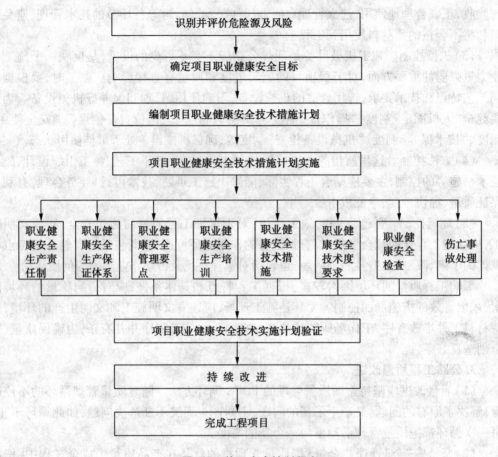

图6.3 施工安全控制程序

2. 安全生产责任制

为贯彻落实党和国家有关职业健康安全生产的政策法规,明确项目各级人员、各职能部门职业健康安全生产责任,保证施工生产过程中的人身安全和财产安全,根据国家及上级有关规定,特制订项目职业健康安全生产责任制度。

(1)总包单位的职责。

1)总包的项目经理是项目职业健康安全生产的第一负责人,必须认真贯彻执行国家和地方有关职业健康安全规范、法规、标准,严格按文明安全工地标准组织施工生产。确保实现文明安全工地达标计划和实现职业健康安全控制指标。

2)建立健全职业健康安全生产保证体系,根据职业健康安全生产组织标准和工程规模设置职业健康安全生产机构,配备职业健康安全检查人员,并设置5~7人(含分包)的职业健康安全生产领导小组或职业健康安全生产委员会,定期召开会议(每月不少于一次),负责对本项目职业健康安全生产工作的重大事项及时做出决策,组织督促检查实施,并将分包的职业健康安全人员纳入总包管理,统一活动。

3)在编制、审批施工组织设计或施工方案和冬雨季施工措施时,必须同时编制、审批职业健康安全技术措施,如果改变原方案时必须重新报批,并经常检查措施、方案的执行情况,对于无措施、无交底或针对性不强的,不准组织施工。

4)项目经理部的有关负责人、特种作业人员、施工管理人员必须经当地政府职业健康安全培训、年审取得资格证书、证件的才有资格上岗,凡在培训、考核范围内未取得职业健康安全资格的特种作业人员、施工管理人员不准直接从事特种作业和组织施工管理。

5)强化职业健康安全教育,除对全员进行职业健康安全技术知识和职业健康安全意识教育外,要强化分包新入场人员的"三级职业健康安全教育",教育面必须达到100%,经教育培训考核合格,做到持证上岗,同时要坚持转场和调换工种的职业健康安全教育,并做好记录、登记建档工作。

6)根据工程进度情况除进行季节性、不定期的职业健康安全检查外,工程项目经理部每半月由项目执行经理组织一次检查,每周由职业健康安全部门组织各分包进行专业(或全面)检查。对查到的隐患,责成分包和有关人员限期或立即进行消项整改。

7)项目部(总包方)与分包方应在工程实施之前或进场的同时及时签订含有明确职业健康安全目标和职责条款划分的经营(管理)合同或协议书,当不能按期签订时,必须签订临时职业健康安全协议。

8)根据工程进展情况和分包进场时间,应分别签订年度或一次性的职业健康安全生产责任状或责任书,做到总分包在职业健康安全管理上责任划分明确,有奖有罚。

9)项目部实行"总包方统一管理,分包方各负其责"的施工现场管理体制,负责对发包方、分包和上级各部门或政府部门的综合协调管理工作。工程项目经理对施工现场的管理工作负全面领导责任。

10)项目部有权限期责令分包将不能尽责的施工管理人员调离本工程,重新配备符合总包要求的施工管理人员。

(2)分包单位的职责。

1)分包的项目经理、主管副经理是职业健康安全生产管理工作的第一责任人,必须认真贯彻执行总包的有关规定、标准和总包的有关决定和指示,按总包的要求组织施工。

2)建立健全职业健康安全保证体系。根据职业健康安全生产组织标准设置职业健康安全机构,配备职业健康安全检查人员,每50人要配备一名专职安全人员,不足50人的要设兼职安全人员,并接受工程项目职业健康安全部门的业务管理。

3)分包在编制分包项目或单项作业的施工方案或冬雨季方案措施时,必须同时编制职业健康安全消防技术措施,并经总包审批后才能实施,如果改变原方案时必须重新报批。

4)分包必须按规定执行职业健康安全防护设施、设备验收制度,并履行书面验收手续,建档存查。

5)分包必须执行逐级职业健康安全技术交底制度和班、组长班前安全讲话制度,并跟踪检查管理。

6)分包必须接受总包及其上级主管部门的各种职业健康安全检查并接受奖罚。在生产例会上应先检查、汇报职业健康安全生产情况。在施工生产过程中切实把好职业健康安全教育、检查、措施、交底、文明、防护、验收等七关,做到预防为主。

7)分包必须按总包的要求实行重点劳动防护用品定点厂家产品采购、使用制度,对个人劳动防护用品实行定期、定量供应制,并严格按规定要求佩戴。

8) 强化职业健康安全教育,除对全体施工人员进行经常性的职业健康安全教育外,对新入场人员必须进行三级职业健康安全教育培训,做到持证上岗,同时要坚持转场和调换工种的职业健康安全教育;特种作业人员必须经过专业职业健康安全技术培训考核,持有效证件上岗。

9) 凡因分包单位管理不严而发生的因工伤亡事故,所造成的一切经济损失及后果由分包单位自负。

10) 各分包方发生因工伤亡事故,要立即用最快捷的方式向总包方报告,并积极组织抢救伤员,保护好现场,如果由于抢救伤员必须移动现场设备、设施者要作出记录或拍照。

11) 对职业健康安全管理纰漏多,施工现场管理混乱的分包单位除进行罚款处理外,对问题严重、屡犯不改,甚至不服管理的分包单位,予以解除经济合同。

(3) 业主指定分包单位。

1) 必须具备与分包工程相应的企业资质,并具备"公路工程施工企业安全资格认可证"。

2) 建立健全职业健康安全生产管理机构,配备安全员;接受总包的监督、协调和指导,实现总包的职业健康安全生产目标。

3) 独立完成职业健康安全技术措施方案的编制、审核和审批;对自行施工范围内的职业健康安全措施、设施进行验收。

4) 对分包范围内的职业健康安全生产负责,对所辖职工的身体健康负责,为职工提供安全的作业环境,自带设备与手持电动工具的安全装置齐全、灵敏可靠。

5) 履行与总包和业主签订的总分包合同及《安全管理责任书》中的有关安全生产条款。

6) 自行开展总包规定的各项职业健康安全活动。

7) 自行完成所辖职工的合法用工手续。

3. 安全事故预防措施

为了便于掌握和切实达到预防事故和减少事故损失,应采取下列职业健康安全事故预防措施。

(1) 改进生产工艺,实现机械化、自动化。随着科学技术的发展,施工企业不断改进生产工艺,加快了实现机械化、自动化的过程,促进了生产的发展,提高了职业健康安全技术水平,大大减轻了工人的劳动强度,保证了职工的职业健康安全。因此,在编制施工组织设计时,应尽可能优先考虑采用新工艺、机械化、自动化的生产手段,为职业健康安全生产、预防事故创造条件。

(2) 设置安全装置。

1) 防护装置。防护装置就是用屏保方法与手段把人体与生产活动中出现的危险部位隔离开来的设施和设备。

2) 保险装置。保险装置是指机械设备在非正常操作和运行中能够自动控制和消除危险的设施设备。也可以说它是保障设施设备和人身职业健康安全的装置。如锅炉、压力容器的安全阀,供电设施的触电保安器,各种提升设备的断绳保险器等。

3)信号装置。信号装置是利用人的视、听觉反应原理制造的装置,它是应用信号指示或警告工人该做什么、该躲避什么。信号装置的本身不包括排除危险的功能。它只是提示工人注意,遇到不安全状况立即采取有效措施脱离危险区或采取预防措施。因此,它的效果取决于工人的注意力和识别信号的能力。

4)危险警示标志。危险警示标志是警示工人进入施工现场应注意或必须做到的统一措施。通常它以简短的文字或明确的图形符号予以显示。如:"禁止烟火!""有电!""危险!"等。各类图形通常配以红、黄、蓝、绿颜色,红色表示危险禁止,黄色表示警告,蓝色表示指令,绿色表示安全。国家发布的职业健康安全标志对保持职业健康安全生产起到了促进作用,必须按标准予以实施。

(3)预防性的机械强度试验和电气绝缘检验。

1)预防性的机械强度试验。施工现场的机械设备,尤其是自行设计组装的临时设施和各种材料、部件、构件均应进行机械强度试验,必须在满足设计和使用功能时才能投入正常使用。有些还必须定期或不定期地进行试验,如施工用的钢丝绳、钢筋、钢材、机件及自行设计的吊兰架、外挂架子等,在使用前必须做承载试验,这种试验,是确保施工职业健康安全的有效措施。

2)电气绝缘检验。电气设备的绝缘是否可靠,不仅是电气工作人员的职业健康安全问题,也关系到整个施工现场财产、人员的安危。由于施工现场多工种联合作业,使用电气设备的工种不断增多,更应重视电气绝缘问题。因此,要保证良好的作业环境,使机电设施、设备正常运转,不断更新老化及被损坏的电气设备和线路是必须采取的预防措施。为及时发现隐患,消除危险源,则要求在施工前、施工中、施工后均应对电气绝缘进行检验。

(4)机械设备的维修保养和有计划的检修。随着施工机械化的发展,各种先进的大、中、小型机械设备进入工地,但由于公路工程施工要经常变化施工地点和条件,机械设备不得不经常拆卸、安装,就机械设备本身而言,各零部件也会产生自然和人为的磨损,如果不及时的发现和处理,就会导致事故发生,轻者影响生产,重者将会机毁人亡,给企业乃至社会造成无法弥补的损失。因此,要保持设备的良好状态,提高它的使用期限和效率,有效地预防事故就必须进行经常性的维修保养。

(5)文明施工。当前开展文明安全施工活动,已纳入各级政府及主管部门对企业考核的重要指标之一。一个工地是否科学组织生产,规范化、标准化管理现场,已成为评价一个企业综合管理素质的一个主要因素。

实践证明,一个施工现场如果做到整体规划有序、平面布置合理、临时设施整洁,原材料、构配件堆放整齐,各种防护齐全有效,各种标志醒目、施工生产管理人员遵章守纪,那么这个施工企业一定能获得较大的经济效益、社会效益和环境效益。反之,将会造成不良的影响。因此,文明施工也是预防职业健康安全事故,提高企业素质的重要手段。

(6)合理使用劳动保护用品。适时地供应劳动保护用品,是在施工生产过程中预防事故、保护工人职业健康安全和健康的一种辅助手段。它虽不是主要手段,但在一定的时间、地点条件下确能起到不可估量的作用。

6.3 公路工程施工环境保护

1. 公路施工对环境的影响及防治

（1）公路施工对生态环境的影响及防治。

1）公路施工对生态环境的影响。

①道路的廊道与分割效应。对于生物来说，尤其是对地面的动物，公路的建设导致自然生境的人为分割，使生境岛屿化，不利于生物多样性的保护。许多自然保护区需要建立与其他自然保护区域、自然地域的通道，以避免生境岛屿化造成的生物多样性受损，这就是经常所说的"生物走廊"。

②水文影响。公路建设会改变地表径流的固有态势，从而造成冲、涝、淤、渍等局部影响。

③对土地利用的影响。公路建设对土地利用的影响较为显著，将改变沿线被征用土地的利用现状，其中对耕地的占用较为突出。

④生态敏感地区的影响。交通运输线路长，会穿越各种生态系统，其中不可避免地会涉及一些特殊、敏感的生态能区，如荒地、湿地、天然森林、森林公园、自然保护区、水源保护区、风景名胜区、特殊地质地貌区以及自然灾害多发区、生态脆弱区等。

2）防治措施。

①充分考虑公路环保措施，严格控制公路占地面积和临时用地规模，减少对植被和耕地的破坏；避开环境敏感性区域，如学校、医院、工厂、名胜古迹、自然保护区、湿地和鸟类栖息地、军事设施和精密仪器基地等。

②重视水土资源，减少水土流失。工程设计应充分考虑水土流失预防措施，一是设计时注意填挖平衡，减少土石方量，减少借土、弃土；二是做好沿线排水设计；三是做好边坡防护设计工作，确保边坡稳定，以减少将来使用过程中发生不良病害，并应根据地质情况多采用种草植树的绿化护坡方法；四是合理取土、规范弃土、少占良田、保护耕地，应尽可能在荒地或低产耕地集中取土，取土后对取土坑进行后期利用；弃方应集中堆弃，不占农田，堆弃后应上覆表土，播种绿化。

③注意保持原有的灌溉系统和自然水网体系。

a. 桥梁设计尽可能避免影响河流水文、水流特征，做到顺应地形和原水体流向。

b. 避免改移或堵塞大型河沟。

c. 对小型排灌系统如果遭到破坏应予以恢复或加以调整，合理设置小桥涵位置，必要时对原有排灌体系进行优化合并或改移。

d. 做好项目自身的排水系统，增加必要构造设施以防止路基路面排水对农田水利的冲击。

④做好公路沿线景观设计工作。

a. 公路选线、定线时，要尽可能与地形、地貌相吻合，减少土石方量，减少对自然风景的破坏，避开受保护的景观空间。

b. 重视路线空间造型设计，包括路线线型（平面、纵面、平纵组合）和其他景观因素

(边坡、挡墙、分隔带、护栏、路面标线、标志牌、广告牌、收费站及服务区建筑等)的造型设计。

c. 做好沿线绿化设计工作,利用绿化来补充和改善沿线景观,如边坡尽量采用种草植树的护坡方式。

(2)公路施工噪声及振动的影响与防治。

1)公路施工噪声及振动的影响。在公路施工期间,各种作业机械和运输车辆产生施工噪声,对环境产生一定影响。施工机械不单是噪声源,同时也是振动源。

大多数施工机械 5.0 m 处的声级在 80~90 dB 之间,运输车辆 7.5 m 处的声级在 80~86 dB 之间。表 6.1 为主要施工机械不同距离处的噪声级。当多台不同机械同时作业时,声级将叠加。增加值在 1~8 dB 之间,根据施工机械的种类、数量、相对分布的距离等因素而不同。

表 6.1 主要施工机械不同距离处的噪声级

单位:dB

距离/m 机械名称	5	10	20	40	60	80	100	150	200	300
装载机	90	84	78	72	69	66	64	61	58	55
振动式压路机	86	81	74	68	65	62	60	57	54	51
推土机	86	80	74	68	65	62	60	57	54	51
平地机	90	84	78	72	69	66	64	61	58	55
挖掘机	84	78	72	66	63	60	58	55	52	49
摊铺机	87	81	75	69	66	63	61	58	55	52
拌和机	87	81	75	69	67	63	61	58	55	52

除了打桩和爆破作业外,其他施工阶段的一般施工噪声的达标距离,在昼间约需 60 m,而在夜间则需 200 m,甚至更远。因此,大型施工场地的选址,应尽可能离开居民集中点 200 m 以外,否则应停止夜间高噪声作业的施工。

2)防治措施。

①合理选址。施工人员生活区、大型施工场地以及水泥混凝土拌和场、沥青混凝土拌和场、碎石厂在选址时,应尽可能远离医院、学校、幼儿园、敬老院、居民集中区等环境敏感点,最好在 200 m 以上。如果无法达到此要求,可对强噪声源采取消声、隔声、减振等措施。

②选用低噪声、低振动的施工工艺。例如用钻孔灌注桩或静压桩代替冲击桩;用多点少量(炸药)代替大剂量爆破;用挖掘机代替爆破。

③加强施工机械和运输车辆的保养、维修。

④环境敏感点附近施工采取防治措施。在医院、学校、幼儿园、敬老院、居民集中区等环境敏感点附近施工时,应采取以下措施。

a. 在施工场界设置临时隔声围护。

b. 高噪声作业避开学校的上课时段、医院及敬老院的午间休息时段。

c. 利用学校的固定节假日、寒暑假进行某些特定的高噪声作业。

d. 夜间停止包括打桩在内的高噪声(高振动)作业,确需连续作业的,应报当地环保部门批准,并公告居民。

e. 夜间不准开山放炮。

(3)公路施工废水的影响及防治。

1)公路施工废水对环境的影响。公路建设项目施工过程中对水环境的影响主要来自施工作业中的生产废水和施工人员生活污水两方面。施工作业的生产废水主要指工程中各大、中、小桥梁建设过程中钻孔桩污水和施工机械所产生的含油污水等。

①桥梁施工的影响。桥梁施工中对水体的影响主要是建设桥桩时采用钻孔灌注桩,其对河道水体的影响主要是钻孔扰动河水使底泥浮起,局部悬浮物(SS)增加,河水变得比较浑浊。

②施工人员生活污水的影响。公路施工时,施工人员集中生活,在特大桥、大桥、互通立交等大型施工场地,施工人员可达数百人。如果施工营地直接排放生活污水,对附近河道会产生一定的污染。

③施工物料流失的影响。公路建设由于建筑材料堆放、管理不当,尤其是易流失的物资如土方、黄沙等露天堆放,遇暴雨时将可能由于冲刷进入水体,建材在运输过程中的散落,也会随雨水进入附近的水体;而施工中,如果水泥拌和后没有及时使用造成废弃等,部分建材也会随雨水进入附近的水体。

④机修及洗车废水的影响。公路建设中的汽车维修站及施工设备维修站的污水,常含有泥沙和油类物质,如果不经过处理直接排入周围水体,必将造成水域的油类污染。

2)防治措施。

①实施清洁生产,减少废水量。

②开展环境宣传,提高环境意识。

③开展科学研究,采用先进技术。

④从全局出发,妥善处理废水。

(4)公路施工对空气环境的影响及防治。

1)公路施工对空气环境的影响。公路施工阶段,对空气环境的污染主要来自施工扬尘、施工车辆尾气及路面铺浇沥青的烟气。

①施工扬尘对环境的影响。车辆行驶扬尘,拌和扬尘,堆场扬尘。

②沥青烟气对环境的影响。沥青混凝土路面施工阶段的空气污染除扬尘外,沥青烟气是主要污染源,会对附近的居民产生一定的影响。

2)防治措施。

①运输扬尘的防治。运输道路应定时洒水,每天至少两次(上、下班);粉状材料应袋装或罐装,粉煤灰采用湿装湿运。土、石灰、水泥等材料运输时禁止超载,并盖篷布,如果有撒落,应派人立即清除。

②灰土拌和。合理安排拌和场并集中拌和,尽可能减少拌和场;灰土拌和场不得选在环境敏感点上风向,与其距离应在200 m以上。

③水泥混凝土拌和。水泥混凝土集中拌和,封闭装罐运输;水泥混凝土拌和场不得

选在环境敏感点上风向,与其距离应在300 m以上。

④沥青混凝土拌和。沥青混凝土集中拌和,合理安排沥青混凝土拌和场;沥青混凝土拌和场不得选在环境敏感点上风向,与其距离应在300 m以上。

(5)公路建设对社会环境的影响及防治。

1)公路建设对社会环境的影响。

①对社会经济的影响。公路建设对沿线区域的社会经济发展有积极的促进作用,公路建设将促进沿线区域的城镇化进程。

②对基础设施的影响。对水、电等基础设施的影响,对其他道路的影响。

③征地拆迁的影响。

④对文物保护的影响。

⑤对人员交往的阻隔。

2)减缓公路建设对社会环境影响的措施。

①节约用地。

a. 在施工招标时,应将耕地保护的条款列入招标文件。

b. 项目法人要增强耕地保护意识,统筹工程实施临时用地,加强科学指导。

c. 施工单位要严格控制临时用地数量,施工便道、各种预制场、料场要根据工程进度统筹考虑,尽可能设置在公路用地范围内或利用荒坡、废弃地。

d. 进行公路绿化,对公路沿线是耕地的,要严格控制绿化带宽度。

e. 农村公路改建要贯彻因地制宜,充分利用旧路资源的原则,尽可能在原有路基基础上加宽改造,尽量减少占地,保护基本农田。

f. 公路建设中废弃的旧路要尽可能造田复垦,不能复垦的要尽量绿化,以免闲置浪费。

②减小施工对当地交通的影响。

③做好与水、电、通信等部门的协调工作。

④其他措施。根据沿线实际情况,增加或改移通道、天桥等,减少对人群生产、生活、上学、交往的阻隔;对临时用地进行清理、平整、恢复等。

2. 公路施工环境保护

(1)施工临时用地。

1)为避免因选地址不慎造成的生态影响,基本上应采取避让的措施。通过实地踏勘,避开各种生态敏感点,对于公路施工区域附近可能存在的生态敏感点,应加强管理,防止产生人为干扰。

2)施工区域邻近农村或城镇的居民点时,应尽可能租用当地的民居作为施工生活区。如果没有现成的房屋可以租用,应尽可能避开农、林等生产用地。

(2)生活、办公区及实验室。

1)妥善处理生活垃圾。

2)修建临时性污水处理设施。

3)厨房应设置排风系统。

4)施工噪声应当符合现行国家标准《建筑施工场界噪声限值》(GB 12523—1990)的

规定。

5)放射源的服役、退役管理必须严格执行《中华人民共和国放射性污染防治法》。

(3)临时施工道路。

1)应规划好临时施工道路的路线走向,以减少植被破坏为首要原则,尽可能利用现有道路;如果没有现成道路可利用,则应严格控制施工道路修筑边界,路线走向必须绕开各种生态敏感点(区)。

2)对于施工道路边界上可能出现的土质裸露边坡,应有临时防护设施。

3)施工便道属临时设施,载重汽车来往频繁,容易损坏,应随时保持运行状态良好,减少扬尘污染。

4)运输车辆行驶产生的扬尘影响植物(作物)正常的繁殖和发育过程,应通过路面硬化处理以及定期清扫、洒水等来抑制扬尘的发生,路面应始终保持湿润。

5)施工噪声应当符合国家规定的施工场界排放标准。(该阶段施工场界噪声的限值为昼间75 dB、夜间55 dB)

6)在施工前,应对现场初始的地形地貌、地表植被等自然特征有客观的文字描述和完整的影像记录,以作为将来进行恢复的参考和依据。施工结束后,必须恢复临时占用土地原有的土地利用功能。

(4)路基施工环境保护要点。路基施工应做好临时排水,并与永久性排水系统相结合,以免积水及冲刷边坡,弃土场、取土场应作好水土保持措施,施工产生的扬尘、噪声、振动应减少到最低限度。

1)场地清理及结构物拆除。开挖施工中表层土保护是一个重点环境保护问题,表层土流失除引起水土流失外,也可能引发一系列生态平衡失调,如植被丢失、景观破坏等。地表清理及结构物拆除潜在环境影响见表6.2。

表6.2 地表清理及结构物拆除潜在环境影响

活动内容	潜在影响
清除草丛、树木等	1)生态破坏 2)水土流失
清淤	水土流失
结构物拆除	1)扬尘 2)噪声 3)损坏景观
废弃物处理	1)废弃物流失 2)传播病媒
场地内积水处理	1)水污染 2)传播病媒

①结构物拆除。路基用地范围内的旧路面、旧桥梁、旧涵洞和其他障碍物的拆除,如果周围30 m范围内有居民点的,在拆除时宜整体大部件吊装移除,减少粉尘排放,并且在拆除前应充分洒水,使被拆体保持湿润并对正常排水作出妥善安排。拆除的废弃物应

及时清运,以免造成二次污染。

②表土保护。清除的表土可集中堆放在弃土场内,以备将来临时用地生态恢复或造田时使用。

③植被保护。在清除表层淤泥、杂草前,应明确清理对象和范围,不应只考虑方便施工而任意破坏沿线两侧的植被。

④文物保护。对施工中发现的文物,承包人要立即停工保护现场,经过文物保护专家现场调查后,再采取相应的措施。

2)路基开挖,路基开挖潜在环境影响见表6.3。

表6.3 路基开挖潜在环境影响

活动内容	潜在影响
土石方开挖	1)生态破坏 2)水土流失 3)噪声 4)扬尘 5)损坏景观
土石方运输	1)沿路撒落 2)随意丢弃
挖掘机、装载机等作业	1)噪声 2)漏油 3)扬尘 4)有害气体
运输车辆	1)噪声 2)尾气 3)扬尘

路基开挖对沿线植被及动物栖息地将造成永久性的破坏。此外,土壤的剥离与开挖容易造成土壤结构的破坏和肥力的下降。

①土石方开挖。

a.将开挖范围严格控制在施工范围内,不应只考虑方便施工而任意破坏施工范围之外的土壤和植被。

b.路基开挖,应有相应的土石方调配方案,尽可能利用。

c.对于施工取土,需做到边开采边平整边绿化,同时要做到计划取土、及时还耕。

d.为避免雨季施工带来的严重水土流失,挖、填方工程量过大的路段应避开雨季施工。

e.开挖回填时应做好临时排水系统,雨季来临前将开挖回填、弃方的边坡处理完毕。

f.在有雨水地面径流汇集处开挖路基时,或在临时土堆周围,以及其他容易产生水土流失的地段,应设置沉淀池,作用是雨水流经时减慢流速使泥沙下沉,以免水土流失。

②石方爆破。

a.凡不能采用人工或机械直接开挖的石方,才可采用爆破法开挖,石方爆破作业应查明地下管线、空中缆线的位置,确定爆破作业的危险区域,并采取有效措施防止人、畜、建筑物和其他公共设施受到危害和损失。

b. 石方开挖,应充分重视挖方边坡稳定性。在地质、地形、开挖断面适合时,应采取预裂、光面爆破技术开挖边坡,减少对山体的扰动,保持边坡稳定。

c. 夜间禁止开山爆破。敏感点及文物保护附近禁止开山放炮,确需放炮作业的,应先检查被保护建筑是否属于危房,适当加固,并加以阻挡和防护,防止飞石,减少振动对建筑物的影响。

d. 在森林或山地等野生动物分布较集中的区域,爆破前宜采用人工手段驱赶爆破区内可能存在的野生动物,以免由于爆破造成意外死亡。

③边坡修整。

a. 边坡开挖后露出的块石及植物根系应尽可能予以保留,以减少开挖面土壤的散落。

b. 及时开始边坡的护坡工程和绿化植草,土木工程和生物工程相结合。

④污染控制。

施工机械引起的扬尘、噪声、振动,符合国家规定的相关要求,在学校、疗养院、居住区等敏感点附近,夜间应停止作业,如果确需连续作业,应报环保部门批准,并公告居民。该阶段施工场界噪声限值为昼间 75 dB、夜间 55 dB。

3)路堤填筑。路堤施工中,环境保护的重点控制对象是施工便道、砂石料场及其施工沿线的敏感点等,路堤填筑应采取有效的环保措施防止水土流失、边坡冲刷,确保路基稳定。

①施工便道。对于新开施工便道,要控制便道的范围,防止大面积破坏沿线植被;尽可能利用原有道路作为施工便道,控制重点是运输车辆噪声和便道洒水降尘等,路堤填筑潜在环境影响见表6.4。

表6.4 路堤填筑潜在环境影响

活动内容	潜在影响
土石方运输	1)沿路撒落 2)随意丢弃
借方作业	1)噪声 2)漏油 3)扬尘 4)有害气体
运输车辆	1)噪声 2)尾气 3)扬尘
压路机、夯实机械等	1)噪声 2)漏油 3)有害气体
履带式设备行驶	对道路场地破坏

续表6.4

活动内容	潜在影响
施工设备、车辆等维修保养	1)机油洒弃 2)零配件丢弃 3)包装物丢弃
土工格栅等铺设	边料丢弃

②砂石料场。开采之前,环境监理工程师应严格规定其开采范围(开采深度和放坡比例),并作明显的标记。承包人应在批准的开采范围内,严格按要求作业。

(5)路面施工环境保护要点。路面施工过程中,其基层和面层对环境的潜在影响分别见表6.5、表6.6。

表6.5 路面基层潜在环境影响

活动内容	潜在影响
拌和场地准备	1)植被破坏 2)水土流失
拌和场搬运、安装	1)噪声 2)扬尘
拌和场运行	1)噪声 2)水土污染 3)有害气体
混合料运输	沿路撒落
现场砂、石料堆放	扬尘
水泥、石灰及矿粉	1)空气污染 2)土壤污染
破碎机、振动筛等	1)噪声 2)扬尘 3)振动
摊铺、压实设备运行	1)噪声 2)扬尘 3)漏油 4)有害气体
各种运输车辆	1)噪声 2)扬尘 3)漏油 4)有害气体
夜间拌和场强光直射	强光

表6.6 沥青混合料面层潜在环境影响

活动内容	潜在影响
拌和场地准备	1)植被破坏 2)水土流失
拌和场搬运、安装	1)噪声 2)扬尘
拌和场运行	1)噪声 2)环境污染 3)有害气体
现场砂、石、矿粉等堆放	扬尘
沥青废料	液体废弃物
沥青混合料运输	沿路撒落
破碎机、振动筛等	1)噪声 2)扬尘 3)振动
摊铺、压实设备运行	1)噪声 2)扬尘 3)漏油 4)有害气体
各种运输车辆	1)噪声 2)扬尘 3)漏油 4)有害气体
夜间拌和场强光直射	强光

路面拌和场应远离自然村落,并在其常年主导风向下风处,场地应硬化处理。沥青路面拌和设备配料除尘装置应保持良好的除尘效果,施工过程中剩余的废弃物必须及时收集到弃料场集中处理,不得随意抛弃。路面施工应与路基、桥梁施工有合理的安排,减少交叉施工引起的环境污染。

(6)排水工程环境保护要点。

1)及时沟通排水系统,为邻近的土地所有者提供灌溉与排水用的临时管道。不得将污水排入农田和污染自然水源,不得引起冲刷和淤积。

2)施工过程中应当采取措施,控制扬尘、噪声、振动、废水、固体废弃物等污染,减轻或者防止施工对水源、景观、植被等自然环境的破坏,改善、恢复施工场地周围的环境。不论何种原因,在没有得到有关管理部门同意的情况下,各类施工活动不应干扰渠道、河流或排水系统的自然流动。

(7)防护工程环境保护要点。防护工程是为了稳定公路开挖坡面或堆置固体废弃物形成的不稳定高陡边坡或滑坡危险地段而采取的水土保持措施。常用的护坡工程有削坡开级措施、工程护坡措施、植物护坡措施、综合护坡措施等。

1)防护工程应根据非稳定边坡的高度、坡度、坡脚环境、岩层构造、岩土力学性质等,分别采取不同的措施。

2)不同的护坡工程防护功能不同,造价相差很大,必须进行充分的调查研究和分析论证,做到既符合实际又经济合理。

3)稳定性分析是护坡工程设计的最关键的问题,大型护坡工程应进行必要的勘探和试验,并采用多种分析方法比较论证,技术合理,务求稳定。

4)防护工程应在满足防护要求的前提下,充分考虑植被恢复和重建,尤其是草灌植物的应用,尽力把植物措施和工程措施很好地结合起来。

(8)取、弃土场环境保护要点。

1)在路侧选用田地取土时,取土厚度应在当地地下水位线以上至少0.3 m,防止地下水出露影响植被类型。

2)禁止土石、废渣等向洞口、山体、山涧随意堆弃和无序倾倒,弃渣不得弃入或侵占耕地、河道、渠道、道路等场所,必须运至指定的弃渣场。

3)弃渣应在指定范围内严格按照设计技术要求进行堆置。堆放应整齐、稳定,不遗留滑坡、陡坡、塌方等隐患,并且排水通畅。河道不得弃渣。桥头弃土不得阻塞桥孔、挤压桥墩。

4)在施工结束后,应对取、弃土场进行修整、清理和生态恢复,包括绿化或复耕等,并必须有相应的水土保护措施。

(9)绿化工程环境保护要点。

1)种植的植物材料的整形修剪应符合设计要求。中央分隔带苗木修剪后的高度应为1.4~1.6 m,栽植的株、行距合理,应满足防眩功能的要求,不得影响交通安全。

2)绿地表面平整,排水良好。

3)种植用土要求是有机质含量达到一定指标的种植土。

4)苗木、草坪无明显病害,乔、灌木的成活率应达到95%以上,珍贵树种和孤植树应保证成活;花卉种植地应无杂草、无枯黄,各种花卉生长茂盛,种植成活率达到95%;草坪无杂草,种植覆盖率应达到95%。

5)工程施工前,设计单位应向施工单位进行设计交底,施工单位应按设计图进行现场核对。如果有不符之处,应及时提交设计单位作变更设计。

6)正式开工前,施工单位应根据工程实际情况编写施工组织设计,并报监理工程师审查同意。

7)整地。即土壤改良和土壤管理,是保证树木成活和苗壮成长的有力措施。其具体任务是:清理障碍物,整理现场,设置水源,带土栽培等。

8)定点、放线。种植穴、槽定点放线应符合设计图纸要求,位置必须准确,标记明显;种植穴定点时应标明中心点位置,种植槽应标明边线;定点标志应标明树种名称(或代号)、规格;对于设计图上无固定点的绿化种植,定点时应注意植株的生态要求自然美观。

9)种植穴、槽的开挖穴、槽必须垂直下挖,上口、下底相等。

10)种植材料和播种材料的选择。种植材料应根系发达,生长苗壮,无病虫害,形态及规格符合设计要求。

11) 苗木种植前的修剪。

12) 树木的种植。

13) 花卉、草坪的种植。

14) 上边坡生态防护的种植。上边坡坡度大于45°时,应铺设金属网;坡度小于45°时,原则上不需铺网,但坡面非常光滑或坡面为积雪、黏性土坡面时,应铺设金属网或打止滑竿。

15) 树木养护。

(10) 声屏障工程环境保护要点。声屏障工程按其组成材料不同划分为金属或合成材料声屏障、砌块体声屏障、绿化林带工程等几种形式,下面主要介绍金属或合成材料声屏障、砌块体声屏障的施工监理要点,绿化林带工程的施工监理要点参照绿化工程。

1) 降噪效果符合设计要求,其与路肩边线位置偏移、高程、竖直度允许偏差应符合有关质量标准,厚度不小于设计厚度。

2) 金属或合成材料声屏障屏体颜色均匀一致,无裂纹;基础外观平整美观,不得造成路面污染及构筑物破损;屏体与立柱及屏体间的缝隙必须密实。

3) 砌块体声屏障墙体外观平整美观,无表面破损;砌筑灰缝应用砌筑砂浆充实。

4) 施工前应充分考虑在电话亭、标志牌、桥梁伸缩缝等处的声屏障安装方式。

5) 基础放线应符合设计图纸要求,标记明显,位置必须准确。

6) 由于部分声屏障基础立于路基的边坡上,因此要保证基础开挖后不扰动基坑四周土。

7) 基础钢筋规格、质量应符合设计要求,钢筋笼绑扎应符合施工规范要求,如果有预埋件的,应检查预埋件的间距、摆放的角度是否准确。

8) 砌块的安装。根据基底高程不同,砌体块应从底部砌起,并应由高处向低处搭砌。设计无要求时,搭接长度不应小于基础扩大部分的高度。

9) 金属或合成材料的安装。金属立柱、连接件和声屏障屏体在运输时,应采取可靠措施防止构件变形或防腐处理层损坏。严禁安装变形的构件。屏障体材料表面的平整度、有无划痕是检查的重点。监理工程师要求供货厂家提供声屏障屏体的国家有关部门的吸、隔声检测报告或产品合格证。划痕面积超过板材面积的千分之一,不能采用。安装屏障体时,板材之间、立柱框架与板材之间以及屏障与基础之间的缝隙必须填灌密实,才能保证隔声效果。

6.4 公路工程竣工收尾管理

1. 竣工收尾管理内容

项目收尾管理内容是指项目收尾阶段的各项工作内容,主要包括竣工收尾、验收、结算、决算、回访保修和管理考核评价等方面的管理。

公路工程项目收尾管理工作的具体内容如图6.4所示。

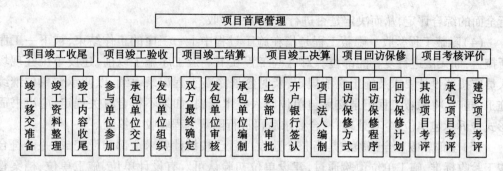

图6.4 公路工程项目收尾管理工作内容图

2. 公路工程竣工计划

(1)竣工计划编制程序。项目竣工收尾是项目结束阶段管理工作的关键环节,项目经理部应编制详细的竣工收尾工作计划,采取有效措施逐项落实,以保证按期完成任务。公路工程项目竣工计划的编制应按以下程序进行。

1)制定项目竣工计划。项目收尾应详细整理项目竣工收尾的工程内容,列出清单,做到安排的竣工计划有可靠的依据。

2)审核项目竣工计划。项目经理应全面掌握项目竣工收尾条件,认真审核项目竣工内容,做到安排的竣工计划有具体可行的措施。

3)批准项目竣工计划。上级主管部门应调查核实项目竣工收尾情况,按照报批程序执行,做到安排的竣工计划有目标可控的保证。

(2)竣工计划检查。

1)项目竣工收尾阶段前,项目经理和技术负责人应定期和不定期地组织对项目竣工计划进行反复的检查。有关质量、施工、安全、材料和内业等技术,管理人员要积极协作配合,对列入计划的收尾、修补、成品保护、资料整理和场地清扫等内容,要按分工原则逐项检查核对,做到完工一项、验证一项、消除一项,不给竣工收尾留下遗憾。

2)公路工程项目竣工计划的检查应依据法律、行政法规和强制性标准的规定严格进行,发现偏差要及时进行调整、纠偏,发现问题要强制执行整改。

3. 公路工程竣工验收

(1)分项工程验收。对于重要的分项工程,建设单位或其代表应按照工程合同的质量等级要求,根据该分项工程施工的实际情况,参照质量评定标准进行验收。在分项工程验收中,必须严格按照有关验收规范选择检查点数,然后计算检验项目和实测项目的合格或优良的百分率,最后确定出该分项工程的质量等级,从而确定能否验收。

(2)分部工程验收。在分项工程验收的基础上,根据各分项工程质量验收结论,对照分部工程的质量等级,以便决定能否验收。另外,对单位或分部土建工程完工后交转安装工程施工前,或中间其他过程,均应进行中间验收,承包单位得到建设单位或其中间验收认可的凭证后,才能继续施工。

(3)单位工程竣工验收。在分项工程的分部工程验收的基础上,通过对分项、分部工程质量等级的统计推断,结合直接反映单位工程结构及性能质量保证资料,便可系统地核查结构是否安全,是否达到设计要求;再结合观感等直观检查以及对整个单位工程进行全面的综合评定，从而决定是否进行单位竣工验收。

（4）隐蔽工程验收。隐蔽工程是指在施工过程中上一工序的工作结束，被下一工序所掩盖，而无法进行复查的部位。对这些工程在下一道工序施工以前，建设单位驻现场人员应按照设计要求及施工规范规定，及时签署隐蔽工程记录手续，以便承包单位继续施工，同时，将隐蔽工程记录交承包单位归入技术资料；如果不符合有关规定，应以书面形式告诉承包单位，令其处理，符合要求后再进行隐蔽工程验收与签证。

（5）全部验收。全部验收是指整个建设项目已按设计要求全部建设完成，并已符合竣工验收标准，施工单位预验通过，建设单位初验认可。有设计单位、施工单位、档案管理机关和行业主管部门参加，由建设单位主持的正式验收。

进行全部验收时，对已验收过的单项工程，可以不再进行正式验收和办理验收手续，但应将单项工程验收单独作为全部建设项目验收的附件而加以说明。

4. 公路工程竣工结算

项目竣工结算是承包人在所承包的工程按照合同规定的内容全部完工，并通过竣工验收之后，与发包人进行的最终工程价款的结算。这是公路工程施工合同双方围绕合同最终总的结算价款的确定所开展的工作。

（1）公路工程项目竣工结算程序。公路工程项目竣工结算的程序可按以下三种方式进行。

1) 一般工程结算程序如图 6.5 所示。

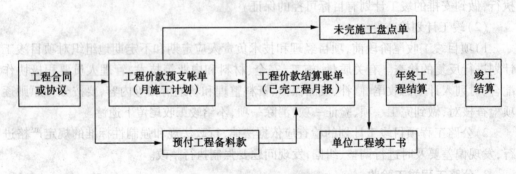

图 6.5　一般工程结算程序

2) 竣工验收一次结算程序如图 6.6 所示。

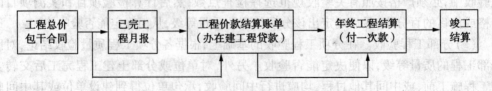

图 6.6　竣工验收一次结算程序

3) 分包工程结算程序如图 6.7 所示。

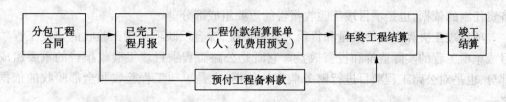

图6.7 分包工程结算程序

(2)工程款结算方式。

1)按月结算。即实行旬末或月中预支,月终结算,竣工后清算的办法。跨年度竣工的工程,在年终进行工程盘点,办理年度结算。

2)分段结算。即当年开工,当年不能竣工的单项工程或单位工程按照工程形象进度,划分不同阶段进行结算。分段结算,可以按月预支工程款。

3)竣工后一次结算。即建设项目或单位工程全部建筑安装工程建设期在12个月以内,或者工程承包合同价值在100万元以下的,可实行工程价款每月月中预支,竣工后一次结算。

4)结算双方约定并经开户建设银行同意的其他结算方式。实行竣工后一次结算和分段结算的工程,当年结算的工程款应与年度完成工作量一致,年终不另清算。

(3)竣工结算办理规定。

1)工程竣工验收报告经发包人认可后28 d内,承包人向发包人递交竣工结算报告及完整的结算资料,双方按照协议书约定的合同价款及专用条款约定的合同价款调整内容,进行工程竣工结算。

2)发包人收到承包人递交的竣工结算报告及结算资料后28 d内进行核实,给予确认或提出修改意见。发包人确认竣工结算报告后通知经办银行向承包人支付工程竣工结算价款。承包人收到竣工价款后14 d内将竣工工程交付发包人。

3)发包人收到竣工结算报告及结算资料后28 d内无正当理由不支付工程竣工结算价款时,从第29 d起按承包人同期向银行贷款利率支付拖欠工程价款的利息,并承担违约责任。

4)发包人收到竣工结算报告及结算资料后28 d内不支付工程竣工结算价款时,承包人可以催告发包人支付结算价款。发包人在收到竣工结算报告及结算资料后56 d内仍不支付时,承包人可以与发包人协议将该工程折价转让,也可由承包人申请人民法院将该工程依法拍卖,承包人就该工程折价或者拍卖的价款优先受偿。

5)工程竣工验收报告经发包人认可后28 d内,承包人未向发包人递交竣工结算报告及完整的结算资料,造成工程竣工结算不能正常进行或工程竣工结算价款不能及时支付的,发包人要求交付工程时,承包人应当交付;发包人不要求交付工程时,承包人承担保管责任。

6)发包人、承包人对工程竣工结算价款发生争议时,按争议的约定处理。

5. 公路工程竣工决算

项目竣工决算是指所有建设工程项目竣工后,业主按照国家有关规定编制的竣工决算报告。项目竣工决算是正确核定新增固定资产价值,考核分析投资效果,建立健全经济责任制的依据,也是项目竣工验收报告的重要组成部分。

项目竣工决算以实物数量和货币为计量单位,综合反映项目竣工验收的建设工程项目或单项工程的实际造价和投资效益。它既是公路工程项目竣工验收报告的重要组成部分,也是对公路工程项目进行财务监督的依据,也是单项工程验收和全部验收的依据之一。

公路工程项目竣工决算的编制应遵循下列程序。

(1)收集、整理有关项目竣工决算依据。在项目竣工决算编制之前,应认真收集、整理各种有关的项目竣工决算依据,做好各项基础工作,保证项目竣工决算编制的完整性。项目竣工决算的编制依据是各种研究报告、投资估算、设计概算、设计文件、批复文件、变更记录、招标标底、投标报价、工程合同、工程结算、基建计划、调价文件和竣工档案等各种工程文件资料。

(2)清理项目账务、债务和结算物资。清理核对项目账务、债务和结算物资是保证项目竣工决算编制工作准确有效的重要环节,要认真核实项目交付使用资产的成本,做好各种账务、债务和结算物资的清理工作,做到及时清偿、及时回收。清理的具体工作要做到逐项清点、核实账目、整理汇总、妥善管理。

(3)填写项目竣工决算报告。项目竣工决算报告的内容是项目建设成果的综合反映,项目竣工决算报告中各种财务决算表格中的内容应依据编制资料进行计算和统计,并符合有关规定。

(4)编写竣工决算说明书。项目竣工决算说明书具有公路工程建设项目竣工决算系统性的特点,综合反映项目从筹建开始到竣工交付使用为止,全过程的建设情况,包括项目建设成果和主要技术经济指标的完成情况。

(5)报上级审查。项目竣工决算编制完毕,应将编写的文字说明和填写的各种报表,经过反复认真校稿核对,无误后装帧成册,形成完整的项目竣工决算文件报告,及时上报审批。

6. 公路工程回访保修与考核评价

(1)回访保修。公路工程项目交付使用后,在一定期限内施工单位应到建设单位进行工程回访。对由于施工责任造成的使用问题,应由施工单位负责修理,直至达到能正常使用为止。

项目回访保修体现了承包者对建设工程项目负责的态度和优质服务的作风,并在回访保修的同时,进一步发现施工中的薄弱环节,以便今后对总结施工经验、提高施工技术、施工工艺和质量管理水平,都是十分重要的。

1)公路工程项目回访保修制度。项目回访保修制度属于公路工程项目竣工收尾管理范畴,在项目管理中,体现了项目承包者对建设工程项目负责到底的精神,体现了社会主义施工企业"对用户负责,为人民服务"的宗旨。

公路工程保修制度是指公路工程在办理交工验收手续后,在规定的保修期限内,因勘察设计、施工、材料等原因造成的质量缺陷,应当由责任单位负责维修。质量缺陷是指工程不符合公路工程国家或行业现行的有关技术标准、设计文件以及合同中对质量的要求。

2)公路工程项目回访工作方式。公路工程项目的回访主要以电话询问、登门座谈、例行回访等方式进行。回访应以业主对竣工项目质量的反馈及特殊工程采用的新工艺、新技术、新材料、新设备等的应用情况为重点,并根据需要及时采取改进措施。

(2)考核评价。项目考核评价是对项目管理主体行为与项目实施效果的检验和评估,是客观反映项目管理目标实现情况的总结。通过项目考核评价可以总结经验,找出差距,制定措施,进一步提高建设工程项目管理水平。

公路工程项目考核评价的目的应是规范项目管理行为,鉴定项目管理水平,确认项目管理成果,对项目管理进行全面考核和评价。它的作用是企业推动项目管理、完善项目管理制度、制订项目管理规划和实施方案的依据,也是企业推荐、评选、奖励优秀项目经理和项目管理人员的依据。

项目考核评价指标可分为定量指标和定性指标两类,是对项目管理的实施效果作出客观、正确、科学分析和论证的依据,选择一组适用的指标对某一项目的管理目标进行定量或定性分析,是考核评价项目管理成果的需要。

1)项目考核评价定量指标。公路工程项目考核评价的定量指标是指反映项目实施成果,可作量化比较分析的专业技术经济指标。定量指标的内容应按项目评价的要求确定,主要包括质量、成本、工期、环境保护、职业健康安全等。

2)项目考核评价定性指标。项目考核评价的定性指标,是指综合评价或单项评价项目管理水平的非量化指标,且有可靠的论证依据和办法,对项目实施效果做出科学评价。

公路工程项目考核评价的定性指标可包括经营管理理念、项目管理策划、管理制度及方法、新工艺与新技术推广、社会效益及其社会评价等。

参考文献

[1] 行业标准.JTJ 034—2000 公路路面基层施工技术规范[S].北京:人民交通出版社,2000.
[2] 行业标准.JTJ 041—2000 公路桥涵施工技术规范[S].北京:人民交通出版社,2000.
[3] 行业标准.JTG B01—2003 公路工程技术标准[S].北京:人民交通出版社,2004.
[4] 行业标准.JTG C10—2007 公路勘测规范[S].北京:人民交通出版社,2007.
[5] 行业标准.JTG D60—2004 公路桥涵设计通用规范[S].北京:人民交通出版社,2004.
[6] 行业标准.JTG E40—2007 公路土工试验规程[S].北京:人民交通出版社,2007.
[7] 行业标准.JTG F10—2006 公路路基施工技术规范[S].北京:人民交通出版社,2006.
[8] 行业标准.JTG F30—2003 公路水泥混凝土路面施工技术规范[S].北京:人民交通出版社,2003.
[9] 行业标准.JTG F40—2004 公路沥青路面施工技术规范[S].北京:人民交通出版社,2005.
[10] 行业标准.JTG/T F60—2009 公路隧道施工技术规范[S].北京:人民交通出版社,2009.
[11] 行业标准.JTG F71—2006 公路交通安全设施施工技术规范[S].北京:人民交通出版社,2006.
[12] 行业标准.JTG F80/1—2004 公路工程质量检验评定标准(土建工程)[S].北京:人民交通出版社,2004.
[13] 王国鼎,袁海庆,陈开利.桥梁检测与加固[M].北京:人民交通出版社,2003.
[14] 赵家臻.公路工程监理手册[M].北京:机械工业出版社,2006.